# Personal-Check 2000

Die wichtigsten Formulare,
Checklisten und Planungshilfen.

Als Kopiervorlage und auf CD-ROM

# Personal-Check

## Die wichtigsten Formulare, Checklisten und Planungshilfen.

## I. Einstellung



## II. Laufendes Arbeitsverhältnis: Führung



## II. Laufendes Arbeitsverhältnis: Recht und Organisation

## III. Änderungen im Arbeitsverhältnis



## IV. Beendigung des Arbeitsverhältnisses



## V. Selbstmanagement



## Anhang

Eine Stellenbeschreibung dient dazu, die Aufgaben und die Kompetenzen des Stelleninhabers genau zu beschreiben. So ist sich jeder sofort im klaren, was der Stelleninhaber darf und was nicht.
Bei der Erstellung einer Stellenbeschreibung sollten Sie darauf achten, daß diese kurz und prägnant die Stelle beschreibt, für die sie erstellt ist.
Halten Sie die Stellenbeschreibung möglichst offen und flexibel und regeln Sie nicht jede Tätigkeit, die der Mitarbeiter zu verrichten hat. Sonst kann es Ihnen leicht passieren, daß ganz unerwartet eine Tätigkeit sehr wichtig für die Aufgabenerfüllung der Stelle an sich ist, aber in der Stellenbeschreibung nicht festgelegt ist. Der Mitarbeiter kann Ihnen dann entgegenhalten, das steht nicht in meiner Aufgabenbeschreibung, das mache ich auch nicht. Steigern Sie bei der Erstellung von Stellenbeschreibungen die Selbstbestimmung Ihrer Mitarbeiter, indem Sie sie miteinbeziehen.
Geben Sie Ihrem Mitarbeiter die Aufgabe, die Ziele seiner Stelle und die zentralen Aufgaben selbst zu beschreiben. Besprechen Sie dann die Ergebnisse aller Mitarbeiter in Ihrer Abteilung und stimmen Sie die Aufgaben der Mitarbeiter miteinander ab.
Der Vorteil dieser Vorgehensweise liegt darin, daß Sie Ihre Mitarbeiter aktiv miteingebunden haben und sie selbst mitgestalten konnten. Auch kennt dann jeder Mitarbeiter die Aufgaben seiner Kollegen.

## Stellenbeschreibung

I. Einstellung

**Muster-Stellenbeschreibung**

1 gültig ab: ______
gültig bis: ______

Durch diese Stellenbeschreibung sind Ihre Aufgaben und Kompetenzen verbindlich festgelegt. In diesem Rahmen dürfen Sie selbständig handeln und entscheiden. Bitte achten Sie mit Ihrem Vorgesetzten darauf, daß Ihre Stellenbeschreibung aktuell ist.

Stelleninhaber/in ______

2 Fachbereich/Abteilung ______ Gruppe ______

Bezeichnung der Stelle 3 ______

4 Betrieblicher Titel ______

Vorgesetzte/r des/r Stelleninhabers/in 5 ______

6 Unterstellte Mitarbeiter/innen ______

7 **Stellvertretung:**

Stelleninhaber/in vertritt ❑ ohne Einschränkung ❑ eingeschränkt
Stelleninhaber/in wird vertreten von ❑ ohne Einschränkung ❑ eingeschränkt

8 **Kompetenzen:**

❑ Unterschrift mit Zusatz ______
❑ Anweisungsvollmacht bis ______ DM
❑ Bankvollmacht
❑ Postvollmacht
❑ Besondere Befugnisse:

**Berichterstattung:**

9 regelmäßige Informationen ______

besondere Informationen ______

10 Ziel der Stelle ______

11 Aufgaben ______

12 Anforderungen an den/die Stelleninhaber/in ______

Neben den hier aufgeführten Aufgaben ist der/die Stelleninhaber/in verpflichtet, auch andere seiner/ihrer Vorbildung und seinen/ihren Fähigkeiten entsprechende Einzelaufträge auszuführen, die dem Wesen nach zum Aufgabengebiet gehören oder betrieblich notwendig sind.

Datum/Unterschrift Stelleninhaber/in    Datum/Unterschrift Vorgesetzte/r

Kopiervorlage

### 1 gültig ab:/gültig bis:

Achten Sie darauf, daß die Stellenbeschreibung aktuell ist. Mindestens einmal im Jahr sollte die Stellenbeschreibung auf ihre Richtigkeit überprüft werden; Sie können dieses Thema beispielsweise als Bestandteil des Jahresgesprächs mit Ihrem Mitarbeiter besprechen.

### 2 Fachbereich/Abteilung

Bitte geben Sie neben der Organisationseinheit, in der die Stelle angesiedelt ist, auch die Kostenstelle an, auf der die Stelle „läuft".

### 3 Bezeichnung der Stelle

Die Bezeichnung der Stelle muß die Funktion der Stelle aussagekräftig widerspiegeln (Sachbearbeiter Kundenaufträge, Gruppenleiter Programmierung, Leitung Vertrieb, ...)

### 4 Betrieblicher Titel

Geben Sie hier den Titel an, den der/die Stelleninhaber/in im Betrieb führen darf (Projekt-Leiter EDV, Direktor, Produkt-Manager,...)

### 5 Vorgesetzte/r

Geben Sie hier den Fach- und Personal-Vorgesetzten an.

### 6 Unterstellte Mitarbeiter

Geben Sie die Gruppe oder die einzelnen Mitarbeiter an, dem der/die Stelleninhaber/in Anweisungen geben darf.

### 7 Stellvertretung

Wer vertritt wen im Urlaub oder Krankheitsfall. Kreuzen Sie zusätzlich an, ob es sich um eine uneingeschränkte oder eingeschränkte Vertretung handelt. Bei der eingeschränkten Vertretung müssen Sie beschreiben, welcher Teil der Aufgaben vom Stellvertreter während der Abwesenheit des/der Stelleninhabers/in wahrgenommen werden soll und welche Befugnisse der Stellvertreter zusätzlich bekommt.

### 8 Kompetenzen

Legen Sie in diesem Abschnitt die Kompetenzen des Stelleninhabers fest: Mit welchem Zusatz darf der/die Stelleninhaber/in unterschreiben (i.A., i.V. oder ppa.)? Bis zu welchem Betrag darf der/die Stelleninhaber/in Gelder anweisen?

### 9 Berichterstattung

Beschreiben Sie, welche Informationen der/die Stelleninhaber/in an seinen/ihren Vorgesetzten übermitteln soll. Beispielsweise eine monatliche Statistik, einen wöchentlichen Ein-/Ausgaben-Bericht, usw. Besondere Informationen bedeuten beispielsweise die persönliche Berichterstattung im Rahmen eines Projekts.

### 10 Ziel der Stelle

Halten Sie hier die zentrale Aufgabe der Stelle fest.

*Beispiel:* Der Stelleninhaber ist für die reibungslose Abwicklung des Zahlungsverkehrs verantwortlich. Dabei sind die Liquidität des Unternehmens und die Rentabilität der finanziellen Disposition gleichermaßen zu berücksichtigen. Legen Sie hier auch fest, anhand welcher Meßkriterien Sie die Zielerreichung beurteilen. Bei Ihren Gesprächen mit dem Mitarbeiter über die Erfüllung seiner Stellenaufgaben und auch über seine Gehaltsentwicklung haben Sie somit gleich einen Maßstab zur Hand, mit dem Sie die Zielerreichung messen können.

### 11 Aufgaben

Hier sollten Sie die wichtigsten Aufgabengebiete angeben, für die der/die Stelleninhaber/in verantwortlich ist (z. B. Erstellen von Gehaltsabrechnungen, Auswertung von Marktforschungsaktionen, etc.)

### 12 Anforderungen

Beschreiben Sie hier, welche fachliche Ausbildung erforderlich ist und welche sozialen Fähigkeiten (z.B. Kommunikationsfähigkeit für den Aufbau und die Pflege von Netzwerken) erforderlich sind.

# Stellenbeschreibung

## Muster-Stellenbeschreibung

gültig ab: ___________

gültig bis: ___________

Stelleninhaber/in ______________________________

Fachbereich/Abteilung ______________ Gruppe ______________

Bezeichnung der Stelle ______________________________

Betrieblicher Titel ______________________________

Vorgesetzte/r des/r Stelleninhabers/in ______________________________

______________________________

Unterstellte Mitarbeiter/innen ______________________________

Durch diese Stellenbeschreibung sind Ihre Aufgaben und Kompetenzen verbindlich festgelegt. In diesem Rahmen dürfen Sie selbständig handeln und entscheiden. Bitte achten Sie mit Ihrem Vorgesetzten darauf, daß Ihre Stellenbeschreibung aktuell ist.

**Stellvertretung:**

| | | |
|---|---|---|
| Stelleninhaber/in vertritt | ❑ ohne Einschränkung | ❑ eingeschränkt |
| Stelleninhaber/in wird vertreten von | ❑ ohne Einschränkung | ❑ eingeschränkt |

**Kompetenzen:**

- ❑ Unterschrift mit Zusatz ______________
- ❑ Anweisungsvollmacht bis ______________ DM
- ❑ Bankvollmacht
- ❑ Postvollmacht
- ❑ Besondere Befugnisse:

**Berichterstattung:**

regelmäßige Informationen ______________________________

besondere Informationen ______________________________

Ziel der Stelle ______________________________

Aufgaben ______________________________

Anforderungen an den/die Stelleninhaber/in ______________________________

Neben den hier aufgeführten Aufgaben ist der/die Stelleninhaber/in verpflichtet, auch andere seiner/ihrer Vorbildung und seinen/ihren Fähigkeiten entsprechende Einzelaufträge auszuführen, die dem Wesen nach zum Aufgabengebiet gehören oder betrieblich notwendig sind.

______________________________

| | |
|---|---|
| Datum/Unterschrift<br>Stelleninhaber/in | Datum/Unterschrift<br>Vorgesetzte/r |

## Mit 7 Schritten zu einer umfassenden und flexiblen Stellenbeschreibung

Stellenbeschreibungen erfüllen im Unternehmen eine sehr wichtige Funktion, legen sie doch verbindlich fest, welche Aufgaben und Kompetenzen der jeweilige Stelleninhaber hat.

Damit Stellenbeschreibung diese Funktion auch wirklich erfüllen, ist es von entscheidender Bedeutung, daß die sie immer auf dem aktuellsten Stand sind und ausreichend flexibel sind. Eine Stellenbeschreibung sollte nicht zu ausführlich sein, nehmen Sie eine DIN A4 Seite als Richtschnur. Es ist in der Regel sehr problematisch, wenn Stellenbeschreibungen zu ausführlich jedes Detail jeder einzeln aufgelisteten Aufgaben regelt. Ergibt sich aufgrund gewisser Gegebenheiten eine neue, aber bislang noch nicht schriftlich geregelte Aufgabe, kommen dann häufig Argumente wie z.B. „Das steht bei mir nicht in der Stellenbeschreibung, das mache ich nicht,...“. Lassen Sie derartige Diskussionen gar nicht erst aufkommen, erstellen Sie übersichtliche und flexible Stellenbeschreibungen, die Sie bei Bedarf schnell anpassen können. Einmal im Jahr (am besten immer im Rahmen des jährlichen Mitarbeitergesprächs) sollten Sie die Stellenbeschreibungen dann auch dahingehend überprüfen, ob sie noch aktuell ist.

**1**

Erstellen Sie Stellenbeschreibungen immer im Licht der Vision Ihres Unternehmens und berücksichtigen Sie die entsprechenden Unternehmensleitlinien.

**2**

Berücksichtigen Sie die strategische Ausrichtung Ihres Unternehmens und Ihrer Abteilung. Auf diese Weise gehen Sie mit dem erforderlichen Weitblick an die Erstellung der Stellenbeschreibungen heran.

**3**

Lassen Sie anstehende absehbare Veränderungen (z.B. aufgrund von Umorganisation, Zukäufen, Rationalisierungsmaßnahmen, etc.) bereits in die zu erstellenden Stellenbeschreibungen einfließen.

**4**

Überlegen Sie, welches Ziel Ihre Abteilung hat und welche Ziele demzufolge die einzelnen Stellen haben. Schauen Sie sich die Aufgabenbereiche Ihrer Mitarbeiter eingehend an und machen Sie sich ein Bild davon, wer welche Aufgaben wahrnimmt, welche Tätigkeiten verrichtet, welche Entscheidungen trifft, etc. Gleichen Sie dabei auch ab, was bislang auf dem Papier steht und wie die Wirklichkeit aussieht. Halten Sie Ihre Wahrnehmung für jede Stelle/jeden Mitarbeiter schriftlich fest. Berücksichtigen Sie auch das Verhältnis zu anderen Abteilungen. Gibt es mit Mitarbeitern bestimmter Abteilungen häufig Streitereien oder ein Gerangel um Verantwortlichkeiten und Kompetenzen? Wenn dem so ist, müssen klärende Entscheidungen her. Der produktivitätshemmende Faktor unklarer Kompetenzen ist ein unternehmensinterner Faktor und sollte so schnell wie möglich beseitigt werden. Lassen Sie bei Ihren Überlegungen revue passieren, ob und wen ja zwischen wem Sie des öfteren Streitigkeiten zu schlichten haben.

**5**

Nutzen Sie das Instrument der Stellenbeschreibungen dazu, die Selbstverantwortung und Eigenständigkeit Ihrer Mitarbeiter zu fördern. Erläutern Sie Ihren Mitarbeitern den Sachzusammenhang und die Funktion einer Stellenbeschreibung. Legen Sie dar, in welchem Rahmen der einzelne Mitarbeiter bewegt und welche Ziele das Unternehmen und Ihre Abteilung hat. Zeigen Sie die Wichtigkeit des Zusammenspiels aller Funktionen auf. Ist der Mitarbeiter erfolgreich, so wird auch die Abteilung und letztendlich das Unternehmen erfolgreich sein. Bitten Sie jeden einzelnen Mitarbeiter, eine Aussage zu treffen, was er als Ziel seiner Stelle ansieht. Lassen Sie sich von Ihren Mitarbeitern eine schriftliche Beschreibung seiner Hauptaufgaben geben. Bitten Sie Ihre Mitarbeiter auch darum, die Problembereiche aufzulisten. Wo „kneift es“ zwischen den Kollegen und wo gibt es Schnittstellenprobleme mit Kollegen anderer Abteilungen, etc. Machen Sie deutlich, daß es Ihnen wichtig ist, daß sich Ihre Mitarbeiter mit möglichst konkreten Lösungsvorschläge einbringen (Jammern allein genügt nicht)!

**6**

Lassen Sie sich die schriftlichen Ausarbeitungen Ihrer Mitarbeiter geben und organisieren Sie einen kleinen Workshop, in dem Sie zusammen mit Ihren Mitarbeitern die Ergebnisse der Vorarbeiten besprechen. Wenn sich ergibt, daß bestimmte Aufgaben anders oder von jemand anders erledigt werden sollten, etc. sollten Sie das offen mit Ihren Mitarbeitern besprechen. Bereits die gedankliche Auseinandersetzung mit den eigenen Aufgabe, Kompetenzen, Problembereichen bringt jedem Mitarbeiter einen anderen Einblick in seine Tätigkeit.

**7**

Auf der Basis der vorausgegangenen Besprechung sollten Sie, soweit notwendig, Veränderungen vornehmen und neue Stellenbeschreibungen erstellen. Je nachdem, wie kompetent Ihre Mitarbeiter sind, können Sie Ihre Mitarbeiter auch bitten, ihre eigenen Stellenbeschreibungen zu erstellen und Ihnen zur letztendlichen Prüfung vorzulegen.

---

### Stellenbeschreibung

I. Einstellung

**Mit 7 Schritten zu einer umfassenden und flexiblen Stellenbeschreibung**

**1** **1. Schritt:** Vergegenwärtigen Sie sich die Leitlinien und die Vision Ihres Unternehmens.

**2** **2. Schritt:** Arbeiten Sie die strategische Ausrichtung Ihrer Abteilung/Ihres Unternehmens durch.

**3** **3. Schritt:** Prüfen Sie, ob in der nächsten Zeit mit Veränderungen im Unternehmen zu rechnen ist. (In diesem Fall sollten Sie diese Veränderungen bei der Entwicklung der Stellenbeschreibung berücksichtigen)

**4** **4. Schritt:** Stellen Sie fest, was Ihre Mitarbeiter tatsächlich tun. Und halten Sie dies schriftlich fest.
Klären Sie im ersten Schritt folgende Fragen:
- Welches Ziel hat Ihre Abteilung?
- Welche Zielsetzung haben die einzelnen Stellen Ihrer Abteilung?
- Wer ist für welche Aufgabenbereiche zuständig?
- Wer erledigt regelmäßig welche Aufgaben?
- Wer erledigt welche besonderen Tätigkeiten?
- Sind Ihre Mitarbeiter so eingesetzt, daß sie Ihre besonderen Stärken, Fähigkeiten und Neigungen möglichst umfassend einbringen können?
- Gibt es Überschneidungen und daraus resultierend Mehraufwand und Abstimmungsprobleme?
- Wer hat welche Kompetenzen?
- Reichen die Befugnisse aus Ihrer Sicht aus, um die Arbeit sinnvoll zu erledigen?
- Wer ist wem unterstellt?
- Gibt es häufig Konflikte zwischen Ihren Teammitgliedern in Zuständigkeitsfragen?
- Wer ist in welchen Arbeits- oder Projektgruppen, Ausschüssen oder Gremien?
- Wer arbeitet mit welchen anderen Stellen im Haus oder extern zusammen?
- Verläuft die Zusammenarbeit mit anderen Abteilungen (eher problematisch oder geordnet)?
- Gibt es häufig Kompetenzstreitigkeiten zwischen den Mitarbeitern Ihrer Abteilung und anderen Abteilungen?

**5** **5. Schritt:** Binden Sie Ihre Mitarbeiter aktiv ein
Erläutern Sie Ihren Mitarbeitern den Hintergrund und geben Sie Ihnen die Aufgabe, innerhalb einer Frist von 2 Wochen schriftlich die nachfolgenden Fragen zu beantworten:
- Welches Ziel hat meine Stelle?
- Welche 5 Hauptaufgaben habe ich?
- Welche Kompetenzen habe ich?
- Reichen meine Befugnisse aus meiner Sicht aus?
- Benötige ich mehr Befugnisse?
- Wenn „Ja“, welche weiteren Befugnisse benötige ich zum Zweck...?
- Gibt es Abstimmungsprobleme mit anderen Team-Kollegen oder Kollegen aus anderen Abteilungen?
- Was behindert meine Arbeit am meisten?
- Was sollte in der Ablauforganisation verbessert werden?

**6** **6. Schritt:** Führen Sie Ausführungen Ihrer Mitarbeiter zusammen und besprechen Sie offen die Aufgaben Schnittstellen und Kompetenzbereiche sowie die möglicherweise erforderlichen Veränderungen mit Ihren Mitarbeitern.

**7** **7. Schritt:** Erstellen Sie auf der Grundlage der so zusammengetragenen Ergebnisse neue Stellenbeschreibungen.

Kopiervorlage

# Stellenbeschreibung

| Mit 7 Schritten zu einer umfassenden und flexiblen Stellenbeschreibung |
|---|
| **1. Schritt:** Vergegenwärtigen Sie sich die Leitlinien und die Vision Ihres Unternehmens. |
| **2. Schritt:** Arbeiten Sie die strategische Ausrichtung Ihrer Abteilung/Ihres Unternehmens durch. |
| **3. Schritt:** Prüfen Sie, ob in der nächsten Zeit mit Veränderungen im Unternehmen zu rechnen ist. (In diesem Fall sollten Sie diese Veränderungen bei der Entwicklung der Stellenbeschreibung berücksichtigen) |
| **4. Schritt:** Stellen Sie fest, was Ihre Mitarbeiter tatsächlich tun. Und halten Sie dies schriftlich fest.<br>Klären Sie im ersten Schritt folgende Fragen:<br>■ Welches Ziel hat Ihre Abteilung?<br>■ Welche Zielsetzung haben die einzelnen Stellen Ihrer Abteilung?<br>■ Wer ist für welche Aufgabenbereiche zuständig?<br>■ Wer erledigt regelmäßig welche Aufgaben?<br>■ Wer erledigt welche besonderen Tätigkeiten?<br>■ Sind Ihre Mitarbeiter so eingesetzt, daß sie Ihre besonderen Stärken, Fähigkeiten und Neigungen möglichst umfassend einbringen können?<br>■ Gibt es Überschneidungen und daraus resultierend Mehraufwand und Abstimmungsprobleme?<br>■ Wer hat welche Kompetenzen?<br>■ Reichen die Befugnisse aus Ihrer Sicht aus, um die Arbeit sinnvoll zu erledigen?<br>■ Wer ist wem unterstellt?<br>■ Gibt es häufig Konflikte zwischen Ihren Teammitgliedern in Zuständigkeitsfragen?<br>■ Wer ist in welchen Arbeits- oder Projektgruppen, Ausschüssen oder Gremien?<br>■ Wer arbeitet mit welchen anderen Stellen im Haus oder extern zusammen?<br>■ Verläuft die Zusammenarbeit mit anderen Abteilungen (eher problematisch oder geordnet)?<br>■ Gibt es häufig Kompetenzstreitigkeiten zwischen den Mitarbeitern Ihrer Abteilung und anderen Abteilungen? |
| **5. Schritt:** Binden Sie Ihre Mitarbeiter aktiv ein<br>Erläutern Sie Ihren Mitarbeitern den Hintergrund und geben Sie Ihnen die Aufgabe, innerhalb einer Frist von 2 Wochen schriftlich die nachfolgenden Fragen zu beantworten:<br>■ Welches Ziel hat meine Stelle?<br>■ Welche 5 Hauptaufgaben habe ich?<br>■ Welche Kompetenzen habe ich?<br>■ Reichen meine Befugnisse aus meiner Sicht aus?<br>■ Benötige ich mehr Befugnisse?<br>■ Wenn „Ja“, welche weiteren Befugnisse benötige ich zum Zweck...?<br>■ Gibt es Abstimmungsprobleme mit anderen Team-Kollegen oder Kollegen aus anderen Abteilungen?<br>■ Was behindert meine Arbeit am meisten?<br>■ Was sollte in der Ablauforganisation verbessert werden? |
| **6. Schritt:** Führen Sie Ausführungen Ihrer Mitarbeiter zusammen und besprechen Sie offen die Aufgaben Schnittstellen und Kompetenzbereiche sowie die möglicherweise erforderlichen Veränderungen mit Ihren Mitarbeitern. |
| **7. Schritt:** Erstellen Sie auf der Grundlage der so zusammengetragenen Ergebnisse neue Stellenbeschreibungen. |

# Anforderungsprofil für den Bewerber

Mit Hilfe dieser Checkliste können Sie das Anforderungsprofil für eine neu zu besetzende Stelle darlegen. Sie können sich dann rasch entscheiden, ob der Bewerber die bestmögliche Qualifikation für die Stelle hat.

## 1 Anforderungsprofil

Tragen Sie hier die Grunddaten der neu zu besetzenden Stelle ein. Geben Sie an, wie die genaue Tätigkeitsbezeichnung lautet, in welcher Abteilung, mit welchem Wirkungskreis der neue Mitarbeiter tätig werden soll.
Alle diese Angaben brauchen Sie auch zu einem späteren Zeitpunkt wieder, sei es für die Schaltung einer Stellenanzeige oder sei es die Erstellung der endgültigen Stellenbeschreibung, wenn Ihre Suche erfolgreich war.

## 2 Stellenbeschreibung

Machen Sie sich bereits zu diesem Zeitpunkt die Mühe, und erstellen Sie eine kurze Stellenbeschreibung, die Sie an dieser Stelle in das Formular einfügen. Der Vorteil dieser Vorgehensweise ist, daß Sie sich bereits in einem sehr frühen Stadium mit den Anforderungen, die Sie an den Bewerber haben, auseinander setzen. Welche Kernaufgaben stehen zur Erledigung an, welche weiteren Aufgaben sollen vom Stelleninhaber erledigt werden. Diese Stellenbeschreibung benötigen Sie auch bei der Analyse der Bewerbungsunterlagen und beim Vorstellungsgespräch.

## 3 Grundvoraussetzungen

In diesem Bereich tragen Sie die zentralen Anforderungen ein, die Ihr Wunschkandidat erfüllen muß. Überlegen Sie hier ganz genau, denn die „Muß"-Voraussetzungen stellen einen – mehr oder weniger starken – Filter dar.
Auch hier stellen Sie Daten zusammen, auf die Sie zu einem späteren Zeitpunkt wieder zugreifen (Vorbereitung einer Stellenanzeige, Analyse eingehender Bewerbungsunterlagen, Treffen der Auswahlentscheidung, etc.). Sie können sich daher hier ruhig ausreichend Zeit nehmen, es ist auf keinen Fall eine Fehlinvestition. Die Suche und die Einarbeitung neuer Mitarbeiter erfordert immer Aufwand (Zeit, Geld und Nerven), den Sie dadurch minimieren können, daß Sie zu Beginn diese zeitaufwendige gedankliche Vorarbeit leisten.

### Anforderungsprofil für den Bewerber (1/2) — I. Einstellung

| | | | |
|---|---|---|---|
| 1 ■ **Anforderungsprofil** | | | |
| Tätigkeitsbezeichnung | | | |
| Abteilung/Wirkungskreis | | | |
| Direkter Vorgesetzter | | | |
| Erwünschter Einstellungstermin | | | |
| Einstellungsgrund | | | |
| ❑ Neueinstellung | ❑ Ersatzeinstellung | ❑ Aushilfe bis: | |
| Angaben über den Arbeitsplatz | | | |
| ❑ Angestellter<br>❑ Stundenlöhner | ❑ Arbeiter<br>❑ Schichtbetrieb | ❑ Monatslöhner<br>❑ Nachtarbeit | |
| Vorgeschlagene Bezahlung | | | |
| ❑ Tarifgruppe: | | ❑ Gehalt DM: | |
| 2 Kurzbeschreibung des Aufgabengebiets (oder Stellenbeschreibung beifügen) | | | |
| 3 ■ **Grundvoraussetzungen** | | | |
| Schulbildung | | | |
| ❑ Allgemeine Hochschulreife | ❑ Fachhochschulreife | ❑ Mittlere Reife | ❑ Hauptschulabschluß |
| Ausbildung | | | |
| ❑ kaufmännisch | ❑ handwerklich | ❑ . . . | |
| Studium | | | |
| Promotion | | | |
| Berufserfahrung | | | |
| 1) | | | |
| 2) | | | |
| 3) | | | |
| 4) | | | |
| Geschlecht und Alter | | | |
| ❑ weiblich | ❑ männlich | ❑ nicht von Interesse | |
| ❑ gewünschtes Alter: | | | |

Kopiervorlage

# Anforderungsprofil für den Bewerber (1/2)



| | | | |
|---|---|---|---|
| **■ Anforderungsprofil** | | | |
| Tätigkeitsbezeichnung | | | |
| | | | |
| Abteilung/Wirkungskreis | | | |
| | | | |
| Direkter Vorgesetzter | | | |
| | | | |
| Erwünschter Einstellungstermin | | | |
| | | | |
| Einstellungsgrund | | | |
| ❑ Neueinstellung | ❑ Ersatzeinstellung | ❑ Aushilfe bis: | |
| | | | |
| Angaben über den Arbeitsplatz | | | |
| ❑ Angestellter<br>❑ Stundenlöhner | ❑ Arbeiter<br>❑ Schichtbetrieb | ❑ Monatslöhner<br>❑ Nachtarbeit | |
| Vorgeschlagene Bezahlung | | | |
| ❑ Tarifgruppe: | | ❑ Gehalt DM: | |
| Kurzbeschreibung des Aufgabengebiets<br>(oder Stellenbeschreibung beifügen) | | | |
| | | | |
| | | | |
| | | | |
| | | | |
| | | | |
| **■ Grundvoraussetzungen** | | | |
| Schulbildung | | | |
| ❑ Allgemeine Hochschulreife | ❑ Fachhochschulreife | ❑ Mittlere Reife | ❑ Hauptschulabschluß |
| Ausbildung | | | |
| ❑ kaufmännisch | ❑ handwerklich | ❑ . . . | |
| Studium | | | |
| | | | |
| | | | |
| Promotion | | | |
| | | | |
| | | | |
| Berufserfahrung | | | |
| 1) | | | |
| 2) | | | |
| 3) | | | |
| 4) | | | |
| | | | |
| Geschlecht und Alter | | | |
| ❑ weiblich | ❑ männlich | ❑ nicht von Interesse | |
| ❑ gewünschtes Alter: | | | |

# Anforderungsprofil für den Bewerber

## 4 Erwünschte Voraussetzungen

In diesem Abschnitt legen Sie fest, was Ihnen noch wichtig ist.
Vergeben Sie nachfolgend die Voraussetzungen für die zu besetzende Stelle in Form einer Notenskala von 1 (sehr wichtig) bis 6 (unwichtig). Die angekreuzten Felder werden anschließend miteinander verbunden. Daraus ergibt sich das Anforderungsdiagramm für den Bewerber. Nach jedem Vorstellungsgespräch tragen Sie das im Vorstellungsgespräch gezeigte Profil des jeweiligen Bewerbers in diese Checkliste ein. Legen Sie dann die beiden Anforderungsdiagramme übereinander und werten Sie die Abweichungen aus. Sind beide Anforderungsprofile beinahe deckungsgleich (zumindest auf der linken Seite) haben Sie den optimalen Bewerber gefunden.

## 5 Persönlichkeitsmerkmale

Neben den fachlichen Voraussetzungen sind die persönlichen Eigenschaften des Bewerbers das wichtigste Auswahlkriterium. Überlegen Sie genau, welche Stelle zu besetzen ist und welche Anforderungen daher an den Bewerber zu stellen sind. Muß der neue Mitarbeiter im Team arbeiten oder soll er eher Leitungsfunktionen wahrnehmen? Ist eher Kreativität gefragt oder das klare Analysieren von Problemstellungen, oder erfordert die Stelle eine hohe Kommunikationsfähigkeit? Wenn Sie einen neuen Finanzbuchhalter suchen werden Sie kaum Kreativität als persönliche Eigenschaft mit der Note 1 versehen, anders dagegen, wenn Sie die Stelle für einen Werbetexter zu besetzen haben. Wenn Sie diese Liste durchgehen und Noten vergeben, wird sehr schön sichtbar, welche Persönlichkeitsmerkmale der Bewerber haben muß.
Sehen Sie sich auch die vorgelegten Arbeitszeugnisse der Bewerber an; wie haben die Arbeitgeber ihre (ehemaligen) Mitarbeiter in diesen Punkten beurteilt.
Wenn Sie dann nach jedem durchgeführten Bewerbergespräch noch Ihre Einschätzungen der persönlichen Eigenschaften des Bewerbers festhalten und mit Ihrem Anforderungsprofil abgleichen, sehen Sie sehr gut, ob Ihr Wunschkandidat dabei ist.

Diese sog. weichen Faktoren sind oft ausschlaggebend, ob eine Stellenbesetzung letztendlich mit Erfolg gekrönt ist und Ihr Mitarbeiterstab zu Höchstleistungen gelangt.

### Anforderungsprofil für den Bewerber (2/2)

I. Einstellung

4 **Erwünschte Voraussetzungen**, Punkteskala – Noten von 1 (sehr wichtig) – 6 (unwichtig)

| | | | | | | |
|---|---|---|---|---|---|---|
| **■ Fachkenntnisse** | | | | | | |
| EDV-Kenntnisse: | ❏ 1 | ❏ 2 | ❏ 3 | ❏ 4 | ❏ 5 | ❏ 6 |
| Branchen-Kenntnisse: | ❏ 1 | ❏ 2 | ❏ 3 | ❏ 4 | ❏ 5 | ❏ 6 |
| Führungserfahrung: | ❏ 1 | ❏ 2 | ❏ 3 | ❏ 4 | ❏ 5 | ❏ 6 |
| Fremdsprachen: | ❏ 1 | ❏ 2 | ❏ 3 | ❏ 4 | ❏ 5 | ❏ 6 |
| Wenn ja, welche Fremdsprachen: | | | | | | |
| | ❏ 1 | ❏ 2 | ❏ 3 | ❏ 4 | ❏ 5 | ❏ 6 |
| | ❏ 1 | ❏ 2 | ❏ 3 | ❏ 4 | ❏ 5 | ❏ 6 |
| | ❏ 1 | ❏ 2 | ❏ 3 | ❏ 4 | ❏ 5 | ❏ 6 |
| Erforderliche Spezialkenntnisse | | | | | | |
| 1) | | | | | | |
| 2) | | | | | | |
| 3) | | | | | | |
| 5 **■ Persönlichkeitsmerkmale** | | | | | | |
| Erscheinungsbild | ❏ 1 | ❏ 2 | ❏ 3 | ❏ 4 | ❏ 5 | ❏ 6 |
| Auftreten | ❏ 1 | ❏ 2 | ❏ 3 | ❏ 4 | ❏ 5 | ❏ 6 |
| Sprache | ❏ 1 | ❏ 2 | ❏ 3 | ❏ 4 | ❏ 5 | ❏ 6 |
| Auffassungsgabe | ❏ 1 | ❏ 2 | ❏ 3 | ❏ 4 | ❏ 5 | ❏ 6 |
| Zielstrebigkeit | ❏ 1 | ❏ 2 | ❏ 3 | ❏ 4 | ❏ 5 | ❏ 6 |
| Kommunikationsfähigkeit | ❏ 1 | ❏ 2 | ❏ 3 | ❏ 4 | ❏ 5 | ❏ 6 |
| Leistungsbereitschaft | ❏ 1 | ❏ 2 | ❏ 3 | ❏ 4 | ❏ 5 | ❏ 6 |
| Teamfähigkeit | ❏ 1 | ❏ 2 | ❏ 3 | ❏ 4 | ❏ 5 | ❏ 6 |
| Kreativität | ❏ 1 | ❏ 2 | ❏ 3 | ❏ 4 | ❏ 5 | ❏ 6 |
| Genauigkeit (Fehlerverhütung) | ❏ 1 | ❏ 2 | ❏ 3 | ❏ 4 | ❏ 5 | ❏ 6 |
| Verantwortungsbewußtsein | ❏ 1 | ❏ 2 | ❏ 3 | ❏ 4 | ❏ 5 | ❏ 6 |
| Einordnungsfähigkeit | ❏ 1 | ❏ 2 | ❏ 3 | ❏ 4 | ❏ 5 | ❏ 6 |
| Belastbarkeit | ❏ 1 | ❏ 2 | ❏ 3 | ❏ 4 | ❏ 5 | ❏ 6 |
| Einsatzbereitschaft | ❏ 1 | ❏ 2 | ❏ 3 | ❏ 4 | ❏ 5 | ❏ 6 |
| Zuverlässigkeit | ❏ 1 | ❏ 2 | ❏ 3 | ❏ 4 | ❏ 5 | ❏ 6 |
| Soziales Verhalten (Hilfsbereitschaft) | ❏ 1 | ❏ 2 | ❏ 3 | ❏ 4 | ❏ 5 | ❏ 6 |
| Einstellung zum Unternehmen | ❏ 1 | ❏ 2 | ❏ 3 | ❏ 4 | ❏ 5 | ❏ 6 |
| Reisebereitschaft | ❏ 1 | ❏ 2 | ❏ 3 | ❏ 4 | ❏ 5 | ❏ 6 |
| Motivation | ❏ 1 | ❏ 2 | ❏ 3 | ❏ 4 | ❏ 5 | ❏ 6 |
| Weiterbildungsinteresse | ❏ 1 | ❏ 2 | ❏ 3 | ❏ 4 | ❏ 5 | ❏ 6 |
| Aufmerksamkeit | ❏ 1 | ❏ 2 | ❏ 3 | ❏ 4 | ❏ 5 | ❏ 6 |
| Auffassungsgabe | ❏ 1 | ❏ 2 | ❏ 3 | ❏ 4 | ❏ 5 | ❏ 6 |
| Grammatik, Interpunktion, Rechtschreibung | ❏ 1 | ❏ 2 | ❏ 3 | ❏ 4 | ❏ 5 | ❏ 6 |
| Durchsetzungsfähigkeit | ❏ 1 | ❏ 2 | ❏ 3 | ❏ 4 | ❏ 5 | ❏ 6 |
| Verantwortungsbewußtsein | ❏ 1 | ❏ 2 | ❏ 3 | ❏ 4 | ❏ 5 | ❏ 6 |
| Manieren | ❏ 1 | ❏ 2 | ❏ 3 | ❏ 4 | ❏ 5 | ❏ 6 |
| Selbstdarstellung | ❏ 1 | ❏ 2 | ❏ 3 | ❏ 4 | ❏ 5 | ❏ 6 |
| Eigenverantwortlichkeit | ❏ 1 | ❏ 2 | ❏ 3 | ❏ 4 | ❏ 5 | ❏ 6 |
| Finanzielle Verantwortung | ❏ 1 | ❏ 2 | ❏ 3 | ❏ 4 | ❏ 5 | ❏ 6 |
| Analysefähigkeit | ❏ 1 | ❏ 2 | ❏ 3 | ❏ 4 | ❏ 5 | ❏ 6 |
| Kritikfähigkeit | ❏ 1 | ❏ 2 | ❏ 3 | ❏ 4 | ❏ 5 | ❏ 6 |
| Umgang mit Menschen | ❏ 1 | ❏ 2 | ❏ 3 | ❏ 4 | ❏ 5 | ❏ 6 |

Kopiervorlage

# Anforderungsprofil für den Bewerber (2/2)

I. Einstellung

| **Erwünschte Voraussetzungen**, Punkteskala – Noten von 1 (sehr wichtig) – 6 (unwichtig) | | | | | | |
|---|---|---|---|---|---|---|
| **■ Fachkenntnisse** | | | | | | |
| EDV-Kenntnisse: | ❑ 1 | ❑ 2 | ❑ 3 | ❑ 4 | ❑ 5 | ❑ 6 |
| Branchen-Kenntnisse: | ❑ 1 | ❑ 2 | ❑ 3 | ❑ 4 | ❑ 5 | ❑ 6 |
| Führungserfahrung: | ❑ 1 | ❑ 2 | ❑ 3 | ❑ 4 | ❑ 5 | ❑ 6 |
| Fremdsprachen: | ❑ 1 | ❑ 2 | ❑ 3 | ❑ 4 | ❑ 5 | ❑ 6 |
| Wenn ja, welche Fremdsprachen: | | | | | | |
| | ❑ 1 | ❑ 2 | ❑ 3 | ❑ 4 | ❑ 5 | ❑ 6 |
| | ❑ 1 | ❑ 2 | ❑ 3 | ❑ 4 | ❑ 5 | ❑ 6 |
| | ❑ 1 | ❑ 2 | ❑ 3 | ❑ 4 | ❑ 5 | ❑ 6 |
| Erforderliche Spezialkenntnisse | | | | | | |
| 1) | | | | | | |
| 2) | | | | | | |
| 3) | | | | | | |
| **■ Persönlichkeitsmerkmale** | | | | | | |
| Erscheinungsbild | ❑ 1 | ❑ 2 | ❑ 3 | ❑ 4 | ❑ 5 | ❑ 6 |
| Auftreten | ❑ 1 | ❑ 2 | ❑ 3 | ❑ 4 | ❑ 5 | ❑ 6 |
| Sprache | ❑ 1 | ❑ 2 | ❑ 3 | ❑ 4 | ❑ 5 | ❑ 6 |
| Auffassungsgabe | ❑ 1 | ❑ 2 | ❑ 3 | ❑ 4 | ❑ 5 | ❑ 6 |
| Zielstrebigkeit | ❑ 1 | ❑ 2 | ❑ 3 | ❑ 4 | ❑ 5 | ❑ 6 |
| Kommunikationsfähigkeit | ❑ 1 | ❑ 2 | ❑ 3 | ❑ 4 | ❑ 5 | ❑ 6 |
| Leistungsbereitschaft | ❑ 1 | ❑ 2 | ❑ 3 | ❑ 4 | ❑ 5 | ❑ 6 |
| Teamfähigkeit | ❑ 1 | ❑ 2 | ❑ 3 | ❑ 4 | ❑ 5 | ❑ 6 |
| Kreativität | ❑ 1 | ❑ 2 | ❑ 3 | ❑ 4 | ❑ 5 | ❑ 6 |
| Genauigkeit (Fehlerverhütung) | ❑ 1 | ❑ 2 | ❑ 3 | ❑ 4 | ❑ 5 | ❑ 6 |
| Verantwortungsbewußtsein | ❑ 1 | ❑ 2 | ❑ 3 | ❑ 4 | ❑ 5 | ❑ 6 |
| Einordnungsfähigkeit | ❑ 1 | ❑ 2 | ❑ 3 | ❑ 4 | ❑ 5 | ❑ 6 |
| Belastbarkeit | ❑ 1 | ❑ 2 | ❑ 3 | ❑ 4 | ❑ 5 | ❑ 6 |
| Einsatzbereitschaft | ❑ 1 | ❑ 2 | ❑ 3 | ❑ 4 | ❑ 5 | ❑ 6 |
| Zuverlässigkeit | ❑ 1 | ❑ 2 | ❑ 3 | ❑ 4 | ❑ 5 | ❑ 6 |
| Soziales Verhalten (Hilfsbereitschaft) | ❑ 1 | ❑ 2 | ❑ 3 | ❑ 4 | ❑ 5 | ❑ 6 |
| Einstellung zum Unternehmen | ❑ 1 | ❑ 2 | ❑ 3 | ❑ 4 | ❑ 5 | ❑ 6 |
| Reisebereitschaft | ❑ 1 | ❑ 2 | ❑ 3 | ❑ 4 | ❑ 5 | ❑ 6 |
| Motivation | ❑ 1 | ❑ 2 | ❑ 3 | ❑ 4 | ❑ 5 | ❑ 6 |
| Weiterbildungsinteresse | ❑ 1 | ❑ 2 | ❑ 3 | ❑ 4 | ❑ 5 | ❑ 6 |
| Aufmerksamkeit | ❑ 1 | ❑ 2 | ❑ 3 | ❑ 4 | ❑ 5 | ❑ 6 |
| Auffassungsgabe | ❑ 1 | ❑ 2 | ❑ 3 | ❑ 4 | ❑ 5 | ❑ 6 |
| Grammatik, Interpunktion, Rechtschreibung | ❑ 1 | ❑ 2 | ❑ 3 | ❑ 4 | ❑ 5 | ❑ 6 |
| Durchsetzungsfähigkeit | ❑ 1 | ❑ 2 | ❑ 3 | ❑ 4 | ❑ 5 | ❑ 6 |
| Verantwortungsbewußtsein | ❑ 1 | ❑ 2 | ❑ 3 | ❑ 4 | ❑ 5 | ❑ 6 |
| Manieren | ❑ 1 | ❑ 2 | ❑ 3 | ❑ 4 | ❑ 5 | ❑ 6 |
| Selbstdarstellung | ❑ 1 | ❑ 2 | ❑ 3 | ❑ 4 | ❑ 5 | ❑ 6 |
| Eigenverantwortlichkeit | ❑ 1 | ❑ 2 | ❑ 3 | ❑ 4 | ❑ 5 | ❑ 6 |
| Finanzielle Verantwortung | ❑ 1 | ❑ 2 | ❑ 3 | ❑ 4 | ❑ 5 | ❑ 6 |
| Analysefähigkeit | ❑ 1 | ❑ 2 | ❑ 3 | ❑ 4 | ❑ 5 | ❑ 6 |
| Kritikfähigkeit | ❑ 1 | ❑ 2 | ❑ 3 | ❑ 4 | ❑ 5 | ❑ 6 |
| Umgang mit Menschen | ❑ 1 | ❑ 2 | ❑ 3 | ❑ 4 | ❑ 5 | ❑ 6 |

## Inserat/Erläuterung der Checkliste: So suchen Sie erfolgreich Personal per Inserat

Bei der Gestaltung einer Stellenanzeige hat sich in der Praxis die gute (aus der Werbung altbekannte) AIDA bewährt.

**A (Attention):** Erregen Sie die Aufmerksamkeit Ihrer Zielgruppe durch die Überschrift, die Gestaltung Ihres Inserats

**I (Interest):** Erwecken Sie Interesse durch die Beschreibung der Stelle und der Leistungen des Unternehmens

**D (Desire):** Machen Sie den potentiellen Bewerber neugierig auf mehr Informationen

**A (Action):** Teilen Sie dem möglichen Bewerber mit, welche Form der Kontaktaufnahme Sie sich wünschen

**1**

Oft entscheidet eine aussagekräftige Headline darüber, ob Ihre „Zielgruppe" von Ihrem Inserat überhaupt Notiz nimmt. Investieren Sie hier Zeit und seien Sie kreativ. Versetzen Sie sich in die Lage der potentiellen Stellenbewerber und versuchen Sie, den richtigen Ton zu finden.

**2**

Stellen Sie Ihr Unternehmen gut dar und geben Sie ausreichende Informationen, damit sich ein möglicher Stellenbewerber ein Bild machen kann.

**3**

Beschreiben Sie die ausgeschriebene Stelle so konkret wie möglich, damit jeder potentielle Bewerber weiß, was sein Aufgaben- und Kompetenzbereich wäre.

**4**

Teilen Sie mit, welche Anforderungen Sie an einen potentiellen Bewerber haben. Vergessen Sie nicht, auf die gewünschten Persönlichkeitsmerkmale einzugehen.

**5**

Die Leistungen des Unternehmens interessieren jeden Bewerber ganz besonders. Geben Sie detailliert Auskunft, und befriedigen Sie so den Informationsbedarf.

**6**

Erläutern Sie, welchen Anforderungen eine Bewerbung genügen muß, damit sie eine Chance hat.

**7**

Vergessen Sie nicht die genaue Adresse und mögliche Ansprechpartner für Vorab-Informationen, mit der entsprechenden Telefonnummer, anzugeben.

### Stellenausschreibung

I. Einstellung

| | Checkliste: So suchen Sie erfolgreich Personal per Inserat | |
|---|---|---|
| 1 | Erregen Sie die Aufmerksamkeit „Ihrer Zielgruppe" mit einer aussagekräftigen, prägnanten Headline | ❏ |
| 2 | Präsentieren Sie Ihr Unternehmen<br>■ Größe<br>■ Unternehmensgründung<br>■ Leistungsspektrum/Produktpalette<br>■ Organisation des Unternehmens<br>■ Unternehmenskultur<br>■ Bedeutung in der Branche<br>■ Lage des Unternehmens | ❏ |
| 3 | Beschreiben Sie die ausgeschriebene Stelle<br>■ Aufgabengebiet<br>■ Kompetenzen<br>■ Eingliederung in das Unternehmen<br>■ Führungsspanne (bei Führungskräften) | ❏ |
| 4 | Geben Sie detaillierte Informationen über die Anforderungen der Stelle<br>■ Erforderliche Mindestausbildung<br>■ Gewünschte Qualifikation<br>■ Gewünschte Spezialkenntnisse<br>■ Erforderliche/gewünschte Berufserfahrung<br>■ Erforderliche Persönlichkeitsmerkmale (Arbeitsverhalten, Sozialverhalten und Führungsverhalten bei Führungskräften) | ❏ |
| 5 | Beschreiben Sie die Leistungen des Unternehmens<br>■ Arbeitszeitmodell (Gleitzeit, Teilzeit, etc.)<br>■ Karrieremöglichkeiten<br>■ Weiterbildungsmöglichkeiten<br>■ Firmenfahrzeug<br>■ Urlaubstage<br>■ Weihnachtsgeld | ❏ |
| 6 | Teilen Sie mit, welchen Formalien die Bewerbung genügen muß<br>■ Art der gewünschten Bewerbungsunterlagen (schriftlich, telefonisch, per Diskette, Online-Bewerbung, Referenzen, etc.)<br>■ Tabellarischer Lebenslauf<br>■ Handschriftlicher Lebenslauf<br>■ Fristen für die Bewerbung | ❏ |
| 7 | Geben Sie die Adressen und Kontaktmöglichkeiten an<br>■ Geben Sie den Ansprechpartner mit Präsenzzeit und Telefonnummer an<br>■ Geben Sie Ihre genaue Adresse, bei Chiffre-Anzeigen die Chiffre-Nummer, an | ❏ |

Kopiervorlage

| Checkliste: So suchen Sie erfolgreich Personal per Inserat | |
|---|---|
| Erregen Sie die Aufmerksamkeit „Ihrer Zielgruppe“ mit einer aussagekräftigen, prägnanten Headline | ❑ |
| Präsentieren Sie Ihr Unternehmen<br>■ Größe<br>■ Unternehmensgründung<br>■ Leistungsspektrum/Produktpalette<br>■ Organisation des Unternehmens<br>■ Unternehmenskultur<br>■ Bedeutung in der Branche<br>■ Lage des Unternehmens | ❑ |
| Beschreiben Sie die ausgeschriebene Stelle<br>■ Aufgabengebiet<br>■ Kompetenzen<br>■ Eingliederung in das Unternehmen<br>■ Führungsspanne (bei Führungskräften) | ❑ |
| Geben Sie detaillierte Informationen über die Anforderungen der Stelle<br>■ Erforderliche Mindestausbildung<br>■ Gewünschte Qualifikation<br>■ Gewünschte Spezialkenntnisse<br>■ Erforderliche/gewünschte Berufserfahrung<br>■ Erforderliche Persönlichkeitsmerkmale (Arbeitsverhalten, Sozialverhalten und Führungsverhalten bei Führungskräften) | ❑ |
| Beschreiben Sie die Leistungen des Unternehmens<br>■ Arbeitszeitmodell (Gleitzeit, Teilzeit, etc.)<br>■ Karrieremöglichkeiten<br>■ Weiterbildungsmöglichkeiten<br>■ Firmenfahrzeug<br>■ Urlaubstage<br>■ Weihnachtsgeld | ❑ |
| Teilen Sie mit, welchen Formalien die Bewerbung genügen muß<br>■ Art der gewünschten Bewerbungsunterlagen (schriftlich, telefonisch, per Diskette, Online-Bewerbung, Referenzen, etc.)<br>■ Tabellarischer Lebenslauf<br>■ Handschriftlicher Lebenslauf<br>■ Fristen für die Bewerbung | ❑ |
| Geben Sie die Adressen und Kontaktmöglichkeiten an<br>■ Geben Sie den Ansprechpartner mit Präsenzzeit und Telefonnummer an<br>■ Geben Sie Ihre genaue Adresse, bei Chiffre-Anzeigen die Chiffre-Nummer, an | ❑ |

## 1 Eingang

Eine aussagefähige, individuelle Bewerbung braucht Zeit. Der Erste ist nicht immer gerade der Beste. Bewerbungen auf Anzeigen sollten jedoch spätestens zwei Wochen nach dem Erscheinen auf Ihrem Schreibtisch liegen. Achten Sie darauf, daß Bewerbungen, besonders Blindbewerbungen, an den richtigen „Entscheider“ gerichtet sind. Eine Bewerbung mit einer Anrede wie „Sehr geehrte Damen und Herren“, ist als „Massen-Bewerbung” einzustufen. Der Bewerber probiert es ganz einfach mal – wirklich interessierte Bewerber rufen vorher in der Firma an und erkundigen sich nach dem zuständigen Aufgabenleiter.

## 2 Vollständigkeit und Anschreiben

Nur vollständige Bewerbungsunterlagen machen einen guten Eindruck. Berufseinsteiger können selbstverständlich keine Arbeitszeugnisse vorlegen, ein Anschreiben, ein Bewerbungsschreiben, Lebenslauf mit Foto und relevante Zeugnisse sind das Minimum für eine ernstzunehmende Bewerbung.

Besonders sollten Sie das Anschreiben beachten: Zu einer ordentlichen Bewerbung gehört ein übersichtliches Anschreiben, das Persönlichkeit ausstrahlt, und erkennbar auf das Unternehmen ausgerichtet ist.

Interessant ist, wenn der Bewerber schon im Anschreiben sein Anliegen rasch auf den Punkt bringt.

## 3 Äußeres Erscheinungsbild

Die Unterlagen der Bewerbung sind die Visitenkarte des Bewerbers. An Gestaltung und Aufbau der Bewerbungsunterlagen ist erkennbar, ob der Bewerber einen Blick für das Wesentliche besitzen und seine Arbeit ordentlich und gewissenhaft ausüben kann.

Tödlich sind schriftliche Unterlagen, Dokumente, die mit billigen Nadeldruckern erstellt wurden, oder übertriebene Kreativität in der Wortwahl.

Lose Blätter in einer Plastikhülle wirken lieblos.

Schicke Pappmappen oder farbige Ordner mit Gummibandverschluß sind zeitgemäß.

## 4 Stellenbewerbung

Eine Bewerbung sollte immer Ergebnis einer gründlichen Recherche des Bewerbers sein. Aus dem Bewerbungsschreiben sollte erkennbar sein, daß der Bewerber sich über die Firma informiert und sein Bewerberprofil darauf abgestimmt hat.

Floskeln im Bewerbungsschreiben, wie „Hiermit bewerbe ich mich ...“ oder „Ihre Anzeige interessiert mich ...“ sind absolut out. Ein Bewerbungsschreiben sollte individuell und persönlich sein.

Wenn ein Bewerber beispielsweise statt der üblichen Litanei eine Extraseite mit dem Titel „Ich über mich” zum Bewerbungsschreiben dazustellt, können Sie davon ausgehen, daß diese Person mitdenkt und innovativ ist.

Achten Sie auch bitte darauf, daß der Bewerber im Bewerbungsschreiben ausdrückt, was er für das Unternehmen leisten kann.

Gehaltsvorstellungen haben in einem Bewerbungsschreiben nichts verloren, außer sie würden ausdrücklich von Ihnen angefordert.

## 5 Lebenslauf

Der Lebenslauf sollte tabellarisch gestaltet sein.

Viel Platz im Lebenslauf sollten die Berufserfahrungen und Qualifikationen des Bewerbers einnehmen, die

### Bewerbungsunterlagen-Analyse

I. Einstellung

| ■ Bewerbungsunterlagen-Analyse – Bewerbung auf folgende Stelle: | | | | |
|---|---|---|---|---|
| Frau ❑ | Herr ❑ | Titel | Vorname | Nachname |
| Straße | Ort | Tel. | Fax | e-Mail |

1

| ■ Eingang | schnell | normal | verspätet | spontan |
|---|---|---|---|---|
| am: | ❑ | ❑ | ❑ | ❑ |

2

| ■ Vollständigkeit | vorhanden | nicht vorhanden |
|---|---|---|
| Anschreiben | ❑ | ❑ |
| Arbeitszeugnisse | ❑ | ❑ |
| Beurteilungen | ❑ | ❑ |
| Bewerbungsschreiben | ❑ | ❑ |
| Fortbildungszeugnisse | ❑ | ❑ |
| Foto | ❑ | ❑ |
| Lebenslauf | ❑ | ❑ |
| Schul- und Ausbildungszeugnisse | ❑ | ❑ |
| Sonstiges: | | |

3

| ■ Äußeres Erscheinungsbild | ansprechend | durchschnittlich | schlecht |
|---|---|---|---|
| Foto | ❑ | ❑ | ❑ |
| Kuvert | ❑ | ❑ | ❑ |
| Ordner | ❑ | ❑ | ❑ |
| Unterlagen | ❑ | ❑ | ❑ |
| Sonstiges: | | | |

4

| ■ Stellenbewerbung | | | |
|---|---|---|---|
| Umfang | ❑ zu kurz | ❑ 2 Seiten | ❑ zu lang |
| Format | ❑ monoton | ❑ frisch | ❑ konfus |
| Rechtschreibung | ❑ fehlerfrei | ❑ kleine Fehler | ❑ fehlerhaft |
| Zeichensetzung | ❑ fehlerfrei | ❑ kleine Fehler | ❑ fehlerhaft |
| Satzbau | ❑ normal | ❑ kurz | ❑ verschachtelt |
| Gliederung | ❑ fehlerfrei | ❑ kleine Fehler | ❑ fehlerhaft |
| Ausdruck | ❑ fehlerfrei | ❑ kleine Fehler | ❑ fehlerhaft |
| Sprache | ❑ flüssig | ❑ kleine Schwächen | ❑ zäh |
| Formulierungen | ❑ positiv | ❑ neutral | ❑ negativ |
| Selbstdarstellung | ❑ gut | ❑ schwach | ❑ zu stark |
| Bewerbungsgrund (Motivation) | ❑ vorhanden | ❑ erkennbar | ❑ maßlos |
| Erwartungshaltung | ❑ neutral | ❑ schwach | ❑ negativ |

5 6 7

| ■ Lebenslauf | | | | | |
|---|---|---|---|---|---|
| ❑ tabellarisch | ❑ handschriftlich | ❑ vollständig | ❑ lückenhaft | ❑ viele Stellenwechsel | ❑ konsistent |
| **■ Zeugnisse** | | | | | |
| ❑ sehr gut | ❑ gut | ❑ normal | ❑ mangelhaft | ❑ komplett | ❑ lückenhaft |
| **■ Foto** | | | | | |
| Art | ❑ Fotograf | ❑ Automat | ❑ gescannt | | |
| Eindruck | ❑ ordentlich | ❑ schlampig | ❑ sympathisch | ❑ grob | |
| **■ Berufserfahrung** | | | | | |
| ❑ Einsteiger | ❑ Brancheninsider | ❑ Quereinsteiger | | | |
| **■ Eignung** | | | | | |
| ❑ überqualifiziert | ❑ passend | ❑ ungeeignet | | | |
| **■ Gesamteindruck** | | | | | |
| ❑ positiv | ❑ unentschlossen | ❑ zweifelnd | ❑ negativ | | |
| **■ Weitere Vorgehensweise** | | | | | |
| ❑ Vorstellungstermin vereinbaren | | ❑ abwarten | ❑ absagen | | |

Kopiervorlage

besonders gut zu der ausgeschriebenen Stelle passen.

Insgesamt muß der Lebenslauf knapp gehalten sein, zu viele Details langweilen.

Vorsicht jedoch bei der Angabe übersichtlicher Jahreszahlen, mit denen werden gern kleine Lücken kaschiert.

Alle Daten müssen mit denen der Zeugnisse übereinstimmen. Besonders sollten im Lebenslauf Lehrgänge oder Seminare aufgeführt sein – das zeugt von Extra-Engagement.

## 6 Zeugnisse

Auffallend kurze Studiendauer bei guten Ergebnissen, das sind die Hauptaspekte, auf die Sie achten sollten.

Gute Arbeitszeugnisse werden mit zunehmender Berufserfahrung immer wichtiger. Achten Sie besonders auf folgende Floskeln:
„stets zu unserer vollsten Zufriedenheit“ = Note 1 – „stets zu unserer vollen Zufriedenheit“ = 2 – „zu unserer vollen Zufriedenheit“ = 3 – „zu unserer Zufriedenheit“ = 4 – „im allgemeinen zu unserer Zufriedenheit“ = 5.
Zu einem guten Arbeitszeugnis gehört auch ein wohlwollender Abschluß (Bedauern über Ausscheiden des Arbeitnehmers, Dank für geleistete Arbeit).

## 7 Foto

Etwas größer als ein Paßbild sollte es sein und professionell aufgenommen.

Von Bewerbern mit Automatenfotos ist abzuraten.

Das Foto sollte an der richtigen Stelle sein – rechts oben auf dem Lebenslauf.

# Bewerbungsunterlagen-Analyse



**■ Bewerbungsunterlagen-Analyse – Bewerbung auf folgende Stelle:**

| Frau | Herr | Titel | Vorname | Nachname |
|---|---|---|---|---|
| ❑ | ❑ | | | |

| Straße | Ort | Tel. | Fax | e-Mail |
|---|---|---|---|---|
| | | | | |

| **■ Eingang** | **schnell** | **normal** | **verspätet** | **spontan** |
|---|---|---|---|---|
| am: | ❑ | ❑ | ❑ | ❑ |

| **■ Vollständigkeit** | **vorhanden** | **nicht vorhanden** |
|---|---|---|
| Anschreiben | ❑ | ❑ |
| Arbeitszeugnisse | ❑ | ❑ |
| Beurteilungen | ❑ | ❑ |
| Bewerbungsschreiben | ❑ | ❑ |
| Fortbildungszeugnisse | ❑ | ❑ |
| Foto | ❑ | ❑ |
| Lebenslauf | ❑ | ❑ |
| Schul- und Ausbildungszeugnisse | ❑ | ❑ |
| Sonstiges: | | |

| **■ Äußeres Erscheinungsbild** | **ansprechend** | **durchschnittlich** | **schlecht** |
|---|---|---|---|
| Foto | ❑ | ❑ | ❑ |
| Kuvert | ❑ | ❑ | ❑ |
| Ordner | ❑ | ❑ | ❑ |
| Unterlagen | ❑ | ❑ | ❑ |
| Sonstiges: | | | |

| **■ Stellenbewerbung** | | | |
|---|---|---|---|
| Umfang | ❑ zu kurz | ❑ 2 Seiten | ❑ zu lang |
| Format | ❑ monoton | ❑ frisch | ❑ konfus |
| Rechtschreibung | ❑ fehlerfrei | ❑ kleine Fehler | ❑ fehlerhaft |
| Zeichensetzung | ❑ fehlerfrei | ❑ kleine Fehler | ❑ fehlerhaft |
| Satzbau | ❑ normal | ❑ kurz | ❑ verschachtelt |
| Gliederung | ❑ fehlerfrei | ❑ kleine Fehler | ❑ fehlerhaft |
| Ausdruck | ❑ fehlerfrei | ❑ kleine Fehler | ❑ fehlerhaft |
| Sprache | ❑ flüssig | ❑ kleine Schwächen | ❑ zäh |
| Formulierungen | ❑ positiv | ❑ neutral | ❑ negativ |
| Selbstdarstellung | ❑ gut | ❑ schwach | ❑ zu stark |
| Bewerbungsgrund (Motivation) | ❑ vorhanden | ❑ erkennbar | ❑ maßlos |
| Erwartungshaltung | ❑ neutral | ❑ schwach | ❑ negativ |

| **■ Lebenslauf** | | | | | |
|---|---|---|---|---|---|
| ❑ tabellarisch | ❑ handschriftlich | ❑ vollständig | ❑ lückenhaft | ❑ viele Stellenwechsel | ❑ konsistent |

| **■ Zeugnisse** | | | | | |
|---|---|---|---|---|---|
| ❑ sehr gut | ❑ gut | ❑ normal | ❑ mangelhaft | ❑ komplett | ❑ lückenhaft |

| **■ Foto** | | | | |
|---|---|---|---|---|
| Art | ❑ Fotograf | ❑ Automat | ❑ gescannt | |
| Eindruck | ❑ ordentlich | ❑ schlampig | ❑ sympathisch | ❑ grob |

| **■ Berufserfahrung** | | |
|---|---|---|
| ❑ Einsteiger | ❑ Brancheninsider | ❑ Quereinsteiger |

| **■ Eignung** | | |
|---|---|---|
| ❑ überqualifiziert | ❑ passend | ❑ ungeeignet |

| **■ Gesamteindruck** | | | |
|---|---|---|---|
| ❑ positiv | ❑ unentschlossen | ❑ zweifelnd | ❑ negativ |

| **■ Weitere Vorgehensweise** | | |
|---|---|---|
| ❑ Vorstellungstermin vereinbaren | ❑ abwarten | ❑ absagen |

# Bewerberfragebogen

Im Vorfeld eines Beschäftigungsverhältnisses besteht die sog. Offenbarungspflicht. Das heißt, der Bewerber ist verpflichtet, alle Hindernisse und Risiken offenzulegen, die einer Begründung und Erfüllung des angestrebten Arbeitsverhältnisses entgegenstehen könnten.

Schicken Sie deshalb vor dem Vorstellungsgespräch dem Bewerber einen Bewerberfragebogen. Stellen Sie dem Bewerber die Fragen, die Ihnen im Zusammenhang mit dem zu besetzenden Arbeitsplatz wichtig erscheinen.

Achten Sie dabei darauf, daß Sie rechtlich zulässige Fragen stellen. Wenn Sie unzulässige Fragen stellen, darf der Bewerber falsche Auskünfte geben, er darf lügen, ohne daß es für ihn Folgen hätte.

Beantwortet der Bewerber jedoch eine zulässig gestellte Frage falsch, dann können Sie unter bestimmten Voraussetzungen den Arbeitsvertrag anfechten oder Schadenersatzansprüche gegen ihn geltend machen.

## 1 Persönliche Sachlage

Die Fragen nach Staatsangehörigkeit, Familienstand und Anschrift sind zulässig und müssen vom Bewerber wahrheitsgemäß beantwortet werden.

## 2 Bildung

Fragen nach Schul- und Ausbildung sind zulässig.

## 3 Beruflicher Werdegang

Fragen nach dem beruflichen Werdegang dürfen gestellt werden und müssen lückenlos vom Bewerber beantwortet werden.

## 4 Wettbewerbsverbot oder Konkurrenzklausel

Die Frage, ob der Bewerber aufgrund gesetzlicher Beschränkungen (Wettbewerbsverbot) oder aufgrund vertraglicher Vereinbarung (Konkurrenzklausel) in seiner gewerblichen Tätigkeit zugunsten eines anderen Unternehmens beschränkt ist, ist zulässig und muß wahrheitsgemäß beantwortet werden.

### Bewerberfragebogen (1/3)

I. Einstellung

1

| Frau | Herr | | Titel | Vorname | Nachname |
|---|---|---|---|---|---|
| ❑ | ❑ | | | | |

| | | | |
|---|---|---|---|
| geb. am | | in (Ort) | |
| Staatsangehörigkeit | | Familienstand | |
| Zahl der unterhaltsberechtigten Kinder | | | |
| Straße | | | |
| Wohnort | | | |
| Tel. | | | |
| Handy | | | |
| Fax | | | |
| e-Mail | | | |
| Bankverbindung | Kontonummer | Bankleitzahl | |

2

■ Bildung

| | | | |
|---|---|---|---|
| Schulbildung | | | |
| ❑ allgemeine Hochschulreife | ❑ Fachhochschulreife | ❑ Mittlere Reife | ❑ Hauptschulabschluß |
| Ausbildung | | | |
| ❑ kaufmännisch | ❑ handwerklich | ❑ . . . | |
| Studium | | | |
| Promotion | | | |

Weitere Abschlußprüfungen

1)
2)
3)
4)
5)
6)

3

■ Beruflicher Werdegang

Bisherige Stellen

| Firma | Tätigkeit/Berufsbezeichnung | von | bis |
|---|---|---|---|
| | | | |
| | | | |
| | | | |
| | | | |
| | | | |
| | | | |

4

Besteht ein Wettbewerbsverbot oder eine Konkurrenzklausel?

Kopiervorlage

# Bewerberfragebogen (1/3)



| Frau | Herr | | Titel | Vorname | Nachname |
|---|---|---|---|---|---|
| ❑ | ❑ | | | | |
| geb. am | | | in (Ort) | | |
| Staatsangehörigkeit | | | Familienstand | | |
| Zahl der unterhaltsberechtigten Kinder | | | | | |
| Straße | | | | | |
| Wohnort | | | | | |
| Tel. | | | | | |
| Handy | | | | | |
| Fax | | | | | |
| e-Mail | | | | | |
| Bankverbindung | | | Kontonummer | Bankleitzahl | |

■ **Bildung**

| Schulbildung | | | |
|---|---|---|---|
| ❑ allgemeine Hochschulreife | ❑ Fachhochschulreife | ❑ Mittlere Reife | ❑ Hauptschulabschluß |
| Ausbildung | | | |
| ❑ kaufmännisch | ❑ handwerklich | ❑ . . . | |
| Studium | | | |
| | | | |
| Promotion | | | |
| | | | |
| Weitere Abschlußprüfungen | | | |
| 1) | | | |
| 2) | | | |
| 3) | | | |
| 4) | | | |
| 5) | | | |
| 6) | | | |

■ **Beruflicher Werdegang**

| Bisherige Stellen | | | |
|---|---|---|---|
| Firma | Tätigkeit/Berufsbezeichnung | von | bis |
| | | | |
| | | | |
| | | | |
| | | | |
| | | | |
| | | | |
| | | | |

| Besteht ein Wettbewerbsverbot oder eine Konkurrenzklausel? |
|---|
| |
| |
| |
| |

### 5 Nebenbeschäftigung

Auch auf diese Frage muß der Bewerber wahrheitsgemäß Auskunft geben.

### 6 Konkurrenzbetrieb

Die Frage ist zulässig und muß richtig beantwortet werden.

### 7 Branchenerfahrung

Diese Frage darf gestellt werden.

**Bewerberfragebogen (2/3)** — I. Einstellung

5 Haben Sie derzeit eine Nebenbeschäftigung?
Falls ja: Welche und in welchem Unternehmen üben Sie diese aus?

| Firma | Art der Beschäftigung |
|---|---|
| | |
| | |
| | |
| | |

6 Waren Sie schon einmal in einem Konkurrenzbetrieb tätig?

| Firma | Tätigkeit/Berufsbezeichnung | von | bis |
|---|---|---|---|
| | | | |
| | | | |
| | | | |

7 Branchenerfahrung? Wo haben Sie sich diese angeeignet?

| Firma | Tätigkeit/Berufsbezeichnung | von | bis |
|---|---|---|---|
| | | | |
| | | | |
| | | | |

Auslandsaufenthalte?

| Land | Tätigkeit | von | bis |
|---|---|---|---|
| | | | |
| | | | |
| | | | |

Führungserfahrung?

| Firma | Tätigkeit | Anzahl der geführten Mitarbeiter | von | bis |
|---|---|---|---|---|
| | | | | |
| | | | | |
| | | | | |

Besitzen Sie PC-Kenntnisse?

Welche Fremdsprachen sprechen Sie?

| Fremdsprache | Wie gut sprechen Sie diese Sprache (Noten von 1 – 6) | | | | | |
|---|---|---|---|---|---|---|
| | ❑ 1 | ❑ 2 | ❑ 3 | ❑ 4 | ❑ 5 | ❑ 6 |
| | ❑ 1 | ❑ 2 | ❑ 3 | ❑ 4 | ❑ 5 | ❑ 6 |
| | ❑ 1 | ❑ 2 | ❑ 3 | ❑ 4 | ❑ 5 | ❑ 6 |
| | ❑ 1 | ❑ 2 | ❑ 3 | ❑ 4 | ❑ 5 | ❑ 6 |
| | ❑ 1 | ❑ 2 | ❑ 3 | ❑ 4 | ❑ 5 | ❑ 6 |

Kopiervorlage

# Bewerberfragebogen (2/3)



Haben Sie derzeit eine Nebenbeschäftigung?
Falls ja: Welche und in welchem Unternehmen üben Sie diese aus?

| Firma | Art der Beschäftigung |
|---|---|
| | |
| | |
| | |
| | |

Waren Sie schon einmal in einem Konkurrenzbetrieb tätig?

| Firma | Tätigkeit/Berufsbezeichnung | von | bis |
|---|---|---|---|
| | | | |
| | | | |
| | | | |
| | | | |

Branchenerfahrung? Wo haben Sie sich diese angeeignet?

| Firma | Tätigkeit/Berufsbezeichnung | von | bis |
|---|---|---|---|
| | | | |
| | | | |
| | | | |
| | | | |

Auslandsaufenthalte?

| Land | Tätigkeit | von | bis |
|---|---|---|---|
| | | | |
| | | | |
| | | | |
| | | | |

Führungserfahrung?

| Firma | Tätigkeit | Anzahl der geführten Mitarbeiter | von | bis |
|---|---|---|---|---|
| | | | | |
| | | | | |
| | | | | |
| | | | | |

Besitzen Sie PC-Kenntnisse?

| |
|---|
| |
| |
| |
| |

Welche Fremdsprachen sprechen Sie?

| Fremdsprache | Wie gut sprechen Sie diese Sprache (Noten von 1 – 6) | | | | | |
|---|---|---|---|---|---|---|
| | ❑ 1 | ❑ 2 | ❑ 3 | ❑ 4 | ❑ 5 | ❑ 6 |
| | ❑ 1 | ❑ 2 | ❑ 3 | ❑ 4 | ❑ 5 | ❑ 6 |
| | ❑ 1 | ❑ 2 | ❑ 3 | ❑ 4 | ❑ 5 | ❑ 6 |
| | ❑ 1 | ❑ 2 | ❑ 3 | ❑ 4 | ❑ 5 | ❑ 6 |
| | ❑ 1 | ❑ 2 | ❑ 3 | ❑ 4 | ❑ 5 | ❑ 6 |

## 8 Gesundheitliche Fragen

Fragen hierzu sind nur zulässig, wenn der Gesundheitszustand für die Ausübung der Tätigkeit von Bedeutung ist.

## 9 Wehr-/Zivildienst

Fragen zum Wehr- bzw. Zivildienst müssen vom Bewerber richtig beantwortet werden.

## 10 Rechtsauskunft

Diese Fragen sind nur zulässig, soweit sie für die auszuübende Tätigkeit von Bedeutung sind. So darf beispielsweise ein Berufskraftfahrer danach gefragt werden, ob er wegen Verkehrsdelikten vorbestraft ist.

### Auch der zukünftige Arbeitgeber hat die Pflicht, den Bewerber aufzuklären!

Das Unternehmen darf nicht verschweigen, daß

- die in Aussicht genommene Tätigkeit mit besonderen Gefahren oder Risiken, z. B. gesundheitlicher Art, verbunden ist.
- die Pflicht zum Tragen einer speziellen Schutz,- Arbeits- oder Dienstkleidung besteht.
- das Unternehmen in absehbarer Zeit nicht mehr bestehen wird.
- ein Vergleichs- oder Konkursverfahren bevorsteht.
- der Arbeitsplatz, beispielsweise im Zuge einer geplanten Betriebsschließung oder -verlegung, wegfallen soll.

Wird der Bewerber hierüber nicht informiert, und es wird ein Arbeitsvertrag abgeschlossen, kann der Mitarbeiter den Vertrag anfechten und ggf. Schadenersatzansprüche stellen.

Verstöße gegen die Offenbarungspflicht führen zwar meistens nicht vor Gericht oder zu einer Beendigung des Arbeitsverhältnisses. Es ist jedoch einer guten, vertrauensvollen Zusammenarbeit abträglich, wenn bereits vor dem Abschluß eines Arbeitsvertrags vorsätzlich falsche oder unvollständige Angaben gemacht wurden.

**Bewerberfragebogen (3/3)** — I. Einstellung

Zusätzliche Fortbildungsmaßnahmen

Besondere Fähigkeiten

Sonstiges

8 **■ Gesundheitliche Fragen**

| | | |
|---|---|---|
| Sind Sie schwerbehindert? | ❑ ja | ❑ nein |
| Antrag auf Anerkennung gestellt? | ❑ ja | ❑ nein |

Art und Grad der Behinderung

Leiden Sie an ansteckenden Krankheiten? Falls ja, welche ?

Leiden Sie an chronischen Krankheiten? Falls ja, welche ?

| | | |
|---|---|---|
| Sind Sie schwanger? (Diese Frage muß die Bewerberin nicht wahrheitsgemäß beantworten) | ❑ ja | ❑ nein |

**■ Sonstiges**

Führerschein

| | | |
|---|---|---|
| ❑ Klasse I (Motorrad) | ❑ Klasse II (LKW) | ❑ Klasse III (PKW) |

9 **■ Wehr-/Zivildienst**

| | | |
|---|---|---|
| Wehr-/Zivildienst abgeleistet? | ❑ ja | ❑ nein |
| Einberufungsbescheid erhalten? | ❑ ja | ❑ nein |
| Werden Sie zu Wehrübungen herangezogen? | ❑ ja | ❑ nein |

10 **■ Rechtsauskunft**

| | | |
|---|---|---|
| Sind Sie vorbestraft? | ❑ ja | ❑ nein |
| Steht eine Haftstrafe bevor? | ❑ ja | ❑ nein |
| Bestehen Lohn- oder Gehaltspfändungen? | ❑ ja | ❑ nein |

Ich versichere, die Angaben nach bestem Gewissen gemacht zu haben.

Ort, Datum — Unterschrift Bewerber

Kopiervorlage

# Bewerberfragebogen (3/3)



| Zusätzliche Fortbildungsmaßnahmen | | |
|---|---|---|
| | | |
| | | |
| | | |
| **Besondere Fähigkeiten** | | |
| | | |
| | | |
| | | |
| **Sonstiges** | | |
| | | |
| | | |
| | | |
| **■ Gesundheitliche Fragen** | | |
| Sind Sie schwerbehindert? | ❏ ja | ❏ nein |
| Antrag auf Anerkennung gestellt? | ❏ ja | ❏ nein |
| Art und Grad der Behinderung | | |
| | | |
| | | |
| Leiden Sie an ansteckenden Krankheiten? Falls ja, welche ? | | |
| | | |
| | | |
| Leiden Sie an chronischen Krankheiten? Falls ja, welche ? | | |
| | | |
| | | |
| Sind Sie schwanger? (Diese Frage muß die Bewerberin nicht wahrheitsgemäß beantworten) | ❏ ja | ❏ nein |
| **■ Sonstiges** | | |
| Führerschein | | |
| ❏ Klasse I (Motorrad) | ❏ Klasse II (LKW) | ❏ Klasse III (PKW) |
| | | |
| | | |
| **■ Wehr-/Zivildienst** | | |
| Wehr-/Zivildienst abgeleistet? | ❏ ja | ❏ nein |
| Einberufungsbescheid erhalten? | ❏ ja | ❏ nein |
| Werden Sie zu Wehrübungen herangezogen? | ❏ ja | ❏ nein |
| | | |
| **■ Rechtsauskunft** | | |
| Sind Sie vorbestraft? | ❏ ja | ❏ nein |
| Steht eine Haftstrafe bevor? | ❏ ja | ❏ nein |
| Bestehen Lohn- oder Gehaltspfändungen? | ❏ ja | ❏ nein |
| | | |

Ich versichere, die Angaben nach bestem Gewissen gemacht zu haben.

Ort, Datum          Unterschrift Bewerber

## 1 Weitere Gesprächspersonen

Wenn Sie eine Person eingeladen haben, die Ihnen schon allein durch die eingereichten Bewerbungsunterlagen geeignet für die zu besetzende Position scheint, sollten Sie gleich zum ersten Gespräch ab einem bestimmten Zeitpunkt einen weiteren Gesprächspartner einladen. Das können potentielle Kollegen, die mit dem Bewerber zusammenarbeiten sollen, sein oder versierte Mitarbeiter aus anderen Fachabteilungen. So können Sie die Gespräche noch gezielter führen und gleichzeitig den Bewerber testen, wie er mit derartigen Situationen zurechtkommt. Meistens erwartet der Bewerber nur einen Gesprächspartner, wenn jedoch plötzlich mehrere Personen an dem Gespräch teilnehmen, ist das für den optimalen Bewerber kein Grund, nervös zu werden. Sie können dann auch gleich sehr gut sehen, wie es um die soziale Kompetenz und seine Kommunikationsfähigkeit bestellt ist.

## 2 Bewerbungsanlaß

Versuchen Sie herauszufinden, welches Motiv den Bewerber bewegt hat, sich auf die ausgeschriebene Stelle zu bewerben.

Die erste Frage in einem Vorstellungsgespräch sollte immer den Grund der Bewerbung ermitteln: So können Sie schnell erkennen, was der Bewerber für sich will und was nicht. Die Berufsplanung des Bewerbers sollte also stehen – dadurch erkennen Sie sofort, ob der Bewerber vorausschauend und geplant handeln kann.

Auch sollte der Bewerber über Ihr Unternehmen (zumindest einigermaßen) Bescheid wissen – Produktpalette, Unternehmensstrategie, Marktposition und Konkurrenten sollte der Bewerber kennen.

### Vorstellungsgespräch (1/3)

I. Einstellung

| | | | | |
|---|---|---|---|---|
| Bewerbung auf folgende Stelle: | | | | |
| Frau | Herr | Titel | Vorname | Nachname |
| ❑ | ❑ | | | |
| Straße | | | | |
| Wohnort | | | | |
| Tel. | | | | |
| Bearbeiter | | | | |
| Datum | | | Uhrzeit | |

1 Weitere Gesprächspersonen, die am ersten Bewerbungsgespräch teilnehmen (Abteilungsleiter, Mitarbeiter, etc.)

| Name | Verständigt | |
|---|---|---|
| | ❑ ja | ❑ nein |
| | ❑ ja | ❑ nein |
| | ❑ ja | ❑ nein |
| | ❑ ja | ❑ nein |

2 ■ **Bewerbungsanlaß**

Wie sind Sie auf uns aufmerksam geworden?

Warum haben Sie sich gerade auf diese Stelle beworben?

Warum wollen Sie sich beruflich verändern?

Welche Tätigkeit üben/übten Sie in Ihrer jetzigen/bisherigen Firma aus?

Beschreiben Sie Ihren beruflichen Werdegang.

Welche Vorstellungen haben Sie von der neuen Stelle?

Welche Erwartungshaltung haben Sie an die neue Stelle?

Wie stellen Sie sich die neue Tätigkeit in unserer Firma vor?

Welche Aufstiegsmöglichkeiten streben Sie in unserem Konzern an?

In welchem Zeitrahmen wollen Sie dieses erreichen?

Was können Sie besonders gut – wo liegen Ihre Schwerpunkte?

Welche Tätigkeiten haben Sie bislang verantwortlich ausgeführt?

Was konnten Sie im letzten Jahr beruflich an besonderen Leistungen erbringen?

In welchen Projekten waren Sie tätig, und was für eine Position nahmen Sie darin ein?

Kopiervorlage

# Vorstellungsgespräch (1/3)



| Bewerbung auf folgende Stelle: | | | | |
|---|---|---|---|---|
| Frau | Herr | Titel | Vorname | Nachname |
| ❑ | ❑ | | | |
| Straße | | | | |
| Wohnort | | | | |
| Tel. | | | | |
| Bearbeiter | | | | |
| Datum | | | Uhrzeit | |

| Weitere Gesprächspersonen, die am ersten Bewerbungsgespräch teilnehmen (Abteilungsleiter, Mitarbeiter, etc.) | | |
|---|---|---|
| Name | Verständigt | |
| | ❑ ja | ❑ nein |
| | ❑ ja | ❑ nein |
| | ❑ ja | ❑ nein |
| | ❑ ja | ❑ nein |

| ■ **Bewerbungsanlaß** |
|---|
| Wie sind Sie auf uns aufmerksam geworden? |
| |
| Warum haben Sie sich gerade auf diese Stelle beworben? |
| |
| Warum wollen Sie sich beruflich verändern? |
| |
| Welche Tätigkeit üben/übten Sie in Ihrer jetzigen/bisherigen Firma aus? |
| |
| Beschreiben Sie Ihren beruflichen Werdegang. |
| |
| Welche Vorstellungen haben Sie von der neuen Stelle? |
| |
| Welche Erwartungshaltung haben Sie an die neue Stelle? |
| |
| Wie stellen Sie sich die neue Tätigkeit in unserer Firma vor? |
| |
| Welche Aufstiegsmöglichkeiten streben Sie in unserem Konzern an? |
| |
| In welchem Zeitrahmen wollen Sie dieses erreichen? |
| |
| Was können Sie besonders gut – wo liegen Ihre Schwerpunkte? |
| |
| Welche Tätigkeiten haben Sie bislang verantwortlich ausgeführt? |
| |
| Was konnten Sie im letzten Jahr beruflich an besonderen Leistungen erbringen? |
| |
| In welchen Projekten waren Sie tätig, und was für eine Position nahmen Sie darin ein? |
| |

## 3 Soziales

Lassen Sie den Bewerber reden und achten Sie darauf, wie der Bewerber antwortet (zielgerichtet/ausschweifend/verliert den Faden, etc.)

Am besten stellen Sie ihm ein paar offene Fragen und unterbrechen Sie ihn nicht.

Folgende Fragen sind dafür prädestiniert:

- Wo liegen Ihre größten Stärken?
- Was ist Ihre größte Schwäche?
- Wie kommen Sie mit Streß oder Zeitdruck zurecht?
- Erzählen Sie mir etwas über sich!

Bei den Schwächen sollte der Bewerber Zurückhaltung bieten. Wer sofort bekennt, unordentlich zu sein und sonst nichts mehr dazu sagen kann, ist nicht gerade einfallsreich. „Ich bin manchmal etwas unordentlich, meine Termine halte ich aber immer ein und ich finde das, was ich brauche stets sofort, obwohl keine Flugzeuge auf meinem Schreibtisch landen können" zeigt, daß der Bewerber seine Schwäche kennt, aber damit umgehen kann.

## 4 Vereinbarungsbedingungen

Die finanziellen und sozialen Rahmenbedingungen sollten nur besprochen werden, wenn Sie ernsthaft an dem Bewerber Interesse haben.

Der Bewerber sollte sich über die üblichen Tarife informiert haben und nicht zu hoch, aber auch nicht zu niedrig, liegen.

## 5 Sonstiges

Auf folgende Fragen sollte in einem Vorstellungsgespräch verzichtet werden:

- gewerkschaftliches Engagement
- frühere Krankheiten
- Schwangerschaft und Familienplanung
- Vermögensverhältnisse
- Vorstrafen
- politische Meinung

Wenn Sie eine derartige Frage stellen, ist eine Lüge des Bewerbers legal.

Ausnahme: Die Frage spielt eine konkrete Rolle für die Stelle – wer auf Weizenmehl allergisch reagiert, sollte nicht unbedingt als Schichtleiter in einer Großbäckerei anfangen, und ein Berufskraftfahrer sollte keine Vorstrafen wegen Verkehrsdelikten besitzen.

## 6 Persönlicher Eindruck vom Bewerber

Der erste Eindruck ist immer der beste! Dazu gehören die passende Kleidung, gepflegte Nägel und Haare, geputzte Schuhe und bei Frauen ein dezentes Make-up.

Achten Sie auch darauf, ob der Bewerber Fragen stellt: Ein Interesse an Unternehmensstrategien, Entwicklungsmöglichkeiten und Einordnung der Stelle, zeugen für eine hohe Motivation.

### Vorstellungsgespräch (2/3)

I. Einstellung

Welche Schwächen sehen Sie bei sich?

Wie glauben Sie, diese Schwächen beseitigen zu können?

3 ■ **Soziales**

Was hat Ihnen in Ihrer jetzigen/bisherigen Firma sehr gut gefallen?

Was hat Ihnen in Ihrer jetzigen/bisherigen Firma überhaupt nicht gefallen?

Wie ist/war das Betriebsklima in Ihrer jetzigen/bisherigen Firma?

Was hat Ihnen an Ihrer jetzigen/bisherigen Tätigkeit sehr gut gefallen?

Was hat Ihnen an Ihrer jetzigen/bisherigen Tätigkeit überhaupt nicht gefallen?

Welche außerberuflichen Interessen haben Sie?

Welche weiteren Fragen haben Sie noch über die neue Stelle?

4 ■ **Vereinbarungsbedingungen**

Was stellen Sie sich für ein Gehalt vor?

Wann können Sie frühestens die neue Stelle antreten?

Bestehen vertragliche Konkurrenzklauseln?

Üben Sie eine Nebentätigkeit aus?

5 ■ **Sonstiges**

(Anmerkung: Formulieren Sie weitere Fragen an den Bewerber stets offen, so daß er nicht nur mit einem „ja" oder „nein" antworten kann. Lassen Sie ihn erzählen und hören Sie gut zu.
Vermeiden Sie intime Fragen!
Beispielsweise: Was können Ihre Kinder am wenigsten an Ihnen leiden?
Gehören Sie einer Gewerkschaft an? Solche Fragen dürfen Sie nicht stellen!)

6 ■ **Persönlicher Eindruck vom Bewerber**

**Äußeres Erscheinungsbild** (gepflegt, ordentlich, elegant, geschmackvoll, vornehm, tadellos, ausgewogen, gewählt / ungepflegt, nachlässig, unordentlich, schlampig, overdressed, sonstiges: ..........)

**Auftreten/Umgangsformen** (zuvorkommend, korrekt, fröhlich, bescheiden, vorbildlich, gewissenhaft, ernst / arrogant, hochmütig, befangen, dreist, ungeniert, vorlaut, sonstiges: ..........)

Kopiervorlage

# Vorstellungsgespräch (2/3)

| Welche Schwächen sehen Sie bei sich? |
|---|
| |
| Wie glauben Sie, diese Schwächen beseitigen zu können? |
| |
| **■ Soziales** |
| Was hat Ihnen in Ihrer jetzigen/bisherigen Firma sehr gut gefallen? |
| |
| Was hat Ihnen in Ihrer jetzigen/bisherigen Firma überhaupt nicht gefallen? |
| |
| Wie ist/war das Betriebsklima in Ihrer jetzigen/bisherigen Firma? |
| |
| Was hat Ihnen an Ihrer jetzigen/bisherigen Tätigkeit sehr gut gefallen? |
| |
| Was hat Ihnen an Ihrer jetzigen/bisherigen Tätigkeit überhaupt nicht gefallen? |
| |
| Welche außerberuflichen Interessen haben Sie? |
| |
| Welche weiteren Fragen haben Sie noch über die neue Stelle? |
| |
| **■ Vereinbarungsbedingungen** |
| Was stellen Sie sich für ein Gehalt vor? |
| |
| Wann können Sie frühestens die neue Stelle antreten? |
| |
| Bestehen vertragliche Konkurrenzklauseln? |
| |
| Üben Sie eine Nebentätigkeit aus? |
| |
| **■ Sonstiges** |
| (Anmerkung: Formulieren Sie weitere Fragen an den Bewerber stets offen, so daß er nicht nur mit einem „ja" oder „nein" antworten kann. Lassen Sie ihn erzählen und hören Sie gut zu.<br>Vermeiden Sie intime Fragen!<br>Beispielsweise: Was können Ihre Kinder am wenigsten an Ihnen leiden?<br>Gehören Sie einer Gewerkschaft an? Solche Fragen dürfen Sie nicht stellen!) |
| **■ Persönlicher Eindruck vom Bewerber** |
| **Äußeres Erscheinungsbild** (gepflegt, ordentlich, elegant, geschmackvoll, vornehm, tadellos, ausgewogen, gewählt / ungepflegt, nachlässig, unordentlich, schlampig, overdressed, sonstiges: ..............................................................) |
| |
| |
| |
| **Auftreten/Umgangsformen** (zuvorkommend, korrekt, fröhlich, bescheiden, vorbildlich, gewissenhaft, ernst / arrogant, hochmütig, befangen, dreist, ungeniert, vorlaut, sonstiges: ...................................................................) |
| |
| |
| |

## 7 Sprache

Achten Sie ganz bewußt darauf, wie der Bewerber spricht. Geben Sie ihm durch offene Fragen Gelegenheit, längere Ausführungen zu machen. Gibt er klare und präzise Antworten auf Ihre Fragen oder redet er weitschweifig zunehmend wirres Zeug? Wie ist seine Sprechgeschwindigkeit?

## 8 Auffassungsgabe

Versteht der Bewerber daß, was Sie sagen, oder reden Sie aneinander vorbei. Ist er konzentriert bei der Sache und denkt er mit, oder tut sich der Bewerber schwer, Ihnen zu folgen?

## 9 Zielstrebigkeit

Macht der Bewerber einen aktiven, leistungswilligen Eindruck oder wirkt er müde und lustlos?
Hat er eine konkrete realistische Vorstellung von seinen beruflichen Zielen und befindet er sich auf einem Weg zu deren Verwirklichung. Geht er für seine Ziele „meilenweit" oder „geht er über Leichen"?

## 10 Kommunikationsfähigkeit

Verschaffen Sie sich im Vorstellungsgespräch auch einen Eindruck von der Fähigkeit des Bewerbers, auf andere Menschen zuzugehen. Ist er kontaktfreudig oder eher distanziert oder gar verschlossen.
Achten Sie auch darauf, ob der Bewerber mit Ihnen Blickkontakt hält und Ihnen in die Augen sehen kann.

## 11 Gesamteindruck

Halten Sie gleich im Anschluß an das Vorstellungsgespräch Ihren persönlichen Gesamteindruck fest. Nur dann ist gewährleistet, daß Sie Ihr „Urteil" ohne weitere Interpretationen niederschreiben.

## 12 Besonderheiten

Weist ein Bewerber bestimmte Besonderheiten (in positiver oder negativer Hinsicht) auf, so sollten Sie diese auch gleich unmittelbar nach dem Gespräch notieren. Wenn man eine Reihe von Bewerbergespräche geführt hat, kann es sonst leicht zu Verwechslungen kommen.

### Vorstellungsgespräch (3/3)

I. Einstellung

7 **Sprache** (deutlich, temperamentvoll, klar, knapp, sprachgewandt, beredt, einfach / weitschweifig, temperamentlos, umständlich, langatmig, grammatikalisch fehlerhaft, starker Dialekt, sonstiges: ……………………………………)

8 **Auffassungsgabe** (denkt mit, hat Ideen, gesunder Menschenverstand, nimmt schnell auf, hört genau zu / schleppend, zögernd, langwierig, unkonzentriert, kann sich nicht schnell umstellen, sonstiges: ……………………………………)

9 **Zielstrebig** (ehrgeizig, aktiv, eifrig, leistungswillig, selbständig, weiterbildungswillig / sehr müde, antriebslos, übersteigert hohe Ziele, sonstiges: ……………………………………)

10 **Kommunikationsfähigkeit** (kontaktfreudig, aufgeschlossen, offen, umgänglich / abweisend, befangen, distanziert, scheu, verschlossen, sonstiges: ……………………………………)

11 Gesamteindruck

12 Besonderheiten

| Eignung für die Stelle (Noten von 1-6) | | | | | | |
|---|---|---|---|---|---|---|
| Persönlich | ❑ 1 | ❑ 2 | ❑ 3 | ❑ 4 | ❑ 5 | ❑ 6 |
| Fachlich | ❑ 1 | ❑ 2 | ❑ 3 | ❑ 4 | ❑ 5 | ❑ 6 |

| 2. Bewerbungsgespräch | ❑ ja | ❑ nein |
|---|---|---|
| Datum | Uhrzeit | |
| Ort | | |

Weitere Gesprächspersonen, die am 2. Bewerbungsgespräch teilnehmen (Abteilungsleiter, Mitarbeiter, . . .)

| Name | Verständigt | |
|---|---|---|
| | ❑ ja | ❑ nein |
| | ❑ ja | ❑ nein |
| | ❑ ja | ❑ nein |
| | ❑ ja | ❑ nein |

Abzuklärende Fragen

Offene Fragen

Kopiervorlage

# Vorstellungsgespräch (3/3)

| |
|---|
| **Sprache** (deutlich, temperamentvoll, klar, knapp, sprachgewandt, beredt, einfach / weitschweifig, temperamentlos, umständlich, langatmig, grammatikalisch fehlerhaft, starker Dialekt, sonstiges: ..........) |
| |
| |
| **Auffassungsgabe** (denkt mit, hat Ideen, gesunder Menschenverstand, nimmt schnell auf, hört genau zu / schleppend, zögernd, langwierig, unkonzentriert, kann sich nicht schnell umstellen, sonstiges: ..........) |
| |
| |
| **Zielstrebig** (ehrgeizig, aktiv, eifrig, leistungswillig, selbständig, weiterbildungswillig / sehr müde, antriebslos, übersteigert hohe Ziele, sonstiges: ..........) |
| |
| |
| **Kommunikationsfähigkeit** (kontaktfreudig, aufgeschlossen, offen, umgänglich / abweisend, befangen, distanziert, scheu, verschlossen, sonstiges: ..........) |
| |
| |
| Gesamteindruck |
| |
| |
| Besonderheiten |
| |
| |

| Eignung für die Stelle (Noten von 1-6) | | | | | | |
|---|---|---|---|---|---|---|
| Persönlich | ❑ 1 | ❑ 2 | ❑ 3 | ❑ 4 | ❑ 5 | ❑ 6 |
| Fachlich | ❑ 1 | ❑ 2 | ❑ 3 | ❑ 4 | ❑ 5 | ❑ 6 |
| | | | | | | |

| 2. Bewerbungsgespräch | ❑ ja | ❑ nein |
|---|---|---|
| Datum | Uhrzeit | |
| Ort | | |

| Weitere Gesprächspersonen, die am 2. Bewerbungsgespräch teilnehmen (Abteilungsleiter, Mitarbeiter, . . .) | | |
|---|---|---|
| Name | Verständigt | |
| | ❑ ja | ❑ nein |
| | ❑ ja | ❑ nein |
| | ❑ ja | ❑ nein |
| | ❑ ja | ❑ nein |

| Abzuklärende Fragen |
|---|
| |
| |
| |

| Offene Fragen |
|---|
| |
| |
| |
| |

# Schlußbeurteilungskriterien für Bewerber

Wenn Sie ein Vorstellungsgespräch geführt haben, ist es sehr hilfreich, wenn Sie sich gleich im Anschluß an das Gespräch hinsetzen und resümieren.

Verwenden Sie dazu diese Checkliste und notieren Sie kurz Ihre ersten Eindrücke vom jeweiligen Bewerber. Besonders dann, wenn sich ein Auswahlverfahren in die Länge zieht oder sehr viele Bewerber eingeladen wurden, kann schnell der Überblick verlorengehen oder wichtige Eigenschaften des Bewerbers können unter den Tisch fallen.

Notieren Sie Ihre Beobachtungen und beurteilen Sie den Bewerber erst dann, wenn Sie genügend Tatsachen gesammelt haben.

Falls an dem Vorstellungsgespräch noch Kollegen oder Mitarbeiter teilgenommen haben, sollten Sie Ihr Urteil mit ihnen besprechen.

Achten Sie besonders darauf, ob Ihre Kollegen andere Eigenschaften beobachtet haben als Sie und gleichen Sie ab, welche Bedeutung sie ihnen beimessen. Vermeiden Sie den sog. Halo-Effekt (auch Überstrahlungseffekt genannt).

Füllen Sie die Checkliste aus und heften Sie sie in die jeweilige Bewerber-Akte. So behalten Sie immer die Übersicht.

Kopiervorlage

## Schlußbeurteilungskriterien für Bewerber (1/2)

I. Einstellung

| | | | | |
|---|---|---|---|---|
| Bewerbung auf folgende Stelle: | | | | |
| Frau | Herr | Titel | Vorname | Nachname |
| ❑ | ❑ | | | |
| Straße | | | | |
| Wohnort | | | | |
| Tel. | | | | |
| Bearbeiter | | | | |
| Datum | | | Uhrzeit | |

| | | | | | | |
|---|---|---|---|---|---|---|
| | ■ Beurteilung | | | | | |
| | ❑ sehr gut | ❑ gut | ❑ befriedigend | ❑ ausreichend | ❑ mangelhaft | ❑ ungenügend |
| 1 | ■ Äußeres Erscheinungsbild | | | | | |
| | ❑ elegant | ❑ gepflegt | ❑ ordentlich | ❑ nachlässig | ❑ ungepflegt | ❑ schlampig |
| | ■ Auftreten | | | | | |
| | ❑ selbstbewußt | ❑ zwanglos | ❑ normal | ❑ unsicher | ❑ gehemmt | ❑ energielos |
| | ■ Umgangsformen | | | | | |
| | ❑ vorbildlich | ❑ zuvorkommend | ❑ korrekt | ❑ befangen | ❑ hochmütig | ❑ ungeniert |
| 2 | ■ Sprache | | | | | |
| | ❑ sprachgewandt | ❑ beredt | ❑ deutlich | ❑ weitschweifig | ❑ temperamentlos | ❑ umständlich |
| | ■ Auffassungsgabe | | | | | |
| | ❑ nimmt schnell auf | ❑ hat Ideen | ❑ denkt mit | ❑ schleppend | ❑ langwierig | ❑ unkonzentriert |
| 3 | ■ Zielstrebig | | | | | |
| | ❑ ehrgeizig | ❑ aktiv | ❑ selbständig | ❑ antriebslos | ❑ sehr müde | ❑ kraftlos |
| | ■ Kommunikationsfähigkeit | | | | | |
| | ❑ kontaktfreudig | ❑ aufgeschlossen | ❑ umgänglich | ❑ befangen | ❑ distanziert | ❑ abweisend |
| | ■ Merkfähigkeit | | | | | |
| | ❑ sehr gut | ❑ gut | ❑ durchschnittlich | ❑ unkonzentriert | ❑ abwesend | ❑ schwach |
| 4 | ■ Interesse am Unternehmen | | | | | |
| | ❑ sehr interessiert | ❑ interessiert | ❑ etwas | ❑ kaum Interesse | ❑ gleichgültig | ❑ desinteressiert |
| | ■ Interesse am Arbeitsplatz | | | | | |
| | ❑ sehr interessiert | ❑ interessiert | ❑ Übergangslösung | ❑ kaum Interesse | ❑ gleichgültig | ❑ desinteressiert |
| | ■ Fachliche Anforderungen für die Stelle | | | | | |
| | ❑ voll erfüllt | ❑ erfüllt | ❑ gut | ❑ annehmbar | ❑ noch geeignet | ❑ ungeeignet |
| | ■ Persönliche Anforderungen für die Stelle | | | | | |
| | ❑ voll erfüllt | ❑ erfüllt | ❑ gut | ❑ annehmbar | ❑ noch geeignet | ❑ ungeeignet |
| 5 | ■ Teamfähigkeit | | | | | |
| | ❑ voll und ganz | ❑ gut | ❑ geeignet | ❑ noch geeignet | ❑ ungeeignet | ❑ Einzelkämpfer |
| 6 | ■ Führungserfahrung | | | | | |
| | ❑ sehr viel | ❑ bedeutend | ❑ etwas | ❑ wenig | ❑ kaum | ❑ keine |

### 1 Äußeres Erscheinungsbild

Vertrauen Sie Ihrem Bauchgefühl: Der erste Eindruck ist immer der beste!

Machte der Bewerber einen gepflegten Eindruck? Wie waren seine Fingernägel und Haare? War er passend gekleidet? War seine Kleidung sauber, seine Schuhe geputzt? Wie war seine Körperhaltung? Wie waren Gestik und Mimik?

### 2 Sprache

Denken Sie hier sowohl an die Sprache im Sinn von Stimmhöhe, Sprechgeschwindigkeit, Artikulation etc. als auch an die sprachliche Gewandtheit eines Bewerbers. Ausdrücke wie „ich bin zielgerichtet, aber nicht stur", „locker, aber nicht unzuverlässig", „flexibel, aber nicht orientierungslos", „dynamisch, aber nicht hektisch" zeugen von Sprachgewandtheit und Sie können sich meist darauf verlassen, daß so einer für jede Situation eine Lösung parat hat.

Wie verlief die Kommunikation im Vorstellungsgespräch (höflich, schwierig, mühsam, spontan, etc.)?

### 3 Zielstrebig

Zielstrebig heißt nicht: Wie hüpfe ich von Sprosse zu Sprosse auf der Karriereleiter – sondern: Wie eigne ich mir schrittweise wichtige Kenntnisse und Erfahrungen an. In einem Vorstellungsgespräch sollte der Bewerber von sich aus großes Interesse an Weiterbildungsmaßnahmen zeigen.

### 4 Interesse am Unternehmen/am Arbeitsplatz

Ein ernstzunehmender Bewerber sollte ein hohes Interesse an dem Unternehmen haben, bei dem er sich bewirbt.

Im Idealfall hat er sich auf unterschiedlichsten Wegen Informationsmaterial über das Unternehmen beschafft und stellt im Vorstellungsgespräch noch offene Fragen, beispielsweise hinsichtlich der Position des Unternehmens am Markt, der zukünftigen Unternehmensstrategien.

Auch sollte sich der Bewerber für den ausgeschriebenen Arbeitsplatz mit seinen konkreten Tätigkeitsbereichen, das Zusammenspiel mit anderen Abteilungen, die potentiellen Kollegen und den Vorgesetzten interessieren.

### 5 Teamfähigkeit

Nicht das Durchsetzungsvermögen eines Bewerbers sollte hoch bewertet werden, sondern die Fähigkeit, zu integrieren und Kollegen zu unterstützen.

Jede Firma ist ein Lebewesen! Dessen Glieder sollten sich nicht gegenseitig bekämpfen, sondern alle gemeinsam den Wettbewerber.

### 6 Führungserfahrung

Wenn Sie eine Stelle besetzen wollen, die Führungserfahrung voraussetzt, sollte der ideale Kandidat bereits über entsprechende Erfahrung verfügen. Erfragen Sie daher, über welchen Zeitraum der Bewerber Führungserfahrung gesammelt hat, wie viele Mitarbeiter er direkt geführt hat. Fragen Sie ihn auch, welche Auffassung er von „Delegation" hat.

# Schlußbeurteilungskriterien für Bewerber (1/2)

I. Einstellung

| | | | | | |
|---|---|---|---|---|---|
| Bewerbung auf folgende Stelle: | | | | | |
| Frau | Herr | Titel | Vorname | Nachname | |
| ❑ | ❑ | | | | |
| Straße | | | | | |
| Wohnort | | | | | |
| Tel. | | | | | |
| Bearbeiter | | | | | |
| Datum | | | Uhrzeit | | |
| **■ Beurteilung** | | | | | |
| ❑ sehr gut | ❑ gut | ❑ befriedigend | ❑ ausreichend | ❑ mangelhaft | ❑ ungenügend |
| **■ Äußeres Erscheinungsbild** | | | | | |
| ❑ elegant | ❑ gepflegt | ❑ ordentlich | ❑ nachlässig | ❑ ungepflegt | ❑ schlampig |
| **■ Auftreten** | | | | | |
| ❑ selbstbewußt | ❑ zwanglos | ❑ normal | ❑ unsicher | ❑ gehemmt | ❑ energielos |
| **■ Umgangsformen** | | | | | |
| ❑ vorbildlich | ❑ zuvorkommend | ❑ korrekt | ❑ befangen | ❑ hochmütig | ❑ ungeniert |
| **■ Sprache** | | | | | |
| ❑ sprachgewandt | ❑ beredt | ❑ deutlich | ❑ weitschweifig | ❑ temperament-los | ❑ umständlich |
| **■ Auffassungsgabe** | | | | | |
| ❑ nimmt schnell auf | ❑ hat Ideen | ❑ denkt mit | ❑ schleppend | ❑ langwierig | ❑ unkonzentriert |
| **■ Zielstrebig** | | | | | |
| ❑ ehrgeizig | ❑ aktiv | ❑ selbständig | ❑ antriebslos | ❑ sehr müde | ❑ kraftlos |
| **■ Kommunikationsfähigkeit** | | | | | |
| ❑ kontaktfreudig | ❑ aufgeschlossen | ❑ umgänglich | ❑ befangen | ❑ distanziert | ❑ abweisend |
| **■ Merkfähigkeit** | | | | | |
| ❑ sehr gut | ❑ gut | ❑ durchschnittlich | ❑ unkonzentriert | ❑ abwesend | ❑ schwach |
| **■ Interesse am Unternehmen** | | | | | |
| ❑ sehr interessiert | ❑ interessiert | ❑ etwas | ❑ kaum Interesse | ❑ gleichgültig | ❑ desinteressiert |
| **■ Interesse am Arbeitsplatz** | | | | | |
| ❑ sehr interessiert | ❑ interessiert | ❑ Übergangslösung | ❑ kaum Interesse | ❑ gleichgültig | ❑ desinteressiert |
| **■ Fachliche Anforderungen für die Stelle** | | | | | |
| ❑ voll erfüllt | ❑ erfüllt | ❑ gut | ❑ annehmbar | ❑ noch geeignet | ❑ ungeeignet |
| **■ Persönliche Anforderungen für die Stelle** | | | | | |
| ❑ voll erfüllt | ❑ erfüllt | ❑ gut | ❑ annehmbar | ❑ noch geeignet | ❑ ungeeignet |
| **■ Teamfähigkeit** | | | | | |
| ❑ voll und ganz | ❑ gut | ❑ geeignet | ❑ noch geeignet | ❑ ungeeignet | ❑ Einzelkämpfer |
| **■ Führungserfahrung** | | | | | |
| ❑ sehr viel | ❑ bedeutend | ❑ etwas | ❑ wenig | ❑ kaum | ❑ keine |

# Schlußbeurteilungskriterien für Bewerber

### 7 Berufserfahrung

Kreuzen Sie hier an, wie Sie die Berufserfahrung des Bewerbers einschätzen. Achten Sie bei Äußerungen des Bewerbers über seine Berufserfahrung darauf, daß er seine „Behauptungen" mit Beispielen belegt. Das kann zum Beispiel so lauten: „Bei der Aufgabe ... konnte ich meine Fähigkeit zu ... unter Beweis stellen."

### 8 Fachwissen

Geben Sie hier an, wie Sie das fachliche Können des Bewerbers einschätzen.
Scheuen Sie sich nicht, zu einem Vorstellungsgespräch auch versierte Fachleute aus dem Unternehmen oder aus der Branche beizuziehen, wenn es um die Überprüfung spezifischen Fachwissens geht. Beraten Sie sich unmittelbar nach dem Vorstellungsgespräch und tragen Sie die Einschätzung ein.

### 9 Vereinbarte Zusatzleistungen

Halten Sie gleich nach dem Vorstellungsgespräch die jeweils vereinbarten Zusatzleitungen in diesem Formular fest. Es gibt nichts Peinlicheres, als im Stadium des Vertragsabschlusses Korrekturen vornehmen zu müssen. Auch spielen diese Vereinbarungen eine wichtige Rolle, beim Treffen der Auswahlentscheidung.

### 10 Bekanntgabe der Entscheidung über die Besetzung der Stelle

Tragen Sie einen realistischen Termin ein, zu welchem Zeitpunkt Sie die Entscheidung über die Besetzung der Stelle dem Bewerber bekannt geben. Lassen Sie die Bewerber nicht zu lang auf eine Entscheidung warten, das spricht nicht für Ihr Unternehmen.

### 11 Angestrebtes Anfangsgehalt

Halten Sie hier das angestrebte Anfangsgehalt des neuen Mitarbeiters fest. Bei der Auswahlentscheidung ist dies ein wichtiges Kriterium.
Am besten notieren Sie hier auch das Gehalt, welches der Bewerber früher verdient hat. Sie sehen so sehr genau die angestrebte Gehaltsentwicklung und können den Verhandlungsspielraum besser einschätzen.

**Schlußbeurteilungskriterien für Bewerber (2/2)** — I. Einstellung

| | | | | | | |
|---|---|---|---|---|---|---|
| 7 | ■ Berufserfahrung | | | | | |
| | ❑ sehr viel | ❑ bedeutend | ❑ etwas | ❑ wenig | ❑ kaum | ❑ keine |
| 8 | ■ Fachwissen | | | | | |
| | ❑ sehr viel | ❑ bedeutend | ❑ etwas | ❑ wenig | ❑ kaum | ❑ keine |
| 9 | Vereinbarte Zusatzleistungen (Firmenwagen, Vermögenswirksame Leistungen, Betriebsrente . . .) | | | | | |
| | Frühestmöglicher Eintrittstermin des Bewerbers | | | | | |
| | Bewerber erbittet Bedenkzeit bis zum | | | | | |
| 10 | Unternehmen gibt Entscheidung über die Besetzung der Stelle bekannt am | | | | | |
| 11 | Angestrebtes Anfangsgehalt | | | | | |
| | Sonstiges | | | | | |

Kopiervorlage

# Schlußbeurteilungskriterien für Bewerber (2/2)

**■ Berufserfahrung**

| | | | | | |
|---|---|---|---|---|---|
| ❏ sehr viel | ❏ bedeutend | ❏ etwas | ❏ wenig | ❏ kaum | ❏ keine |

**■ Fachwissen**

| | | | | | |
|---|---|---|---|---|---|
| ❏ sehr viel | ❏ bedeutend | ❏ etwas | ❏ wenig | ❏ kaum | ❏ keine |

Vereinbarte Zusatzleistungen (Firmenwagen, Vermögenswirksame Leistungen, Betriebsrente . . .)

Frühestmöglicher Eintrittstermin des Bewerbers

Bewerber erbittet Bedenkzeit bis zum

Unternehmen gibt Entscheidung über die Besetzung der Stelle bekannt am

Angestrebtes Anfangsgehalt

Sonstiges

## So gehen Sie richtig bei der Entgeltfindung vor

Wichtigster Grundsatz der Lohn- und Gehaltspolitik muß die Gleichbehandlung unter starker Berücksichtigung des Leistungsprinzips sein. Wer mehr leistet, soll auch mehr verdienen. In den Bereichen, in denen die Leistungen meßbar sind, bietet sich das Leistungslohnsystem (Akkord) z. B. mit Hilfe des Refa-Systems an.

Bei Mitarbeitern, die in Bereichen tätig sind, die nicht so leicht meßbar sind, ist das Refa-System natürlich nicht anwendbar. Das gleiche gilt für höhere Führungskräfte und leitende Angestellte. Hier sind nachprüfbare unternehmensbezogene Kriterien zu entwickeln, die bei der Gehaltsfindung zugrunde gelegt werden können.

### 1 Leistungslohnsystem

Hauptmotiv des Leistungslohnsystems ist die Schaffung eines Anreizes, überdurchschnittliche Leistungen zu erbringen.

### 2 Refa-System

Am besten lassen sich Normalleistungen mit dem Refa-System bestimmen. Aufgrund von Arbeitszeitmessungen kann so die genaue Zeit bestimmt werden, in der ein Arbeitsgang fertig sein muß.

### 3 Arbeitsverhalten leitender Angestellter

Das Arbeitsverhalten ist für die Entgeltfindung von Führungskräften und leitenden Angestellten von hoher Bedeutung. Wenn mit Zielvereinbarungen geführt wird, ist insbesondere die Zielerreichung eine wichtige Meßgröße.

### 4 Entgeltfindung bei Mitarbeitern im nicht „zählbaren" Bereich

Definieren Sie die Normalleistung aufgrund der organisatorischen Gegebenheiten und der Ausrichtung des Unternehmens. Entwickeln Sie ein Gehaltssystem, in dem Sie das Leistungsverhalten und die Eigenschaften, die Ihnen strategisch wichtig erscheinen, mit Hilfe der Zielvereinbarungen in den Fokus setzen. Prämien, Umsatzbeteiligungen, etc. für besonders herausragende Leistungen sind für viele Mitarbeiter ein verstärkter Leistungsanreiz.

### 5 Mögliche Gehaltsbestandteile

Beachten Sie bitte, daß nachfolgend aufgeführte Gehaltsbestandteile teilweise vom Empfänger als geldwerter Vorteil versteuert werden müssen. So zum Beispiel: Der Firmenwagen mit privater Nutzung, die Dienstwohnung, das Telefon mit privater Nutzung, Unternehmenskredite, etc.
Kennzeichnen Sie mit einem Häkchen, welche Gehaltsbestandteile Sie beim jeweiligen Mitarbeiter vereinbart haben.

Achten Sie darauf, daß das Gehaltsgefüge in Ihrer Abteilung (unter Einbeziehung der möglichen Gehaltsbestandteile) in sich stimmig ist und eine nachvollziehbare Systematik erkennbar ist. Da Sie nicht davon ausgehen können, daß Ihre Mitarbeiter sich nicht über ihr Gehalt unterhalten, beugen Sie so wirksam Konflikten im Ihrem Team vor.

## Gehaltsfindung (1/2)

I. Einstellung

| | | Ja | Nein |
|---|---|---|---|
| 1 | Im gewerblichen Bereich: Gewährleisten Sie die Gleichbehandlung durch ein Leistungslohnsystem (Akkord)? | ❑ | ❑ |
| | Bestimmen Sie die Normalleistung durch prüfbare Kriterien, z. B. durch | | |
| 2 | ■ ein Refa-System aufgrund von Arbeitszeitmessungen | ❑ | ❑ |
| | ■ oder anderer betriebsorganisatorischer Meßverfahren? | ❑ | ❑ |
| | Trennen Sie leistungsunabhängige Zahlungen in beeinflußbare und nicht beeinflußbare Zahlungen? | ❑ | ❑ |
| | ■ **Nicht beeinflußbar** | | |
| | Sozialabgaben | ❑ | ❑ |
| | Lohnfortzahlung im Krankheitsfall | ❑ | ❑ |
| | Vermögenswirksame Leistungen | ❑ | ❑ |
| | ■ **Beeinflußbar** | | |
| | Urlaubsgeld (je nach Tarifvertrag) | ❑ | ❑ |
| | Weihnachtsgratifikation | ❑ | ❑ |
| | Betriebliche Altersversorgung | ❑ | ❑ |
| 3 | Bei höheren Führungskräften und leitenden Angestellten: | | |
| | Beziehen Sie das Arbeitsverhalten mit in die Leistungsbeurteilung ein? | ❑ | ❑ |
| | ■ Zuverlässigkeit, Belastbarkeit, Ausdauer | ❑ | ❑ |
| | ■ Kreativität | ❑ | ❑ |
| | ■ Selbständigkeit, Durchsetzungsvermögen | ❑ | ❑ |
| | ■ Zusammenarbeit mit Kollegen und Mitarbeitern | ❑ | ❑ |
| | ■ Zielerreichung | ❑ | ❑ |
| 4 | Prüfen Sie regelmäßig die einzelnen Bestandteile der Erfolgsbeteiligung? | ❑ | ❑ |
| | ■ Leistungsbeurteilung | ❑ | ❑ |
| | ■ Nettoertragsbeteiligung | ❑ | ❑ |
| | ■ Umsatzbeteiligung | ❑ | ❑ |
| | ■ Gewinnbeteiligung | ❑ | ❑ |
| | Wie vergüten Sie in Ihrem Unternehmen besondere Leistungen und Ideen? | | |
| | ■ Betrieblicher Ideenwettbewerb | ❑ | ❑ |
| | ■ Einmalzahlungen | ❑ | ❑ |
| | ■ Gratifikationen | ❑ | ❑ |
| | ■ Betriebliches Vorschlagswesen | ❑ | ❑ |
| 5 | ■ **Welche Gehaltsbestandteile haben Sie in Ihrem Unternehmen?** | | |
| | Fixe Gehälter | ❑ | ❑ |
| | Erfolgsbeteiligungen (Tantiemen, Prämien, Bonus, Vermittlungsprovisionen, Jahresabschlußvergütung) | ❑ | ❑ |
| | Altersversorgung (Pensionszusagen, Direktversicherung etc.) | ❑ | ❑ |
| | Firmenwagen mit/ohne private Nutzung | ❑ | ❑ |
| | Übernahme von Fahrtkosten | ❑ | ❑ |
| | Weihnachtsgeld | ❑ | ❑ |
| | Urlaubsgeld | ❑ | ❑ |
| | Gehaltsfortzahlung bei Krankheit | ❑ | ❑ |
| | Beihilfe zur privaten Krankenversicherung | ❑ | ❑ |

Kopiervorlage

# Gehaltsfindung (1/2)



| | Ja | Nein |
|---|---|---|
| Im gewerblichen Bereich: Gewährleisten Sie die Gleichbehandlung durch ein Leistungslohnsystem (Akkord)? | ❑ | ❑ |
| Bestimmen Sie die Normalleistung durch prüfbare Kriterien, z. B. durch | | |
| ■ ein Refa-System aufgrund von Arbeitszeitmessungen | ❑ | ❑ |
| ■ oder anderer betriebsorganisatorischer Meßverfahren? | ❑ | ❑ |
| Trennen Sie leistungsunabhängige Zahlungen in beeinflußbare und nicht beeinflußbare Zahlungen? | ❑ | ❑ |
| ■ **Nicht beeinflußbar** | | |
| Sozialabgaben | ❑ | ❑ |
| Lohnfortzahlung im Krankheitsfall | ❑ | ❑ |
| Vermögenswirksame Leistungen | ❑ | ❑ |
| ■ **Beeinflußbar** | | |
| Urlaubsgeld (je nach Tarifvertrag) | ❑ | ❑ |
| Weihnachtsgratifikation | ❑ | ❑ |
| Betriebliche Altersversorgung | ❑ | ❑ |
| Bei höheren Führungskräften und leitenden Angestellten: | | |
| Beziehen Sie das Arbeitsverhalten mit in die Leistungsbeurteilung ein? | ❑ | ❑ |
| ■ Zuverlässigkeit, Belastbarkeit, Ausdauer | ❑ | ❑ |
| ■ Kreativität | ❑ | ❑ |
| ■ Selbständigkeit, Durchsetzungsvermögen | ❑ | ❑ |
| ■ Zusammenarbeit mit Kollegen und Mitarbeitern | ❑ | ❑ |
| ■ Zielerreichung | ❑ | ❑ |
| Prüfen Sie regelmäßig die einzelnen Bestandteile der Erfolgsbeteiligung? | ❑ | ❑ |
| ■ Leistungsbeurteilung | ❑ | ❑ |
| ■ Nettoertragsbeteiligung | ❑ | ❑ |
| ■ Umsatzbeteiligung | ❑ | ❑ |
| ■ Gewinnbeteiligung | ❑ | ❑ |
| Wie vergüten Sie in Ihrem Unternehmen besondere Leistungen und Ideen? | | |
| ■ Betrieblicher Ideenwettbewerb | ❑ | ❑ |
| ■ Einmalzahlungen | ❑ | ❑ |
| ■ Gratifikationen | ❑ | ❑ |
| ■ Betriebliches Vorschlagswesen | ❑ | ❑ |
| ■ **Welche Gehaltsbestandteile haben Sie in Ihrem Unternehmen?** | | |
| Fixe Gehälter | ❑ | ❑ |
| Erfolgsbeteiligungen (Tantiemen, Prämien, Bonus, Vermittlungsprovisionen, Jahresabschlußvergütung) | ❑ | ❑ |
| Altersversorgung (Pensionszusagen, Direktversicherung etc.) | ❑ | ❑ |
| Firmenwagen mit/ohne private Nutzung | ❑ | ❑ |
| Übernahme von Fahrtkosten | ❑ | ❑ |
| Weihnachtsgeld | ❑ | ❑ |
| Urlaubsgeld | ❑ | ❑ |
| Gehaltsfortzahlung bei Krankheit | ❑ | ❑ |
| Beihilfe zur privaten Krankenversicherung | ❑ | ❑ |

## 6 Überprüfen Sie das derzeitige Lohnsystem

Achten Sie auch darauf, daß das von Ihnen angewandte Lohnsystem im Einklang mit dem Lohnsystem anderer Abteilungen steht.
Es würde bei Ihren Mitarbeitern einen sehr großen „Unwillen" erzeugen, wenn sie von anderen Unternehmensmitarbeitern erfahren würden, daß sie in einer Abteilung tätig sind, die am schlechtesten bezahlt.

Überprüfen Sie daher in regelmäßigen Abständen das bestehende Lohnsystem. Tauschen Sie sich auch mit Ihren Kollegen und der Personalabteilung darüber aus und überarbeiten Sie – wenn notwendig – das Entlohnungssystem.
Wie heißt es so schön: „Beim Geld hört die Freundschaft auf."
Empfinden Ihre Mitarbeiter das bestehende Entlohnungssystem als gerecht, fördert das ihre Bereitschaft, sich für das Unternehmen einzusetzen.
Nur mit motivierten und engagierten Mitarbeitern können Sie Höchstleistungen erreichen. Ein leistungsorientiertes Lohnsystem leistet dazu einen wichtigen Beitrag.

### Gehaltsfindung (2/2)

I. Einstellung

| | Ja | Nein |
|---|---|---|
| Dienstwohnung | ❑ | ❑ |
| Telefon/Handy | ❑ | ❑ |
| Unternehmenskredite | ❑ | ❑ |
| Überstundenvergütung | ❑ | ❑ |
| Betrieblicher Ideenwettbewerb | ❑ | ❑ |
| Provisionszahlungen | ❑ | ❑ |
| Übernahme von Reisekosten | ❑ | ❑ |
| Übernahme von Steuerberatungskosten | ❑ | ❑ |
| Übernahme der Weiterbildungskosten | ❑ | ❑ |
| Übernahme der Gebühren für Vereins-Mitgliedschaften | ❑ | ❑ |
| Übernahme von Kosten der Gesundheitsvorsorge | ❑ | ❑ |
| Urlaube bei privaten Kuren | ❑ | ❑ |
| Übernahme der Kosten für Kreditkarten | ❑ | ❑ |
| Zulassen von Nebentätigkeiten (Seminare, Vorträge, Veröffentlichungen, Beratungshonorare) | ❑ | ❑ |
| Heiratsbeihilfen | ❑ | ❑ |
| Geburtsbeihilfen | ❑ | ❑ |
| Trennungsgelder | ❑ | ❑ |
| Kostenerstattung bei doppelter Haushaltsführung | ❑ | ❑ |
| Sonstige: | ❑ | ❑ |
| | ❑ | ❑ |
| | ❑ | ❑ |
| Vergütung von Erfindungen | ❑ | ❑ |
| Vergütung von Verbesserungsvorschlägen | ❑ | ❑ |
| Übernahme von Vermögensberatungskosten | ❑ | ❑ |
| 6 ■ **Überprüfen Sie das derzeitige Lohnsystem** | | |
| Ist das derzeitige Lohnsystem für alle verständlich und berechenbar? | ❑ | ❑ |
| Wird es als gerecht empfunden? | ❑ | ❑ |
| Fördert es die Leistungsbereitschaft in Ihrem Unternehmen? | ❑ | ❑ |
| Unterstützt Sie das Entlohnungssystem bei der Erreichung der geschäftspolitischen Ziele? | ❑ | ❑ |
| Haben Sie das Entgeltsystem mit dem der Mitbewerber abgeglichen? | ❑ | ❑ |
| Zahlen Sie im Vergleich zu den Mitbewerbern ähnliche Löhne/Gehälter für vergleichbare Positionen? | ❑ | ❑ |
| Haben Sie alle Möglichkeiten zur Reduzierung der Lohnnebenkosten genutzt (siehe Gehaltsbestandteile)? | ❑ | ❑ |
| Fördern Sie mit Ihrem Entlohnungssystem die Mitverantwortung der Mitarbeiter? | ❑ | ❑ |

Kopiervorlage

# Gehaltsfindung (2/2)

| | Ja | Nein |
|---|---|---|
| Dienstwohnung | ❑ | ❑ |
| Telefon/Handy | ❑ | ❑ |
| Unternehmenskredite | ❑ | ❑ |
| Überstundenvergütung | ❑ | ❑ |
| Betrieblicher Ideenwettbewerb | ❑ | ❑ |
| Provisionszahlungen | ❑ | ❑ |
| Übernahme von Reisekosten | ❑ | ❑ |
| Übernahme von Steuerberatungskosten | ❑ | ❑ |
| Übernahme der Weiterbildungskosten | ❑ | ❑ |
| Übernahme der Gebühren für Vereins-Mitgliedschaften | ❑ | ❑ |
| Übernahme von Kosten der Gesundheitsvorsorge | ❑ | ❑ |
| Urlaube bei privaten Kuren | ❑ | ❑ |
| Übernahme der Kosten für Kreditkarten | ❑ | ❑ |
| Zulassen von Nebentätigkeiten (Seminare, Vorträge, Veröffentlichungen, Beratungshonorare) | ❑ | ❑ |
| Heiratsbeihilfen | ❑ | ❑ |
| Geburtsbeihilfen | ❑ | ❑ |
| Trennungsgelder | ❑ | ❑ |
| Kostenerstattung bei doppelter Haushaltsführung | ❑ | ❑ |
| Sonstige: | ❑ | ❑ |
| | ❑ | ❑ |
| | ❑ | ❑ |
| Vergütung von Erfindungen | ❑ | ❑ |
| Vergütung von Verbesserungsvorschlägen | ❑ | ❑ |
| Übernahme von Vermögensberatungskosten | ❑ | ❑ |
| **■ Überprüfen Sie das derzeitige Lohnsystem** | | |
| Ist das derzeitige Lohnsystem für alle verständlich und berechenbar? | ❑ | ❑ |
| Wird es als gerecht empfunden? | ❑ | ❑ |
| Fördert es die Leistungsbereitschaft in Ihrem Unternehmen? | ❑ | ❑ |
| Unterstützt Sie das Entlohnungssystem bei der Erreichung der geschäftspolitischen Ziele? | ❑ | ❑ |
| Haben Sie das Entgeltsystem mit dem der Mitbewerber abgeglichen? | ❑ | ❑ |
| Zahlen Sie im Vergleich zu den Mitbewerbern ähnliche Löhne/Gehälter für vergleichbare Positionen? | ❑ | ❑ |
| Haben Sie alle Möglichkeiten zur Reduzierung der Lohnnebenkosten genutzt (siehe Gehaltsbestandteile)? | ❑ | ❑ |
| Fördern Sie mit Ihrem Entlohnungssystem die Mitverantwortung der Mitarbeiter? | ❑ | ❑ |

# Den ersten Arbeitstag motivierend gestalten

Nichts ist so wichtig wie der richtige Einstieg für einen neuen Mitarbeiter. Sie als sein Vorgesetzter sollten es Ihrem „Neuen" so einfach wie möglich machen, sich im neuen Arbeitsumfeld zurechtzufinden.

Verwenden Sie diese Checkliste, damit Sie wirklich nichts übersehen und das Miteinander von Anfang an erfolgreich gestalten.

## 1 Vorbereiten des ersten Arbeitstags

Für einen neuen Mitarbeiter sollten Sie sich besonders am ersten Tag mehr Zeit nehmen als sonst.

Rufen Sie ihn vielleicht sogar persönlich an und teilen Sie ihm mit, was er unbedingt mitbringen und wann er erscheinen soll.

## 2 Begrüßung des neuen Mitarbeiters

Nach dem Eintreffen des neuen Mitarbeiters sollten Sie sich Zeit für ein persönliches Gespräch nehmen. Besprechen Sie den ersten Tag und den Ablauf der ersten Woche mit dem neuen Mitarbeiter.

## 3 Die ersten Schritte

Anschließend wird der neue Mitarbeiter den Kollegen vorgestellt.

Diese Aufgabe müssen Sie nicht persönlich vornehmen. Sie können auch einen seiner Kollegen bitten, diese Aufgabe für Sie wahrzunehmen. Wichtig ist jedoch, daß dies bereits im Vorfeld abgesprochen ist, und beim neuen Mitarbeiter nicht der Eindruck erweckt wird, er werde abgeschoben.

Danach sollten aber wieder Sie übernehmen und dem Mitarbeiter seinen Arbeitsplatz zeigen und ihm die notwendigsten Informationen für das Miteinander in Ihrer Abteilung und dem Unternehmen geben.

## 4 Orientierung geben

Für die erste Orientierung des Mitarbeiters ist ein Mitarbeiterhandbuch prädestiniert. In diesem werden alle betrieblichen Regelungen und Beschreibungen über die Stelle aufgeführt.

Falls es kein Mitarbeiterhandbuch gibt, sollten Sie dem „Neuen" bereits die wichtigsten Unterlagen zusammengestellt an die Hand geben (Telefonverzeichnisse, Produktübersichten mit den entsprechenden Nummern,etc.)

## 5 Den Mitarbeiter nicht mit Informationen überlasten

Das heißt aber nicht, daß der Mitarbeiter jetzt das gesamte Buch durchlesen soll, nur das Wichtigste, den Rest bei Gelegenheit.

Erstellen Sie einen praktikablen Einarbeitungsplan, der bereits zeitlich, zumindest grob, fixiert ist. So können Sie dem neuen Mitarbeiter den Überblick über sein gesamtes Aufgabenspektrum geben und ihm gleichzeitig bei der Verarbeitung der Informationen behilflich sein.

Legen Sie bereits im Vorfeld fest, welcher Mitarbeiter den „Neuen" in sein Aufgabengebiet einarbeitet und ihm für seine Fragen als Ansprechpartner zur Verfügung stellt.

### Den ersten Arbeitstag motivierend gestalten

I. Einstellung

| | Ja | Nein |
|---|---|---|
| **1 ■ Vorbereiten des ersten Arbeitags** | | |
| Wann kommt der neue Mitarbeiter? | | |
| Weiß der Mitarbeiter, wann und wo er erscheinen soll? | ❑ | ❑ |
| Weiß der Mitarbeiter, was er mitbringen soll? | ❑ | ❑ |
| – Lohnsteuerkarte | ❑ | ❑ |
| – Versicherungsnachweisheft | ❑ | ❑ |
| – Mitgliedsbescheinigung der Krankenkasse | ❑ | ❑ |
| – Bankverbindung, Kontonummer und BLZ | ❑ | ❑ |
| – Schwerbehindert: Ausweis | ❑ | ❑ |
| – Rentenempfänger: Kopie des Rentenbescheids | ❑ | ❑ |
| – Jugendliche: ärztliche Bescheinigung | ❑ | ❑ |
| – Nicht-EU-Ausländer: Arbeitserlaubnis | ❑ | ❑ |
| – Arbeitskleidung (wenn nicht gestellt) | ❑ | ❑ |
| Weiß der Pförtner, daß der neue Mitarbeiter kommt? | ❑ | ❑ |
| Sind alle anderen zuständigen Stellen informiert? | ❑ | ❑ |
| Ist der Arbeitsplatz vorbereitet? | ❑ | ❑ |
| Sind alle Arbeitsunterlagen bereitgelegt? | ❑ | ❑ |
| Ist der Einarbeitungsplan fertig? | ❑ | ❑ |
| **2 ■ Begrüßung des neuen Mitarbeiters** | | |
| Persönliches Gespräch mit ausreichend Zeit geplant | ❑ | ❑ |
| Überblick über das Unternehmen geben (Organigramm, Telefonverzeichnis etc.) | ❑ | ❑ |
| Zentrale Aufgaben und Vollmachten erläutern | ❑ | ❑ |
| Ablauf des ersten Tags und der ersten Woche besprechen | ❑ | ❑ |
| Die ersten Schritte im neuen Unternehmen begleiten | ❑ | ❑ |
| Den neuen Mitarbeiter allen Kollegen vorstellen | ❑ | ❑ |
| Arbeitsplatz zeigen und einweisen | ❑ | ❑ |
| Arbeitsräume, Gemeinschaftsräume, Toiletten zeigen | ❑ | ❑ |
| **3 ■ Die ersten Schritte im neuen Unternehmen begleiten** | | |
| Spielregeln (Pausen, Krankmeldung, Rauchen, Umgang miteinander, gemeinsames Feiern etc.) erläutern | ❑ | ❑ |
| Schlüssel übergeben | ❑ | ❑ |
| Unterlagen aushändigen: Betriebs-/Mitarbeiterausweis, Arbeitsordnung etc. | ❑ | ❑ |
| **4 ■ Orientierungen geben** | | |
| Leitlinien zu Führung und Zusammenarbeit durchsprechen | ❑ | ❑ |
| In Unfallverhütungs- und Alarmvorschriften einweisen | ❑ | ❑ |
| Datenschutz- und Datensicherheitsvorschriften erläutern | ❑ | ❑ |
| Welche Verbote gibt es (Rauchen, Alkohol etc.)? | ❑ | ❑ |
| Ansprechpartner aus anderen Abteilungen vorstellen | ❑ | ❑ |
| Mitarbeiterhandbuch (oder ähnliche Unterlagen) aushändigen | ❑ | ❑ |
| Betriebsrat vorstellen | ❑ | ❑ |
| **5 ■ Den Mitarbeiter nicht mit Informationen überlasten** | | |
| Hat der Mitarbeiter genug Zeit, um alle Informationen zu verdauen? | ❑ | ❑ |
| Welche Informationen müssen sofort gegeben werden? | ❑ | ❑ |
| Welche können auf Folgetage verlagert werden (z. B. Weiterbildungsmöglichkeiten, Spesen- und Reisekostenregelungen, soziale Einrichtungen)? | ❑ | ❑ |
| Gibt es einen Kollegen, der für die Fragen des Mitarbeiters da ist, wenn Sie keine Zeit haben? | ❑ | ❑ |
| **6 ■ Die erste Aufgabe** | | |
| Gibt es eine Einführungsarbeit, die dem Können entspricht? | ❑ | ❑ |
| **7 ■ Den Tag sinnvoll abschließen** | | |
| Haben Sie Zeit für ein Gespräch am Ende des Tags eingeplant? | ❑ | ❑ |
| Welche Fragen sind bei Ihrem Mitarbeiter offengeblieben? | ❑ | ❑ |
| Ist dem Mitarbeiter klar, was in den nächsten Tagen passiert? | ❑ | ❑ |

Kopiervorlage

Für den Fall, daß Sie die Einarbeitung selbst übernehmen, sollten Sie einen erfahrenen Mitarbeiter aus Ihrer Abteilung dazu bestimmen, dem neuen Mitarbeiter hilfreich zur Seite zu stehen, wenn Sie einmal keine Zeit haben.

## 6 Die erste Aufgabe

Geben Sie dem neuen Mitarbeiter bereits am ersten Tag eine ganz spezifische Aufgabe und integrieren Sie ihn ins Team. So lernt er seine Kollegen gleich besser kennen und beginnt schon am ersten Tag damit, eine konkrete Tätigkeit aus seinem Aufgabengebiet auszuüben. Da kommt keine Langeweile auf!

## 7 Den Tag sinnvoll abschließen

Genauso wie die persönliche Begrüßung des neuen Mitarbeiters am ersten Tag, ist ein persönliches Gespräch zum Abschluß des ersten Arbeitstags wichtig. Das baut auf und zeigt, daß Sie den neuen Mitarbeiter wichtig nehmen.

# Den ersten Arbeitstag motivierend gestalten

**I. Einstellung**

| ■ **Vorbereiten des ersten Arbeitags** | **Ja** | **Nein** |
|---|---|---|
| Wann kommt der neue Mitarbeiter? | | |
| Weiß der Mitarbeiter, wann und wo er erscheinen soll? | ❏ | ❏ |
| Weiß der Mitarbeiter, was er mitbringen soll? | ❏ | ❏ |
| – Lohnsteuerkarte | ❏ | ❏ |
| – Versicherungsnachweisheft | ❏ | ❏ |
| – Mitgliedsbescheinigung der Krankenkasse | ❏ | ❏ |
| – Bankverbindung, Kontonummer und BLZ | ❏ | ❏ |
| – Schwerbehindert: Ausweis | ❏ | ❏ |
| – Rentenempfänger: Kopie des Rentenbescheids | ❏ | ❏ |
| – Jugendliche: ärztliche Bescheinigung | ❏ | ❏ |
| – Nicht-EU-Ausländer: Arbeitserlaubnis | ❏ | ❏ |
| – Arbeitskleidung (wenn nicht gestellt) | ❏ | ❏ |
| Weiß der Pförtner, daß der neue Mitarbeiter kommt? | ❏ | ❏ |
| Sind alle anderen zuständigen Stellen informiert? | ❏ | ❏ |
| Ist der Arbeitsplatz vorbereitet? | ❏ | ❏ |
| Sind alle Arbeitsunterlagen bereitgelegt? | ❏ | ❏ |
| Ist der Einarbeitungsplan fertig? | ❏ | ❏ |
| ■ **Begrüßung des neuen Mitarbeiters** | | |
| Persönliches Gespräch mit ausreichend Zeit geplant | ❏ | ❏ |
| Überblick über das Unternehmen geben (Organigramm, Telefonverzeichnis etc.) | ❏ | ❏ |
| Zentrale Aufgaben und Vollmachten erläutern | ❏ | ❏ |
| Ablauf des ersten Tags und der ersten Woche besprechen | ❏ | ❏ |
| Die ersten Schritte im neuen Unternehmen begleiten | ❏ | ❏ |
| Den neuen Mitarbeiter allen Kollegen vorstellen | ❏ | ❏ |
| Arbeitsplatz zeigen und einweisen | ❏ | ❏ |
| Arbeitsräume, Gemeinschaftsräume, Toiletten zeigen | ❏ | ❏ |
| ■ **Die ersten Schritte im neuen Unternehmen begleiten** | | |
| Spielregeln (Pausen, Krankmeldung, Rauchen, Umgang miteinander, gemeinsames Feiern etc.) erläutern | ❏ | ❏ |
| Schlüssel übergeben | ❏ | ❏ |
| Unterlagen aushändigen: Betriebs-/Mitarbeiterausweis, Arbeitsordnung etc. | ❏ | ❏ |
| ■ **Orientierungen geben** | | |
| Leitlinien zu Führung und Zusammenarbeit durchsprechen | ❏ | ❏ |
| In Unfallverhütungs- und Alarmvorschriften einweisen | ❏ | ❏ |
| Datenschutz- und Datensicherheitsvorschriften erläutern | ❏ | ❏ |
| Welche Verbote gibt es (Rauchen, Alkohol etc.)? | ❏ | ❏ |
| Ansprechpartner aus anderen Abteilungen vorstellen | ❏ | ❏ |
| Mitarbeiterhandbuch (oder ähnliche Unterlagen) aushändigen | ❏ | ❏ |
| Betriebsrat vorstellen | ❏ | ❏ |
| ■ **Den Mitarbeiter nicht mit Informationen überlasten** | | |
| Hat der Mitarbeiter genug Zeit, um alle Informationen zu verdauen? | ❏ | ❏ |
| Welche Informationen müssen sofort gegeben werden? | ❏ | ❏ |
| Welche können auf Folgetage verlagert werden (z. B. Weiterbildungsmöglichkeiten, Spesen- und Reisekostenregelungen, soziale Einrichtungen)? | ❏ | ❏ |
| Gibt es einen Kollegen, der für die Fragen des Mitarbeiters da ist, wenn Sie keine Zeit haben? | ❏ | ❏ |
| ■ **Die erste Aufgabe** | | |
| Gibt es eine Einführungsarbeit, die dem Können entspricht? | ❏ | ❏ |
| ■ **Den Tag sinnvoll abschließen** | | |
| Haben Sie Zeit für ein Gespräch am Ende des Tags eingeplant? | ❏ | ❏ |
| Welche Fragen sind bei Ihrem Mitarbeiter offengeblieben? | ❏ | ❏ |
| Ist dem Mitarbeiter klar, was in den nächsten Tagen passiert? | ❏ | ❏ |

# Einarbeitungsplan

Wie schnell ein neuer Mitarbeiter integriert ist und damit eine Arbeitsleistung erbringen kann, hängt viel von einem durchdachten Einarbeitungsplan ab.

Besprechen Sie den Einarbeitungsplan möglichst mit all Ihren Mitarbeitern und fragen Sie sie, ob der Plan ihren Vorstellungen entspricht. Geben Sie Erläuterungen, wo das nötig ist, und arbeiten Sie die Wünsche Ihrer Mitarbeiter ein. So erreichen Sie eine hohe Akzeptanz. Verteilen Sie auch an jeden Mitarbeiter ein Exemplar des Einarbeitungsplans.

## 1 Der erste Tag

Nach dem Eintreffen des neuen Mitarbeiters sollten Sie sich Zeit für ein persönliches Gespräch nehmen. Besprechen Sie den Ablauf des ersten Tags und machen Sie einen Rundgang durch die Firma mit dem neuen Mitarbeiter. Geben Sie dabei einen Überblick über das Unternehmen, seine Geschichte, die Strategie, die Erfolge und Marktstellung.

Führen Sie eine Arbeitsbesprechung mit dem neuen Mitarbeiter: Erläutern Sie die Bedeutung der Arbeit des Mitarbeiters für den Erfolg des Unternehmens. Mit wem arbeitet der Mitarbeiter, außer mit seinen Kollegen, noch zusammen? Erläutern Sie ihm das am besten mit Hilfe eines Organigramms, und nennen Sie ihm die Leute, mit denen man sich gut stellen sollte (Handel, Lager, ...)

Dann integrieren Sie den neuen Mitarbeiter ins Team, geben Sie ihm eine Aufgabe, mit der der „Neue" beweisen kann, daß er zu Ihnen paßt. So lernt er seine Kollegen gleich besser kennen und lernt schon am ersten Tag vieles über sein neues Aufgabengebiet.

Genauso wie die persönliche Begrüßung des neuen Mitarbeiters am ersten Tag, ist ein persönliches Gespräch zum Abschluß des ersten Arbeitstags wichtig. Das baut auf und zeigt, daß Sie den neuen Mitarbeiter wichtig nehmen.

## 2 Der zweite, dritte, ... Tag

In den nächsten Tagen sollte der Mitarbeiter immer enger in das Team integriert werden. Teilen Sie dazu Mitarbeiter aus Ihrer Abteilung ein, die dem „Neuen" unter die Arme greifen. Machen Sie die Integration des Neuen zum Projekt Ihres Teams. Denken Sie jedoch daran: Sie selbst bleiben verantwortlich für die Einarbeitung des neuen Mitarbeiters und sollten diese auch überwachen.

Schauen Sie Ihrem neuen Mitarbeiter am Anfang öfter einmal über die Schulter! Nur so können Sie korrigierend eingreifen, wenn sich etwas in die falsche Richtung entwickelt.

Führen Sie auch immer ein persönliches Gespräch mit Ihrem neuen Mitarbeiter. Es ist besser, an mehreren Tagen hintereinander eine halbe Stunde ein Gespräch zu führen, als ein zweistündiges Einarbeitungsgespräch.

Geben Sie ihm auch rechtzeitig Rückmeldungen, ob er die Dinge so angeht, wie Sie sich das vorstellen.

## 3 Der fünfte Tag – die erste Woche ist vorbei

Besprechen Sie am Ende der Woche das Vergangene.

Geben Sie Ihrem neuen Mitarbeiter Feedback über das von ihm Geleistete. Ihre Rückmeldungen sind wichtige Orientierungen für Ihren neuen Mitarbeiter.

### Einarbeitungsplan

I. Einstellung

| Name des Mitarbeiters | Abteilung/Gruppe | Stelle/Funktion |
|---|---|---|
| 1 ■ **Der erste Tag:** | **Uhrzeit** | **Wer** |
| Abholen im Personalbüro | | |
| Begrüßungsgespräch<br>Vorstellen des Unternehmens<br>Erläuterung der Aufgabe/Stelle und Funktion<br>Arbeitssicherheit<br>Arbeitszeiten<br>Lohn und Gehalt | | |
| Rundgang durch die Abteilung | | |
| Mittagspause | | |
| 1. Arbeitsbesprechung | | |
| 2 ■ **Der zweite Tag:** | | |
| 2. Arbeitsbesprechung<br>Marktstellung des Unternehmens<br>Qualitätswesen<br>Konkreter Arbeitsauftrag | | |
| Interviews mit Kollegen | | |
| Werksbesichtigung | | |
| Gespräch mit dem Sicherheitsbeauftragten | | |
| ■ **Der dritte Tag:** | | |
| Einweisung in das PC-System | | |
| Interviews mit Kollegen | | |
| Besprechung des ersten Arbeitsauftrags | | |
| ■ **Der vierte Tag:** | | |
| Einweisung in das Kunden-System | | |
| 3. Arbeitsbesprechung<br>Was gibt es noch für Fragen?<br>Vorstellen der betrieblichen Einrichtungen | | |
| 3 ■ **Der fünfte Tag:** | | |
| Rückblick auf die erste Arbeitswoche<br>Besprechung der Aufgaben für die zweite Woche | | |

Kopiervorlage

Nur, wenn es Ihnen gelingt, offen und ehrlich zu sein, werden Sie Ihren Mitarbeiter schnell zum Erfolg führen und vermeiden, daß Fehlentwicklungen auftreten.

Besprechen Sie zum Abschluß die weitere Vorgehensweise zur Einarbeitung des neuen Mitarbeiters.

In der zweiten Woche und den folgenden Wochen sollten Sie dann die Intervalle, mit denen Sie Rückmeldegespräche mit Ihrem neuen Mitarbeiter führen, vergrößern. Aber halten Sie immer noch engeren Kontakt zu Ihrem neuen Mitarbeiter als zu den routinierten Kollegen.

Sobald Sie den Eindruck haben, daß das Ziel der Einarbeitung erreicht ist, führen Sie mit dem Mitarbeiter ein abschließendes Gespräch, in dem Sie noch einmal die wichtigsten Stationen der Einarbeitung zusammenfassen, Fragen klären und die Meinung des Mitarbeiters zur Art und Weise seiner Einarbeitung einholen.

Nutzen Sie das Abschlußgespräch auch, um den Mitarbeiter darüber zu informieren, wie seine weiteren Qualifikationsschritte aussehen werden.

# Einarbeitungsplan



| Name des Mitarbeiters | Abteilung/Gruppe | Stelle/Funktion |
|---|---|---|
| **■ Der erste Tag:** | **Uhrzeit** | **Wer** |
| Abholen im Personalbüro | | |
| Begrüßungsgespräch<br>Vorstellen des Unternehmens<br>Erläuterung der Aufgabe/Stelle<br>und Funktion<br>Arbeitssicherheit<br>Arbeitszeiten<br>Lohn und Gehalt | | |
| Rundgang durch die Abteilung | | |
| Mittagspause | | |
| 1. Arbeitsbesprechung | | |
| **■ Der zweite Tag:** | | |
| 2. Arbeitsbesprechung<br>Marktstellung des Unternehmens<br>Qualitätswesen<br>Konkreter Arbeitsauftrag | | |
| Interviews mit Kollegen | | |
| Werksbesichtigung | | |
| Gespräch mit dem Sicherheitsbeauftragten | | |
| **■ Der dritte Tag:** | | |
| Einweisung in das PC-System | | |
| Interviews mit Kollegen | | |
| Besprechung des ersten Arbeitsauftrags | | |
| **■ Der vierte Tag:** | | |
| Einweisung in das Kunden-System | | |
| 3. Arbeitsbesprechung<br>Was gibt es noch für Fragen?<br>Vorstellen der betrieblichen Einrichtungen | | |
| **■ Der fünfte Tag:** | | |
| Rückblick auf die erste Arbeitswoche<br>Besprechung der Aufgaben für die zweite Woche | | |

# Beurteilung der Probezeit

Um einen neu eingestellten Mitarbeiter hinsichtlich Eignung und Leistung beurteilen zu können, wird in der Regel eine Probezeit vereinbart. Ein Zeitraum von 3 bis längstens 6 Monaten ist üblich.

- In dieser Zeit genießt der Arbeitnehmer keinerlei Kündigungsschutz.
- Die Kündigung kann ohne Angabe von Gründen erfolgen.
- Die gesetzliche Kündigungsfrist beträgt während der Probezeit zwei Wochen, wenn im Arbeitsvertrag keine längeren Kündigungsfristen vereinbart wurden. Eine Kündigungsfrist von weniger als zwei Wochen ist jedoch unzulässig.

Die erleichterten Bedingungen zur Lösung des Arbeitsverhältnisses während der Probezeit gelten übrigens auch für den Mitarbeiter. Auch er soll schließlich prüfen können, ob er mit seinem neuen Chef und dem neuen Beschäftigungsverhältnis zurechtkommt.

Für die Kündigungsfrist gelten natürlich auch dieselben Bedingungen: Zwei Wochen – für eine sofortige Beendigung des Arbeitsverhältnisses müssen triftige Gründe vorliegen.

## 1 Probezeitbeurteilung

Die Beurteilungen in diesem Textblock bilden die Grundlage für die Probezeitentscheidung.

Folgende Kriterien werden hier beurteilt:

- Leistungen und Verhalten
- die fachlichen Kenntnisse
- das Verhalten gegenüber Vorgesetzten
- das Verhalten gegenüber Kollegen
- die Integration ins Team
- Stärken und Schwächen

Mit Hilfe der Notenskala sehr gut (1) bis ungenügend (6) halten Sie Ihren Eindruck von Ihrem Mitarbeiter auf Probe fest.

## 2 Probezeitentscheidung

Wieder eine Notenskala von 1 bis 6, die die fachliche und persönliche Anforderung des Mitarbeiters auf Probe widerspiegelt. Für eine dauerhafte Einstellung des Mitarbeiters sollten beide Anforderungen an die Stelle mit den Noten 1 bis 3 erfüllt sein.

Im Probezeitgespräch schildern der Vorgesetzte und der Mitarbeiter ihre Sicht hinsichtlich der Leistungserfüllung und der Integration.

Am besten ist es, wenn Sie Ihrem Mitarbeiter den Vortritt lassen und ihn bitten, seine Arbeit einzuschätzen.

Der Bericht wird anschließend von beiden Seiten unterschrieben und an die Personalabteilung in die Personalakte gegeben.

## 3 Einstellung oder Kündigung

Wird der Mitarbeiter ohne Vorbehalt weiter beschäftigt, ist alles in bester Ordnung – Sie haben Ihren Mitarbeiter gefunden.

Sollte die Probezeit verlängert werden, darf der Arbeitnehmer aber nicht länger als 6 Monate beschäftigt sein. Nach diesen 6 Monaten müssen Sie sich entscheiden – entweder Sie stellen den Arbeitnehmer ein oder Sie kündigen ihm.

Sollte das Arbeitsverhältnis gekündigt werden, ist eine Kündigungsfrist von 2 Wochen vorgeschrieben. Weiterhin hat der Arbeitnehmer Anrecht auf ein Arbeitszeugnis.

**Beurteilung der Probezeit** — I. Einstellung

| | | | | | |
|---|---|---|---|---|---|
| Stellenbezeichnung: | | | | | |
| Frau ❏ Herr ❏ | Titel | | Vorname | Nachname | |
| Straße | | | | | |
| Wohnort | | | | | |
| Tel. | | | | | |
| Bearbeiter | | | | | |
| Datum | | | Uhrzeit | | |
| Probezeit endet am | | | | | |
| **1 ■ Probezeitbeurteilung** | | | | | |
| Arbeitsqualität | | | | | |
| ❏ sehr gut | ❏ gut | ❏ befriedigend | ❏ ausreichend | ❏ mangelhaft | ❏ ungenügend |
| Arbeitsquantum | | | | | |
| ❏ sehr gut | ❏ gut | ❏ befriedigend | ❏ ausreichend | ❏ mangelhaft | ❏ ungenügend |
| Einsatzbereitschaft | | | | | |
| ❏ sehr gut | ❏ gut | ❏ befriedigend | ❏ ausreichend | ❏ mangelhaft | ❏ ungenügend |
| Problemlösungsfähigkeit | | | | | |
| ❏ sehr gut | ❏ gut | ❏ befriedigend | ❏ ausreichend | ❏ mangelhaft | ❏ ungenügend |
| Belastbarkeit | | | | | |
| ❏ sehr gut | ❏ gut | ❏ befriedigend | ❏ ausreichend | ❏ mangelhaft | ❏ ungenügend |
| Teamintegration | | | | | |
| ❏ sehr gut | ❏ gut | ❏ befriedigend | ❏ ausreichend | ❏ mangelhaft | ❏ ungenügend |
| Wahrnehmung des Verantwortungsbereichs | | | | | |
| ❏ sehr gut | ❏ gut | ❏ befriedigend | ❏ ausreichend | ❏ mangelhaft | ❏ ungenügend |
| Eigenständiges Handeln | | | | | |
| ❏ sehr gut | ❏ gut | ❏ befriedigend | ❏ ausreichend | ❏ mangelhaft | ❏ ungenügend |
| Auffassungsgabe | | | | | |
| ❏ sehr gut | ❏ gut | ❏ befriedigend | ❏ ausreichend | ❏ mangelhaft | ❏ ungenügend |
| Organisationstalent | | | | | |
| ❏ sehr gut | ❏ gut | ❏ befriedigend | ❏ ausreichend | ❏ mangelhaft | ❏ ungenügend |
| **2 ■ Probezeitentscheidung** | | | | | |
| Fachliche Anforderungen der Stelle | | | | | |
| ❏ sehr gut | ❏ gut | ❏ befriedigend | ❏ ausreichend | ❏ mangelhaft | ❏ ungenügend |
| Persönliche Anforderungen der Stelle | | | | | |
| ❏ sehr gut | ❏ gut | ❏ befriedigend | ❏ ausreichend | ❏ mangelhaft | ❏ ungenügend |
| **3 ■ Probezeit** | | | | | |
| ❏ Die Probezeit ist beendet, der Mitarbeiter wird ohne Vorbehalt weiterbeschäftigt! | | | | | |
| ❏ Das Arbeitsverhältnis wird gekündigt. Der Mitarbeiter wird nicht in das Arbeitsverhältnis übernommen! | | | | | |
| ❏ Die Probezeit wird bis zum ............................................ verlängert | | | | | |
| **■ Notizen** | | | | | |
| Kündigungsgrund (auf eigenen Wunsch, in gegenseitigem Einvernehmen, soziale Gründe) | | | | | |
| Stellungnahme Mitarbeiter | | | | | |
| Ort, Datum | | | Unterschrift Personalvorgesetzter | | |
| Ort, Datum | | | Unterschrift Arbeitnehmer | | |

Kopiervorlage

# Beurteilung der Probezeit



| Stellenbezeichnung: | | | | |
|---|---|---|---|---|
| Frau ❑ | Herr ❑ | Titel | Vorname | Nachname |
| Straße | | | | |
| Wohnort | | | | |
| Tel. | | | | |
| Bearbeiter | | | | |
| Datum | | | Uhrzeit | |
| Probezeit endet am | | | | |

| ■ **Probezeitbeurteilung** | | | | | |
|---|---|---|---|---|---|
| **Arbeitsqualität** | | | | | |
| ❑ sehr gut | ❑ gut | ❑ befriedigend | ❑ ausreichend | ❑ mangelhaft | ❑ ungenügend |
| **Arbeitsquantum** | | | | | |
| ❑ sehr gut | ❑ gut | ❑ befriedigend | ❑ ausreichend | ❑ mangelhaft | ❑ ungenügend |
| **Einsatzbereitschaft** | | | | | |
| ❑ sehr gut | ❑ gut | ❑ befriedigend | ❑ ausreichend | ❑ mangelhaft | ❑ ungenügend |
| **Problemlösungsfähigkeit** | | | | | |
| ❑ sehr gut | ❑ gut | ❑ befriedigend | ❑ ausreichend | ❑ mangelhaft | ❑ ungenügend |
| **Belastbarkeit** | | | | | |
| ❑ sehr gut | ❑ gut | ❑ befriedigend | ❑ ausreichend | ❑ mangelhaft | ❑ ungenügend |
| **Teamintegration** | | | | | |
| ❑ sehr gut | ❑ gut | ❑ befriedigend | ❑ ausreichend | ❑ mangelhaft | ❑ ungenügend |
| **Wahrnehmung des Verantwortungsbereichs** | | | | | |
| ❑ sehr gut | ❑ gut | ❑ befriedigend | ❑ ausreichend | ❑ mangelhaft | ❑ ungenügend |
| **Eigenständiges Handeln** | | | | | |
| ❑ sehr gut | ❑ gut | ❑ befriedigend | ❑ ausreichend | ❑ mangelhaft | ❑ ungenügend |
| **Auffassungsgabe** | | | | | |
| ❑ sehr gut | ❑ gut | ❑ befriedigend | ❑ ausreichend | ❑ mangelhaft | ❑ ungenügend |
| **Organisationstalent** | | | | | |
| ❑ sehr gut | ❑ gut | ❑ befriedigend | ❑ ausreichend | ❑ mangelhaft | ❑ ungenügend |
| ■ **Probezeitentscheidung** | | | | | |
| **Fachliche Anforderungen der Stelle** | | | | | |
| ❑ sehr gut | ❑ gut | ❑ befriedigend | ❑ ausreichend | ❑ mangelhaft | ❑ ungenügend |
| **Persönliche Anforderungen der Stelle** | | | | | |
| ❑ sehr gut | ❑ gut | ❑ befriedigend | ❑ ausreichend | ❑ mangelhaft | ❑ ungenügend |

■ **Probezeit**

❑ Die Probezeit ist beendet, der Mitarbeiter wird ohne Vorbehalt weiterbeschäftigt!

❑ Das Arbeitsverhältnis wird gekündigt. Der Mitarbeiter wird nicht in das Arbeitsverhältnis übernommen!

❑ Die Probezeit wird bis zum ........................................... verlängert

■ **Notizen**

Kündigungsgrund (auf eigenen Wunsch, in gegenseitigem Einvernehmen, soziale Gründe)

Stellungnahme Mitarbeiter

Ort, Datum | Unterschrift Personalvorgesetzter

Ort, Datum | Unterschrift Arbeitnehmer

# Durchlaufplan für Auszubildende

Besonders in größeren Firmen durchlaufen Auszubildende verschiedene Ausbildungsbereiche. Um den Fortschritt der Ausbildung zu dokumentieren und damit der Auszubildende am Ende der Ausbildung besser bewertet werden kann, sollten die Beurteilungen in den verschiedenen Stationen der Ausbildung dokumentiert und in der Personalakte abgelegt werden.

Der Einarbeitungsplan des Auszubildenden ist in seiner Gesamtheit im Vorfeld abteilungsübergreifend abzustimmen und das Zusammenwirken der einzelnen Ausbildungsstationen festzulegen.

Der Ausbildungsplan ist so frühzeitig wie möglich dem Auszubildenden und den auszubildenden Abteilungen auszuhändigen; ein abgestimmter Zeitplan ist beizufügen.

**1**

Tragen Sie hier bitte die Abteilung/den Teilbereich sowie den Zeitraum des Ausbildungsabschnitts ein.

**2**

Tragen Sie hier ein, welche Ausbildungsziele erreicht werden sollen und wer (Sie oder einer Ihrer Mitarbeiter) konkret die Unterweisung des Auszubildenden übernimmt.

Mindestens eine Woche vor Beginn der Ausbildung in der jeweiligen Abteilung sind die Mitarbeiter der Abteilung entsprechend zu informieren.

**3**

Halten Sie unter dieser Rubrik die erbrachten Leistungen des Auszubildenden fest.

Beurteilen Sie immer die Leistungen und das Verhalten des Auszubildenden und nie die Person. Seien Sie bitte ehrlich zum Auszubildenden und zu sich selbst. Sprechen Sie offen die relevanten Punkte an. Sprechen Sie Anerkennung aus, wenn der Auszubildende gute Leistungen erbracht hat und halten Sie auch die Punkte fest, die kritisch waren. Nur durch offene Rückmeldung kann der Auszubildende die Eigenschaften und das Verhalten herausbilden, die in Ihrem Unternehmen wichtig sind.

**4**

Gleiches Recht für alle! Auch der Auszubildende sollte seine positiven und negativen Erlebnisse in der jeweiligen Ausbildungsstation festhalten. Auf diese Weise erfahren Sie, wie Ihre und die Leistungen Ihrer Mitarbeiter, die als Ausbilder tätig waren, beurteilt werden.

Für den Fall, daß deutlich wird, daß bestimmte Ausbildungsmängel aufgetreten sind, kann dann gezielt nachgebessert werden.

Bedenken Sie, daß sich manche Auszubildende eventuell nicht trauen, Negatives festzuhalten. Bestärken Sie sie, indem Sie klarmachen, daß Verbesserungen nur dann vorgenommen werden können, wenn Kritikpunkte offen angesprochen werden.

Kopiervorlage

## Durchlaufplan für Auszubildende

I. Einstellung

| | | | | |
|---|---|---|---|---|
| ❑ Herr | ❑ Frau | Vorname: | Nachname: | |
| Abteilung: | | | Kostenstelle: | Vorgesetzter: |
| 1 Ausbildung in der Abteilung: | | | Vom: | bis: |

| ■ Ausbildungsziel 2 | Mitarbeiter | Anmerkungen |
|---|---|---|
| | | |
| | | |
| | | |
| | | |
| | | |
| | | |
| | | |

3 ■ **Beurteilung Arbeitgeber**

| Leistung | Verhalten | Arbeitseinsatz und Arbeitstempo |
|---|---|---|
| | | |
| | | |
| | | |

Erreichen der Ausbildungsziele:
❑ sehr gut ❑ gut ❑ befriedigend ❑ ausreichend ❑ mangelhaft ❑ ungenügend

Welche Stärken sind bei dem/der Mitarbeiter/in während der Ausbildung in der Abteilung deutlich erkennbar gewesen?

Welche Defizite sind sichtbar geworden?

4 ■ **Beurteilung Auszubildende/r**

| Leistung | Verhalten | Einsatz und Arbeitstempo |
|---|---|---|
| | | |
| | | |
| | | |

Erreichen der Ausbildungsziele:
❑ sehr gut ❑ gut ❑ befriedigend ❑ ausreichend ❑ mangelhaft ❑ ungenügend

Was ist gut gewesen?

Was ist nicht so gut gewesen?

Weitere Vorschläge, Anregungen und Wünsche des/r Auszubildenden:

| | |
|---|---|
| Datum und Unterschrift (Vorgesetzter der ausbildenden Abteilung) | Datum und Unterschrift (Mitarbeiter/in) |

# Durchlaufplan für Auszubildende

**I. Einstellung**

| ❑ Herr | ❑ Frau | Vorname: | Nachname: | |
|---|---|---|---|---|
| Abteilung: | | | Kostenstelle: | Vorgesetzter: |
| Ausbildung in der Abteilung: | | | Vom: | bis: |

| ■ **Ausbildungsziel** | **Mitarbeiter** | **Anmerkungen** |
|---|---|---|
| | | |
| | | |
| | | |
| | | |
| | | |
| | | |
| | | |

**■ Beurteilung Arbeitgeber**

| Leistung | Verhalten | Arbeitseinsatz und Arbeitstempo |
|---|---|---|
| | | |
| | | |
| | | |

Erreichen der Ausbildungsziele:

❑ sehr gut ❑ gut ❑ befriedigend ❑ ausreichend ❑ mangelhaft ❑ ungenügend

Welche Stärken sind bei dem/der Mitarbeiter/in während der Ausbildung in der Abteilung deutlich erkennbar gewesen?

Welche Defizite sind sichtbar geworden?

**■ Beurteilung Auszubildende/r**

| Leistung | Verhalten | Einsatz und Arbeitstempo |
|---|---|---|
| | | |
| | | |
| | | |

Erreichen der Ausbildungsziele:

❑ sehr gut ❑ gut ❑ befriedigend ❑ ausreichend ❑ mangelhaft ❑ ungenügend

Was ist gut gewesen?

Was ist nicht so gut gewesen?

Weitere Vorschläge, Anregungen und Wünsche des/r Auszubildenden:

| | |
|---|---|
| Datum und Unterschrift<br>(Vorgesetzter der<br>ausbildenden Abteilung) | Datum und Unterschrift<br>(Mitarbeiter/in) |

# Neueinstellung: Mitteilung an den Betriebsrat

### 1 Neueinstellung/Mitteilung

In Betrieben mit einem Betriebsrat hat der Arbeitgeber den Betriebsrat vor jeder Einstellung, Eingruppierung, Umgruppierung und Versetzung eines Mitarbeiters zu unterrichten.

### 2 Mitarbeiterdaten

Der Arbeitgeber ist verpflichtet, dem Betriebsrat Auskunft über die Neueinstellung zu geben.

Dazu gehören neben den persönlichen Daten auch Auskünfte über den Arbeitsplatz, den Einstellungstermin und über das Gehalt.

Die Mitglieder des Betriebsrats sind verpflichtet, über die ihnen im Rahmen der personellen Maßnahmen bekannt gewordenen persönlichen Verhältnisse und Angelegenheiten der Arbeitnehmer, die ihrer Bedeutung oder ihrem Inhalt nach einer vertraulichen Behandlung bedürfen, Stillschweigen zu bewahren.

### 3 Bewerbungsunterlagen

Der Arbeitgeber muß dem Betriebsrat auf Wunsch die Bewerbungsunterlagen vorlegen.

### 4 Zustimmung des Betriebsrats

Der Betriebsrat kann die Zustimmung verweigern, wenn

1. die personelle Maßnahme gegen ein Gesetz, eine Verordnung, eine Unfallverhütungsvorschrift oder gegen eine Bestimmung in einem Tarifvertrag oder in einer Betriebsvereinbarung oder gegen eine gerichtliche Entscheidung oder eine behördliche Anordnung verstoßen würde,

2. die personelle Maßnahme gegen eine Richtlinie nach § 95 Betriebsverfassungsgesetz verstoßen würde,

3. die durch Tatsachen begründete Besorgnis besteht, daß infolge der personellen Maßnahme, im Betrieb beschäftigte Arbeitnehmer gekündigt werden oder sonstige Nachteile erleiden, ohne daß dies aus betrieblichen oder persönlichen Gründen gerechtfertigt ist,

4. der betroffene Arbeitnehmer durch die personelle Maßnahme benachteiligt wird, ohne daß dies aus betrieblichen oder in der Person des Arbeitnehmers liegenden Gründen gerechtfertigt ist,

5. eine nach § 93 Betriebsverfassungsgesetz erforderliche Ausschreibung im Betrieb unterblieben ist oder

6. die durch Tatsachen begründete Besorgnis besteht, daß der für die personelle Maßnahme in Aussicht genommene Bewerber oder Arbeitnehmer den Betriebsfrieden durch gesetzeswidriges Verhalten oder durch grobe Verletzung der in § 75 Abs. 1 Betriebsverfassungsgesetz enthaltenen Grundsätze stören werde.

Verweigert der Betriebsrat seine Zustimmung, so hat er dies unter Angabe von Gründen innerhalb einer Woche nach Unterrichtung durch den Arbeitgeber diesem schriftlich mitzuteilen. Teilt der Betriebsrat dem Arbeitgeber die Verweigerung seiner Zustimmung nicht innerhalb der Frist schriftlich mit, so gilt die Zustimmung als erteilt.

Verweigert der Betriebsrat seine Zustimmung, so kann der Arbeitgeber beim Arbeitsgericht beantragen, die Zustimmung zu ersetzen.

Trotz Widerspruchs des Betriebsrats kann der Arbeitgeber die Neueinstellung vornehmen, wenn dies aus sachlichen Gründen dringend erforderlich ist.

**Neueinstellung: Mitteilung an den Betriebsrat** | I. Einstellung

Direkter Vorgesetzter

Datum

1 ▶ An den Betriebsrat

Neueinstellung/Mitteilung an den Betriebsrat nach § 99 BetrVG

Stellenbezeichnung:

| 2 ▶ Frau | Herr | Titel | Vorname | Nachname |
|---|---|---|---|---|
| ❑ | ❑ | | | |

geb. am:

Staatsangehörigkeit: | Familienstand: ❑ verheiratet ❑ ledig

Anzahl der unterhaltsberechtigten Kinder:

Straße:

Wohnort:

Beschäftigungsort und Firma:

Stellenbezeichnung/Abteilung:

Wem unterstellt:

Einstellung:

❑ Vollzeit | ❑ Teilzeit ...... Std. täglich | ❑ Aushilfe

Gehalt:

3 ▶ Die Bewerbungsunterlagen können beim Personalvorgesetzten eingesehen werden.

Sollten gegen die Neueinstellung Bedenken bestehen, bitten wir um Stellungnahme innerhalb einer Woche.

4 ▶

Ort, Datum | Unterschrift

Kopiervorlage

# Neueinstellung: Mitteilung an den Betriebsrat

I. Einstellung

Direkter Vorgesetzter

Datum

An den Betriebsrat

Neueinstellung/Mitteilung an den Betriebsrat nach § 99 BetrVG

Stellenbezeichnung:

| Frau | Herr | Titel | Vorname | Nachname |
|---|---|---|---|---|
| ❏ | ❏ | | | |

geb. am:

Staatsangehörigkeit: | Familienstand: ❏ verheiratet ❏ ledig

Anzahl der unterhaltsberechtigten Kinder:

Straße:

Wohnort:

Beschäftigungsort und Firma:

Stellenbezeichnung/Abteilung:

Wem unterstellt:

Einstellung:

❏ Vollzeit | ❏ Teilzeit ...... Std. täglich | ❏ Aushilfe

Gehalt:

Die Bewerbungsunterlagen können beim Personalvorgesetzten eingesehen werden.
Sollten gegen die Neueinstellung Bedenken bestehen, bitten wir um Stellungnahme innerhalb einer Woche.

Ort, Datum Unterschrift

## Testen Sie Ihr eigenes Führungsverhalten und bestimmen Sie damit Ihren Führungsstil

Mit Führungsverhalten ist gemeint, wie Sie Ihre Führungsaufgaben wahrnehmen – als da sind:

- Ziele definieren
- Entscheidungen treffen
- mit Mitarbeitern, Kollegen kommunizieren
- Mitarbeiter motivieren
- Veränderungen und Konflikte managen
- Mitarbeiter auswählen und entwickeln

Wie führen Sie Ihre Mitarbeiter?

Damit Sie Ihren Führungsstil besser einschätzen lernen, machen Sie bitte den folgenden Test:

**1/2**

Der autokratische Führungsstil: Nur die Führungskraft hat das Sagen. Der Chef entscheidet alles allein. Eine Begründung für Entscheidungen braucht er nicht abzugeben. Die Mitarbeiter sind nur ausführende Organe.

**3**

Der demokratische Führungsstil: Die Mitarbeiter werden mit einbezogen. Entscheidungen werden mit ihnen diskutiert. Meist bildet sich bereits bei der Diskussion schon eine endgültige Entscheidung. Wenn die Führungskraft entscheidet, werden die Entscheidungsgründe ausführlich dargelegt.

**4-8**

**Führungsverhalten**

**Autoritärer Führungsstil** – **Kooperativer Führungsstil**

**Entscheidungsspielraum des Vorgesetzten** / **Entscheidungsspielraum der Gruppe**

| ① | ② | ③ | ④ | ⑤ | ⑥ | ⑦ |
|---|---|---|---|---|---|---|
| Vorgesetzter entscheidet ohne Konsultation der Mitarbeiter. | Vorgesetzter entscheidet; er ist aber bestrebt, die Untergebenen von seinen Entscheidungen zu überzeugen, bevor er sie anordnet. | Vorgesetzter entscheidet; er gestattet jedoch Fragen zu seinen Entscheidungen, um durch deren Beantwortung die Akzeptanz seiner Entscheidungen zu erreichen. | Vorgesetzter entscheidet; er informiert seine Untergebenen über seine beabsichtigten Entscheidungen; die Untergebenen haben die Möglichkeit, ihre Meinung zu äußern, bevor der Vorgesetzte die endgültige Entscheidung trifft. | Die Gruppe entwickelt Vorschläge; aus der Zahl der gemeinsam gefundenen und akzeptierten möglichen Problemlösungen entscheidet sich der Vorgesetzte für die von ihm favorisierte Lösung. | Die Gruppe entscheidet, nachdem der Vorgesetzte zuvor das Problem aufgezeigt und die Grenzen des Entscheidungsspielraums festgelegt hat. | Die Gruppe entscheidet, der Vorgesetzte fungiert als Koordinator nach innen und nach außen. |

**9**

Der Führungsstil Laisser-faire heißt wörtlich „machen lassen": Der Chef kümmert sich um nichts; er hält sich raus. Er stellt höchstens die Arbeitsaufgabe oder das zu lösende Problem vor und gibt dazu einige Informationen. Dann sollen die Mitarbeiter sehen, wie sie zurechtkommen. Sie haben volle Freiheit. Sie entscheiden allein.

**10**

Behandeln Sie Ihre Mitarbeiter partnerschaftlich und nicht von oben herab!

**11**

Setzen Sie klare Maßstäbe, und formulieren Sie eindeutige Spielregeln für Ihr Team. Sorgen Sie dafür, daß diese eingehalten werden. Behandeln Sie dabei alle Mitarbeiter gleich.

**12**

Verschaffen Sie sich einen exakten Überblick darüber, auf welchem Entwicklungsstand Ihre Mitarbeiter sind und wieviel Führung der einzelne wirklich braucht!

### Führungsstil

II. Laufendes Arbeitsverhältnis: Führung

| | | Fragen | kaum | | teils/teils | | oft |
|---|---|---|---|---|---|---|---|
| 1 | 1. | Legen Sie die Ziele des Teams und der Mitarbeiter im wesentlichen gemeinsam mit Ihren Mitarbeitern fest? | ❑ 1 | ❑ 2 | ❑ 3 | ❑ 4 | ❑ 5 |
| | 2. | Treffen Sie Entscheidungen im Team? | ❑ 1 | ❑ 2 | ❑ 3 | ❑ 4 | ❑ 5 |
| 3 | 3. | Kommunizieren Sie partnerschaftlich und von gleich zu gleich mit Ihren Mitarbeitern? | ❑ 1 | ❑ 2 | ❑ 3 | ❑ 4 | ❑ 5 |
| 4 | 4. | Informieren Sie alle Mitarbeiter gleich? | ❑ 1 | ❑ 2 | ❑ 3 | ❑ 4 | ❑ 5 |
| | 5. | Lassen Sie den Mitarbeitern genügend Freiräume, damit sie ihre Fähigkeiten voll entfalten können? | ❑ 1 | ❑ 2 | ❑ 3 | ❑ 4 | ❑ 5 |
| | 6. | Verzichten Sie auf detaillierte und laufende Kontrollen? | ❑ 1 | ❑ 2 | ❑ 3 | ❑ 4 | ❑ 5 |
| | 7. | Verzichten Sie darauf, alles per schriftlicher Anweisung zu regeln? | ❑ 1 | ❑ 2 | ❑ 3 | ❑ 4 | ❑ 5 |
| | 8. | Vertrauen Sie Ihren Mitarbeitern? | ❑ 1 | ❑ 2 | ❑ 3 | ❑ 4 | ❑ 5 |
| 9 | 9. | Delegieren Sie auch wichtige Aufgaben an Ihre Mitarbeiter, und halten Sie sich dann im Rahmen der getroffenen Vereinbarungen aus der Erledigung der Aufgaben heraus? | ❑ 1 | ❑ 2 | ❑ 3 | ❑ 4 | ❑ 5 |
| | 10. | Hören Sie Ihren Mitarbeitern zu? | ❑ 1 | ❑ 2 | ❑ 3 | ❑ 4 | ❑ 5 |
| 10 | 11. | Nehmen Sie die Bedenken und Anregungen Ihrer Mitarbeiter ernst? | ❑ 1 | ❑ 2 | ❑ 3 | ❑ 4 | ❑ 5 |
| 11 | 12. | Lassen Sie zu, daß Ihre Mitarbeiter ihre Aufgaben selbständig untereinander aufteilen? | ❑ 1 | ❑ 2 | ❑ 3 | ❑ 4 | ❑ 5 |
| | 13. | Beziehen Sie Ihre Mitarbeiter bei der Auswahl neuer Kollegen mit ein? | ❑ 1 | ❑ 2 | ❑ 3 | ❑ 4 | ❑ 5 |
| 12 | 14. | Achten Sie darauf, daß Ihre Mitarbeiter sich ihren Fähigkeiten entsprechend über ihren gegenwärtigen Wirkungskreis hinaus weiterentwickeln? | ❑ 1 | ❑ 2 | ❑ 3 | ❑ 4 | ❑ 5 |
| 13 | 15. | Erweitern Sie, soweit es die Qualifikation der Mitarbeiter zuläßt, deren Kompetenzen und Verantwortungsbereich? | ❑ 1 | ❑ 2 | ❑ 3 | ❑ 4 | ❑ 5 |
| 14 | 16. | Geben Sie Ihren Mitarbeitern regelmäßig Rückmeldungen über ihre Leistungen, über ihre Stärken und Schwächen? | ❑ 1 | ❑ 2 | ❑ 3 | ❑ 4 | ❑ 5 |
| 15 | 17. | Stellen Sie sich als Vorgesetzter der Beurteilung durch Ihre Mitarbeiter? | ❑ 1 | ❑ 2 | ❑ 3 | ❑ 4 | ❑ 5 |
| | | **Summe** | | | | | |

Kopiervorlage

**13**

Führen Sie regelmäßig Zielvereinbarungsgespräche mit herausfordernden, aber erreichbaren Zielen.

**14**

Sagen Sie Ihrem Mitarbeiter, warum Sie ihn enger führen, wenn das notwendig ist, und daß es Ihr Ziel ist, ihn dadurch selbständiger und somit erfolgreicher zu machen.

**15**

Leben Sie die Haltungen und Werte, die Sie von Ihren Mitarbeitern fordern, selbst.

### Auswertung:

17 – 30 Punkte: Sie führen Ihre Mitarbeiter sehr direktiv und lassen ihnen wenig Spielraum für Entscheidungen und Entwicklungen. Wie sind die Ergebnisse Ihres Teams? Wenn Sie oder Ihr Chef mit den Erfolgen nicht zufrieden sind, sollten Sie darüber nachdenken, ob Sie Ihren Führungsstil nicht ändern wollen.

31 – 60 Punkte: Sie praktizieren in Ansätzen einen kooperativen Führungsstil. Achten Sie aber darauf, daß Sie für Ihre Mitarbeiter eindeutig bleiben, also nicht zu sehr zwischen autoritär-direktiven und kooperativen Verhaltensweisen hin und her schwanken. Ihre Mitarbeiter können sich sonst nicht orientieren, was zu häufigen Mißverständnissen und Irritationen führt. Das stört den Erfolg des Teams.

61 – 85 Punkte: Sie sind ein Musterbeispiel für einen Vorgesetzten mit einem kooperativen Führungsstil. Arbeiten Sie weiter so: Ihre Mitarbeiter und Ihre Kunden werden es Ihnen danken.

# Führungsstil



| Fragen | | kaum | | teils/teils | | oft |
|---|---|---|---|---|---|---|
| 1. | Legen Sie die Ziele des Teams und der Mitarbeiter im wesentlichen gemeinsam mit Ihren Mitarbeitern fest? | ❑ 1 | ❑ 2 | ❑ 3 | ❑ 4 | ❑ 5 |
| 2. | Treffen Sie Entscheidungen im Team? | ❑ 1 | ❑ 2 | ❑ 3 | ❑ 4 | ❑ 5 |
| 3. | Kommunizieren Sie partnerschaftlich und von gleich zu gleich mit Ihren Mitarbeitern? | ❑ 1 | ❑ 2 | ❑ 3 | ❑ 4 | ❑ 5 |
| 4. | Informieren Sie alle Mitarbeiter gleich? | ❑ 1 | ❑ 2 | ❑ 3 | ❑ 4 | ❑ 5 |
| 5. | Lassen Sie den Mitarbeitern genügend Freiräume, damit sie ihre Fähigkeiten voll entfalten können? | ❑ 1 | ❑ 2 | ❑ 3 | ❑ 4 | ❑ 5 |
| 6. | Verzichten Sie auf detaillierte und laufende Kontrollen? | ❑ 1 | ❑ 2 | ❑ 3 | ❑ 4 | ❑ 5 |
| 7. | Verzichten Sie darauf, alles per schriftlicher Anweisung zu regeln? | ❑ 1 | ❑ 2 | ❑ 3 | ❑ 4 | ❑ 5 |
| 8. | Vertrauen Sie Ihren Mitarbeitern? | ❑ 1 | ❑ 2 | ❑ 3 | ❑ 4 | ❑ 5 |
| 9. | Delegieren Sie auch wichtige Aufgaben an Ihre Mitarbeiter, und halten Sie sich dann im Rahmen der getroffenen Vereinbarungen aus der Erledigung der Aufgaben heraus? | ❑ 1 | ❑ 2 | ❑ 3 | ❑ 4 | ❑ 5 |
| 10. | Hören Sie Ihren Mitarbeitern zu? | ❑ 1 | ❑ 2 | ❑ 3 | ❑ 4 | ❑ 5 |
| 11. | Nehmen Sie die Bedenken und Anregungen Ihrer Mitarbeiter ernst? | ❑ 1 | ❑ 2 | ❑ 3 | ❑ 4 | ❑ 5 |
| 12. | Lassen Sie zu, daß Ihre Mitarbeiter ihre Aufgaben selbständig untereinander aufteilen? | ❑ 1 | ❑ 2 | ❑ 3 | ❑ 4 | ❑ 5 |
| 13. | Beziehen Sie Ihre Mitarbeiter bei der Auswahl neuer Kollegen mit ein? | ❑ 1 | ❑ 2 | ❑ 3 | ❑ 4 | ❑ 5 |
| 14. | Achten Sie darauf, daß Ihre Mitarbeiter sich ihren Fähigkeiten entsprechend über ihren gegenwärtigen Wirkungskreis hinaus weiterentwickeln? | ❑ 1 | ❑ 2 | ❑ 3 | ❑ 4 | ❑ 5 |
| 15. | Erweitern Sie, soweit es die Qualifikation der Mitarbeiter zuläßt, deren Kompetenzen und Verantwortungsbereich? | ❑ 1 | ❑ 2 | ❑ 3 | ❑ 4 | ❑ 5 |
| 16. | Geben Sie Ihren Mitarbeitern regelmäßig Rückmeldungen über ihre Leistungen, über ihre Stärken und Schwächen? | ❑ 1 | ❑ 2 | ❑ 3 | ❑ 4 | ❑ 5 |
| 17. | Stellen Sie sich als Vorgesetzter der Beurteilung durch Ihre Mitarbeiter? | ❑ 1 | ❑ 2 | ❑ 3 | ❑ 4 | ❑ 5 |
| **Summe** | | | | | | |

Richtiges Feedback ist eines der besten Führungsinstrumente, die es gibt. Nutzen Sie dieses Werkzeug und spornen Sie so Ihre Mitarbeiter zu außergewöhnlichen Leistungen an.

## Checkliste: So geben Sie Ihren Mitarbeitern ein motivierendes Feedback

**1**

Sie wollen Spitzenmitarbeiter in einem Spitzenteam. Solche Mitarbeiter fallen jedoch nicht vom Himmel, sondern müssen aufgebaut werden!

**2**

Informieren Sie Ihre Mitarbeiter über alles, was sie zur Erledigung ihrer Aufgaben brauchen, und öffnen Sie ihnen die Informationswege, damit sie sich bei Bedarf erforderliche Informationen auch von anderen einholen können. Besprechen Sie mit Ihren Mitarbeitern auch offen die Probleme, die bei der Bewältigung der täglichen Arbeit entstehen, und unterstützen Sie soweit wie möglich.

**3**

Der Mensch ist keine Maschine – ein paar persönliche Worte, eine gute persönliche Beziehung erzeugt ein gutes Betriebsklima, und die Arbeit macht mehr Spaß.

**4**

Wichtig ist, daß Sie dem Mitarbeiter auch mitteilen, wie bedeutsam die Aufgabe ist, die er übernommen hat, welche Bedeutung die Qualität seiner Arbeitsleistung hat. Stellen Sie den Gesamtzusammenhang seiner Tätigkeit im Unternehmensgefüge dar.

**5**

Lassen Sie Ihre Mitarbeiter selbständig, im Rahmen ihres Aufgabenbereichs, so eigenständig wie möglich handeln und entscheiden, das fördert die Identifikation und die Eigeninitiative.

**6**

Fördern Sie die Selbstverantwortung Ihrer Mitarbeiter, indem Sie sie ganzheitlich an die Aufgaben heranführen. Sprechen Sie alles an, sowohl den Kopf als auch den „Bauch".

**7**

Beziehen Sie als Führungskraft Ihre Mitarbeiter bei der Zielfindung und der Festlegung der Zielerreichung aktiv mit ein. Ihre Mitarbeiter sind dann bei der Umsetzung der Maßnahmen mit Engagement dabei.

**8**

Überprüfen Sie Ihre Wahrnehmung. Sehen Sie bei manchen Mitarbeitern eher das Negative als bei anderen? Nehmen Sie selektiv wahr?

**9**

Besprechen Sie mit Ihrem Mitarbeiter, wo seine Stärken und seine Schwächen liegen, und erarbeiten Sie mit ihm zusammen Möglichkeiten, wo er seine Stärken bei der Erfüllung seiner Aufgabe bestmöglich einsetzen kann. Formulieren Sie das möglichst konkret und positiv. Wichtiger als die Schwächen abzubauen ist es, die Stärken zu fördern.

### Motivation

II. Laufendes Arbeitsverhältnis: Führung

| | | | Ja | Nein |
|---|---|---|---|---|
| 1 | 1. | Habe ich meinen Mitarbeiter wissen lassen, wie gut seine Leistungen sind? | ❑ | ❑ |
| | 2. | Habe ich ihm klargemacht, welche Leistung von ihm erwartet wird? | ❑ | ❑ |
| | 3. | Kennt er die Regeln, nach denen er arbeiten soll? | ❑ | ❑ |
| | 4. | Habe ich ihn gut ausgebildet und gefördert? | ❑ | ❑ |
| 2 | 5. | Habe ich ihm offen die Probleme erörtert, denen er sich bei seiner Arbeit gegenübergestellt sieht und die ihm den Erfolg erschweren? | ❑ | ❑ |
| | 6. | Unterstütze ich ihn nach Kräften? | ❑ | ❑ |
| 3 | 7. | Wieviel habe ich getan bzw. nicht getan, um positive persönliche Beziehungen zu pflegen? | ❑ | ❑ |
| 4 | 8. | Kennt der Mitarbeiter die Bedeutung seiner Arbeit, ihren Stellenwert, die Auswirkung schlechter Leistung? | ❑ | ❑ |
| | 9. | Haben wir in der Diskussion Übereinstimmung darüber erzielt, was von ihm erwartet wird, wie gerechtfertigt diese Erwartungen sind, und inwieweit er sie erfüllt? | ❑ | ❑ |
| | 10. | Wird er über die Vorgänge in der Abteilung und im Betrieb auf dem laufenden gehalten (nicht nur darüber, was er wissen muß, sondern auch darüber, was er wissen soll)? | ❑ | ❑ |
| 5 | 11. | Hat er genügend Freiheit bei der Arbeit, oder wird er zu stark beaufsichtigt? | ❑ | ❑ |
| | 12. | Sieht er sich von seiner Arbeit in eine Verteidigungsposition gedrängt? | ❑ | ❑ |
| 6 | 13. | Was habe ich unternommen, um ihn über sein rein körperliches Engagement hinaus auch geistig und seelisch für seine Arbeit zu begeistern? | ❑ | ❑ |
| 7 | 14. | Durfte er bei der Zielsetzung und über die Art und Weise, diese Ziele zu erreichen, mitbestimmen? | ❑ | ❑ |
| | 15. | Fanden seine guten Leistungen angemessenes Echo und regelmäßige Anerkennung? | ❑ | ❑ |
| 8 | 16. | Betone ich das Positive mehr als das Negative? | ❑ | ❑ |
| | 17. | Habe ich angemessenes Interesse für ihn als Individuum sowie für seine persönlichen Ziele gezeigt? | ❑ | ❑ |
| | 18. | Bin ich flexibel, ihn zu ermutigen, ihm zuzuhören, ihm eine Chance zu geben, seine Ideen und Vorschläge zu verwirklichen? | ❑ | ❑ |
| 9 | 19. | Habe ich jemals bewußt seine Stärken und Schwächen eingeschätzt mit dem Ziel, seine Arbeit so auszurichten, um insbesondere von seinen Stärken zu profitieren? | ❑ | ❑ |
| | 20. | Wird er angemessen und vernünftig gefordert? | ❑ | ❑ |

Kopiervorlage

| | | Ja | Nein |
|---|---|---|---|
| 1. | Habe ich meinen Mitarbeiter wissen lassen, wie gut seine Leistungen sind? | ❑ | ❑ |
| 2. | Habe ich ihm klargemacht, welche Leistung von ihm erwartet wird? | ❑ | ❑ |
| 3. | Kennt er die Regeln, nach denen er arbeiten soll? | ❑ | ❑ |
| 4. | Habe ich ihn gut ausgebildet und gefördert? | ❑ | ❑ |
| 5. | Habe ich ihm offen die Probleme erörtert, denen er sich bei seiner Arbeit gegenübergestellt sieht und die ihm den Erfolg erschweren? | ❑ | ❑ |
| 6. | Unterstütze ich ihn nach Kräften? | ❑ | ❑ |
| 7. | Wieviel habe ich getan bzw. nicht getan, um positive persönliche Beziehungen zu pflegen? | ❑ | ❑ |
| 8. | Kennt der Mitarbeiter die Bedeutung seiner Arbeit, ihren Stellenwert, die Auswirkung schlechter Leistung? | ❑ | ❑ |
| 9. | Haben wir in der Diskussion Übereinstimmung darüber erzielt, was von ihm erwartet wird, wie gerechtfertigt diese Erwartungen sind, und inwieweit er sie erfüllt? | ❑ | ❑ |
| 10. | Wird er über die Vorgänge in der Abteilung und im Betrieb auf dem laufenden gehalten (nicht nur darüber, was er wissen muß, sondern auch darüber, was er wissen soll)? | ❑ | ❑ |
| 11. | Hat er genügend Freiheit bei der Arbeit, oder wird er zu stark beaufsichtigt? | ❑ | ❑ |
| 12. | Sieht er sich von seiner Arbeit in eine Verteidigungsposition gedrängt? | ❑ | ❑ |
| 13. | Was habe ich unternommen, um ihn über sein rein körperliches Engagement hinaus auch geistig und seelisch für seine Arbeit zu begeistern? | ❑ | ❑ |
| 14. | Durfte er bei der Zielsetzung und über die Art und Weise, diese Ziele zu erreichen, mitbestimmen? | ❑ | ❑ |
| 15. | Fanden seine guten Leistungen angemessenes Echo und regelmäßige Anerkennung? | ❑ | ❑ |
| 16. | Betone ich das Positive mehr als das Negative? | ❑ | ❑ |
| 17. | Habe ich angemessenes Interesse für ihn als Individuum sowie für seine persönlichen Ziele gezeigt? | ❑ | ❑ |
| 18. | Bin ich flexibel, ihn zu ermutigen, ihm zuzuhören, ihm eine Chance zu geben, seine Ideen und Vorschläge zu verwirklichen? | ❑ | ❑ |
| 19. | Habe ich jemals bewußt seine Stärken und Schwächen eingeschätzt mit dem Ziel, seine Arbeit so auszurichten, um insbesondere von seinen Stärken zu profitieren? | ❑ | ❑ |
| 20. | Wird er angemessen und vernünftig gefordert? | ❑ | ❑ |

# Emotionale Intelligenz

## So checken Sie Ihren eigenen EQ

Was ist der EQ genau? Emotionale Intelligenz oder die Intelligenz der Gefühle ist die Fähigkeit, die eigenen Emotionen zu erkennen, seine Gefühle zu managen, sich selbst zu motivieren und sich in andere hineinzuversetzen.

Nutzen Sie den nachfolgenden Selbsteinschätzungsbogen für eine ehrliche und kritische Selbstanalyse! Beurteilen Sie sich zunächst selbst und vergleichen Sie dann am besten das Ergebnis damit, wie vertraute Personen (Partner, Freunde, Mitarbeiter, Kinder etc.) Sie einschätzen. Insbesondere die Abweichungen könnten interessant sein!

Die „Stars" im Hochleistungsteam der Bell Laboratories, einer weltberühmten Denkfabrik in den USA in der Nähe von Princeton, unterscheiden sich von anderen Menschen nicht durch ihren akademischen IQ, sondern durch ihre emotionale Intelligenz (genau: emotionaler Intelligenzquotient = EQ), die Intelligenz der Gefühle. Der EQ ist kein neues Sozialkompetenzprogramm nach dem Motto: „Wir haben uns alle lieb!", sondern eine notwendige Bedingung für Erfolg im Privat- und Berufsleben. Häufige Folgen emotionaler Defizite im Management sind:

- sinkende Produktivität
- hohe Mitarbeiterfluktuation
- geringer Zusammenhalt im Team

### 1 Erkennen Ihrer eigenen Emotionen

Selbstwahrnehmung – das Erkennen eines Gefühls, während es auftritt – ist die Grundlage der emotionalen Intelligenz. Die Fähigkeit, die eigenen Gefühle laufend zu beobachten, ist entscheidend, um sich selbst zu verstehen, und um im Einklang mit den eigenen Gefühlen klare und schnelle Entscheidungen zu treffen. Wer die eigenen Gefühle nicht zu erkennen vermag, ist ihnen ausgeliefert. Wer sich seiner Gefühle sicher ist, kommt besser durchs Leben, geht zielorientierter vor und tritt selbstsicherer auf.

### 2 Emotionen intelligent handhaben

Angemessen mit Gefühlen umzugehen ist eine Fähigkeit, die auf der Selbstwahrnehmung aufbaut. Wer darin schwach ist, hat beständig mit negativen Gefühlen zu tun, wer darin gut ist, erholt sich viel rascher von Rückschlägen und hat eine positive Ausstrahlung und Charisma.

### 3 Emotionen produktiv nutzen

Erfolg kommt nicht vom Wünschen allein, sondern vom langfristigen und konsequenten Verfolgen der persönlichen Ziele. Hierzu muß man in der Lage sein, erstens negative Impulse zu dämpfen, und zweitens positive Gefühle wie Hoffnung, Begeisterung und Zuversicht zu mobilisieren. Was Olympiasportler, Musiker von Weltrang und Schachgroßmeister gemeinsam auszeichnet, ist die Fähigkeit, sich selbst schonungslosem Training zu unterwerfen. Ihr Erfolg braucht Ziele!

### 4 Empathie – die Gefühle anderer richtig deuten

Zu wissen, was andere fühlen, ist eine weitere Fähigkeit, die auf der emotionalen Selbstwahrnehmung aufbaut. Sie ist die Grundlage von Menschenkenntnis und Sympathie. Fehlt diese Fähigkeit, haben wir es schwer, Beziehungen aufzubauen und mit anderen „warm" zu werden.

### 5 Umgang mit Beziehungen

Wie kann ich nun diese Informationen über die Gefühle der anderen nutzen, um sozial intelligent zu handeln? Die Kunst der Beziehung besteht zum großen Teil darin, eigene Emotionen zu beherrschen, das eigene Verhalten der Situation anzupassen und mit den Emotionen anderer umzugehen. So werden Sie beliebt, erhalten Zugang zu Netzwerken und können eigene Ziele besser durchsetzen.

**Emotionale Intelligenz** — II. Laufendes Arbeitsverhältnis: Führung

| Faktoren | Fragen | Metaxa-Prinzip: 5* ist das Beste! 1 | 2 | 3 | 4 | 5 |
|---|---|---|---|---|---|---|
| 1. | **Erkennen der eigenen Emotionen** | | | | | |
| | Ich spüre meine Belastungsgrenze sehr deutlich. | | | | | |
| | Ich kann mich zügig entscheiden und stehe zu meinen Entscheidungen. | | | | | |
| | Ich bin psychosomatisch stabil. | | | | | |
| | Ich weiß genau, wann es mir gut oder schlecht geht. | | | | | |
| | Zwischensumme | | | | | |
| 2. | **Emotionen intelligent handhaben** | | | | | |
| | Ich habe einen guten Schlaf. | | | | | |
| | Öffentlichen Auftritten gehe ich gelassen entgegen. | | | | | |
| | Eine Depression ist spätestens am nächsten Tag vorbei. | | | | | |
| | Ich könnte gut lügen, wenn ich wollte. | | | | | |
| | Zwischensumme | | | | | |
| 3. | **Emotionen produktiv nutzen** | | | | | |
| | Disziplin über einen längeren Zeitraum fällt mir leicht. | | | | | |
| | Ich kann über Monate hinweg ein Ziel verfolgen. | | | | | |
| | Wenn ich etwas will, schaffe ich es immer. | | | | | |
| | Abnehmen, Fitneßtraining und Verzicht auf Alkohol oder Zigaretten fällt mir leicht. | | | | | |
| | Zwischensumme | | | | | |
| 4. | **Empathie – die Gefühle anderer richtig deuten** | | | | | |
| | Oft kann ich anderen am Gesicht ablesen, daß etwas nicht stimmt. | | | | | |
| | Ich habe eine gute Nase für Lügen. | | | | | |
| | Ich spüre sofort, wenn Spannungen in der Luft liegen. | | | | | |
| | Im Kino erlebe ich die Gefühle des Hauptdarstellers oft mit. | | | | | |
| | Zwischensumme | | | | | |
| 5. | **Umgang mit Beziehungen** | | | | | |
| | Ich bin beliebt bei meinen Kollegen. | | | | | |
| | Ich kann mir fast alle Infos im Unternehmen auf inoffiziellem Weg beschaffen. | | | | | |
| | Ich bin immer einer der ersten, der mitkriegt, was so läuft. | | | | | |
| | Kollegen ziehen mich bei Problemen häufig als Ratgeber hinzu. | | | | | |
| | Zwischensumme | | | | | |
| | Summe = EQ | | | | | |

Kopiervorlage

## So werten Sie den Test aus!

Kreuzen Sie im ersten Schritt pro Zeile die jeweiligen Punktwerte an (5 ist der beste Wert). So erhalten Sie die Punktzahl pro Zeile. Addieren Sie dann die Punktzahl der einzelnen Zeilen. Tragen Sie zu jedem Faktor die Zwischensumme ein. Zum Schluß addieren Sie die einzelnen Zwischensummen. So erhalten Sie zum einen Ihren Gesamt-EQ, zum anderen können Sie sehen, wie ausgeprägt die einzelnen Faktoren der emotionalen Intelligenz sind.

### 80 – 100 Punkte: Sie haben einen ausgeprägten EQ

Sich auf andere einzustellen, wird Ihnen nicht schwerfallen. Nutzen Sie weiterhin diese Stärke im Umgang mit sich selbst und anderen.

### 50 – 79 Punkte: Ihr EQ ist durchschnittlich gut entwickelt

Prüfen Sie, in welchen Bereichen Sie Defizite haben, und arbeiten Sie hier an Verbesserungen. Sie haben gute Voraussetzungen, Ihren EQ weiter zu optimieren.

### 20 – 49 Punkte: Sie müssen etwas für die Verbesserung Ihres EQ's tun

Ihr 5-Stufen-Programm zum höheren EQ:

1. Erkennen Sie Ihre eigenen Emotionen
2. So gehen Sie intelligent mit Ihren Emotionen um
3. Emotionen produktiv nutzen
4. Empathie – die Gefühle anderer richtig deuten
5. Umgang mit Beziehungen

| | | | | | | |
|---|---|---|---|---|---|---|
| | | Metaxa-Prinzip: 5* ist das Beste! | | | | |
| Faktoren | Fragen | 1 * | 2 * | 3 * | 4 * | 5 * |
| **1.** | **Erkennen der eigenen Emotionen** | | | | | |
| | Ich spüre meine Belastungsgrenze sehr deutlich. | | | | | |
| | Ich kann mich zügig entscheiden und stehe zu meinen Entscheidungen. | | | | | |
| | Ich bin psychosomatisch stabil. | | | | | |
| | Ich weiß genau, wann es mir gut oder schlecht geht. | | | | | |
| | | Zwischensumme | | | | |
| **2.** | **Emotionen intelligent handhaben** | | | | | |
| | Ich habe einen guten Schlaf. | | | | | |
| | Öffentlichen Auftritten gehe ich gelassen entgegen. | | | | | |
| | Eine Depression ist spätestens am nächsten Tag vorbei. | | | | | |
| | Ich könnte gut lügen, wenn ich wollte. | | | | | |
| | | Zwischensumme | | | | |
| **3.** | **Emotionen produktiv nutzen** | | | | | |
| | Disziplin über einen längeren Zeitraum fällt mir leicht. | | | | | |
| | Ich kann über Monate hinweg ein Ziel verfolgen. | | | | | |
| | Wenn ich etwas will, schaffe ich es immer. | | | | | |
| | Abnehmen, Fitneßtraining und Verzicht auf Alkohol oder Zigaretten fällt mir leicht. | | | | | |
| | | Zwischensumme | | | | |
| **4.** | **Empathie – die Gefühle anderer richtig deuten** | | | | | |
| | Oft kann ich anderen am Gesicht ablesen, daß etwas nicht stimmt. | | | | | |
| | Ich habe eine gute Nase für Lügen. | | | | | |
| | Ich spüre sofort, wenn Spannungen in der Luft liegen. | | | | | |
| | Im Kino erlebe ich die Gefühle des Hauptdarstellers oft mit. | | | | | |
| | | Zwischensumme | | | | |
| **5.** | **Umgang mit Beziehungen** | | | | | |
| | Ich bin beliebt bei meinen Kollegen. | | | | | |
| | Ich kann mir fast alle Infos im Unternehmen auf inoffiziellem Weg beschaffen. | | | | | |
| | Ich bin immer einer der ersten, der mitkriegt, was so läuft. | | | | | |
| | Kollegen ziehen mich bei Problemen häufig als Ratgeber hinzu. | | | | | |
| | | Zwischensumme | | | | |
| | | Summe = EQ | | | | |

# Delegieren

Viele Vorgesetzte meinen, mit der Aufgabe seien sie auch die Verantwortung los. Der Mitarbeiter wird es dann schon machen. Und wenn nicht, dann hat man ja jemanden, den man zur Verantwortung ziehen kann. Verantwortungsvolle Führungskräfte sind sich aber bewußt, daß sie die Führungsverantwortung für die Erledigung der Aufgabe nicht von sich abwälzen können. Sie übertragen „nur" Sachaufgaben und die entsprechende Handlungsverantwortung auf den Mitarbeiter.

Kopiervorlage

**Delegieren** — II. Laufendes Arbeitsverhältnis: Führung

| | So delegiere ich richtig | |
|---|---|---|
| 1 | Ich habe die Aufgabenbereiche der Mitarbeiter exakt voneinander abgrenzt, es gibt somit keine Doppelarbeiten oder Störungen. | ❏ |
| 2 | Ich habe den richtigen Mitarbeiter ausgewählt. | ❏ |
| 3 | Ich habe die Abteilung/Gruppe ausreichend über die Aufgaben und Kompetenzen der Mitarbeiter informiert. | ❏ |
| 4 | Ich habe dem Mitarbeiter die erforderlichen Kompetenzen übertragen. | ❏ |
| 5 | Ich habe dem Mitarbeiter genügend Informationen für seine Arbeit gegeben und ihn ausreichend eingearbeitet. | ❏ |
| 6 | Ich habe das Ziel der Aufgabe, die Eigenschaften des Produkts, eindeutig genug formuliert. | ❏ |
| 7 | Der Mitarbeiter kennt meine Interessen. Er weiß, warum mir die Aufgabe wichtig ist. | ❏ |
| 8 | Die organisatorischen Rahmenbedingungen, die ich vorgegeben habe, sind o.k.. | ❏ |
| 9 | Ich greife nicht in den Verantwortungsbereich des Mitarbeiters ein und entscheide nicht Dinge, die zum Aufgabengebiet des Mitarbeiters gehören. | ❏ |
| 10 | Ich komme meinen Kontrollpflichten (Stichprobenkontrolle) rechtzeitig nach. | ❏ |

**1**

Sinnvolles Delegieren erfordert, daß Sie die Sachaufgaben und die entsprechenden Kompetenzen der Mitarbeiter in Ihrem Verantwortungsbereich klar voneinander abgrenzen und transparent machen.

**2**

Wählen Sie den Mitarbeiter sorgfältig aus. Der Mitarbeiter muß aufgrund seines Wissens, Könnens und Wollens in der Lage sein, die Aufgabe zu erfüllen. Die richtige Frau oder der richtige Mann am richtigen Platz – das ist das Erfolgsrezept!

**3**

Achten Sie bei der Vergabe von Aufgaben und Kompetenzen darauf, daß Sie unbedingt alle Mitarbeiter in Ihrem Verantwortungsbereich darüber informieren. Legen Sie offen, wer welche Zuständigkeiten und Kompetenzen hat. Gefragt ist hier eine größtmögliche Transparenz. So vermeiden Sie Doppelarbeiten und beugen auch so manchem Konflikt vor.

Und vergessen Sie nicht: Informieren Sie auch Vorgesetzte und Mitarbeiter aus anderen Bereichen, wenn das für die Erledigung bestimmter Aufgaben wichtig ist.

**4**

Das A und O für die erfolgreiche Delegation von Aufgaben:

- Der Mitarbeiter ist mit den für die Aufgabenerledigung erforderlichen Kompetenzen ausgestattet,
- der Mitarbeiter trifft in gewissen Grenzen eigene Entscheidungen,
- bei richtiger Handlungsweise greifen Sie als Vorgesetzter nicht ein,
- Rückdelegation und Weiterdelegation sind ausgeschlossen,
- es sind Ausnahmeregelungen festgelegt, wann Sie als Vorgesetzter eingreifen (Fehler, außergewöhnliche Fälle).

**5**

Geben Sie die notwendigen Informationen für die Erledigung der Aufgabe möglichst vollständig und lassen Sie klärende Rückfragen zu!

**6**

Informieren Sie Ihren Mitarbeiter so früh wie möglich, damit er alle vorhandenen Informationen in seine Überlegungen einbeziehen kann.

**7**

Ein wesentlicher Erfolgsfaktor für die erfolgreiche Delegation ist, daß dem Mitarbeiter die Bedeutung der Aufgabe in ihrem Gesamtzusammenhang bewußt ist. Übertragen Sie die Aufgabe und informieren Sie ihn ausführlich über den Gesamtzusammenhang, in den die Aufgabe eingebettet ist, und erläutern Sie ihm die Bedeutung für Sie, Ihre Abteilung, das Unternehmen. Sie können dann zu 99,99 % davon ausgehen, daß die Sache auch klappt.

**8**

Bevor Sie eine Aufgabe delegieren, prüfen Sie, ob der Mitarbeiter aufgrund der organisatorischen Einbindung der Aufgabe und der zeitlichen Einbindung in der Lage ist, die Aufgabe auszuführen.

**9**

Vermeiden Sie es, als Vorgesetzter in den übertragenen Aufgabenbereich einzugreifen. Der Mitarbeiter hat die Verantwortung für die Erledigung und auch die entsprechenden Kompetenzen. Jeder „Übergriff" führt zu Verwirrung („Wer ist nun zuständig?") und zur Demotivation des Mitarbeiters, da er sich bevormundet und letztendlich nicht mehr für die Erfüllung der Aufgabe verantwortlich fühlt („Mein Chef wird es schon richten."; „Ich kann gar nichts dafür, wenn ... nicht klappt, mein Chef hat ja auch daran gearbeitet." etc.).

**10**

Denken Sie immer daran, daß Sie als Vorgesetzter zwar Aufgaben an Ihre Mitarbeiter delegieren können, Ihre Vorgesetztenfunktion aber nicht. Die Führungsverantwortung für Ihren Bereich tragen Sie; bauen Sie daher geeignete Kontrollmechanismen ein.

# Delegieren

| **So delegiere ich richtig** | |
|---|---|
| Ich habe die Aufgabenbereiche der Mitarbeiter exakt voneinander abgegrenzt, es gibt somit keine Doppelarbeiten oder Störungen. | ❑ |
| Ich habe den richtigen Mitarbeiter ausgewählt. | ❑ |
| Ich habe die Abteilung/Gruppe ausreichend über die Aufgaben und Kompetenzen der Mitarbeiter informiert. | ❑ |
| Ich habe dem Mitarbeiter die erforderlichen Kompetenzen übertragen. | ❑ |
| Ich habe dem Mitarbeiter genügend Informationen für seine Arbeit gegeben und ihn ausreichend eingearbeitet. | ❑ |
| Ich habe das Ziel der Aufgabe, die Eigenschaften des Produkts, eindeutig genug formuliert. | ❑ |
| Der Mitarbeiter kennt meine Interessen. Er weiß, warum mir die Aufgabe wichtig ist. | ❑ |
| Die organisatorischen Rahmenbedingungen, die ich vorgegeben habe, sind o.k.. | ❑ |
| Ich greife nicht in den Verantwortungsbereich des Mitarbeiters ein und entscheide nicht Dinge, die zum Aufgabengebiet des Mitarbeiters gehören. | ❑ |
| Ich komme meinen Kontrollpflichten (Stichprobenkontrolle) rechtzeitig nach. | ❑ |

## Jahresgespräche erfüllen eine wichtige Funktion

Dieses Formular ist so konzipiert, daß es in Papierform vorliegt und gleich während des Jahresgesprächs ausgefüllt wird. Auf diese Weise entfällt das oft sehr zeitraubende Erstellen von Jahresgesprächsprotokollen im Nachhinein. Diese Tätigkeit wird oft gern nach hinten geschoben und je mehr Zeit nach einem Gespräch verstrichen ist, umso aufwendiger ist das Verfassen des Protokolls.

Schreiben Sie daher keine Romane, sondern notieren Sie kurz und prägnant, was Sie mit Ihrem Mitarbeiter vereinbaren. So wird auch der Ablauf des Gesprächs nicht zu sehr gestört.

Dieses Formular können Sie dank der beigefügten Diskette auch schnell Ihren Wünschen anpassen und weitere Zeilen einfügen bzw. streichen.

**1**

Tragen Sie hier das Datum des Gesprächs, Ihren Namen und den Namen Ihres Mitarbeiters ein, sowie die jeweiligen Stellenbezeichnungen.

**2**

In dieser Rubrik halten Sie den Rückblick auf den vergangenen Zeitraum (i.d.R. 1 Jahr).

Folgende Punkte sollten in dieser Rubrik angesprochen werden:

- Die erreichten Ziele, die mit dem Mitarbeiter vereinbart waren.
- Die Ziele, die mit dem Mitarbeiter vereinbart waren, aber nicht erreicht wurden.
- Die Qualität der geleisteten Arbeit.
- Die Einhaltung der Termine bei der Aufgabenerledigung.
- Die Wirtschaftlichkeit, mit der die Arbeiten ausgeführt wurden.
- Die Zusammenarbeit mit Kollegen und Vorgesetzten.
- Die Kundenorientierung
- Das Engagement
- Weitere wichtige Kriterien (z. B. Kreativität, Innovationsvermögen,...)
- Das Steigerung der fachlichen Kenntnisse durch Weiterbildungsmaßnahmen, Erfahrungsaustausch, etc.
- Die Steigerung fachlichen Könnens durch Projektarbeiten, Job Rotation, Lernpartnerschaften, etc.
- Führungskompetenz (bei Führungskräften)

Achten Sie darauf, daß Sie keinen Monolog führen, sondern Ihren Mitarbeiter auch zu Wort kommen lassen. Stellen Sie ihm offene Fragen und lassen Sie ihn sprechen, hören Sie ihm dabei gut zu. Wenn im vergangenen Zeitraum Probleme aufgetreten sind und beispielsweise vereinbarte Ziele nicht erreicht wurden, versuchen Sie gemeinsam mit Ihrem Mitarbeiter, die Ursachen dafür herauszuarbeiten.

Sprechen Sie hier auch die gegenwärtige Stellenbeschreibung Ihres Mitarbeiters durch. Ist diese noch aktuell oder sind Änderungen erforderlich?

Sind aufgrund der Vergangenheit oder neuer Zielvereinbarungen Anpassungen vorzunehmen, so sollten Sie unbedingt gleich im Anschluß an das Gespräch die neue Stellenbeschreibung erstellen.

### Jahresgespräche

II. Laufendes Arbeitsverhältnis: Führung

| | | |
|---|---|---|
| **1** Dokumentation des Gespräches vom: | | |
| Zwischen: | und | |
| Stellenbezeichnung: | Stellenbezeichnung: | |
| **2** 1. Rückblick auf den Zeitraum von | bis | |
| **3** 2. Zukünftige Zielvereinbarungen für den Zeitraum von | | bis |
| **4** 3. Weiterentwicklung Mitarbeiter/in | | |
| Stellenbeschreibung geändert? | ❑ ja, neue Stellenbeschreibung liegt bei | ❑ nein |
| Gehalt alt: DM | letzte Erhöhung zum: | |
| Gehalt neu: DM | Erhöhung in %: | zum: |
| Abteilung: | Kostenstelle: | |
| Beförderung/Ernennung Mitarbeiter/in | | |
| Position bisher: | | |
| Position neu: | ab dem: | |
| Datum/Unterschrift: | | |
| Vorgesetzter | Mitarbeiter/in (z. Kt. genommen) | Personalabteilung |

Kopiervorlage

**3**

Halten Sie hier die neuen Ziele fest, die Sie mit dem Mitarbeiter für die Zukunft vereinbaren. Dazu gehören:

- arbeits- und personenbezogene Ziele
  a) Was soll erreicht werden?
  b) Bis wann soll das Ziel erreicht werden?
  c) Woran ist erkennbar, daß das Ziel erreicht ist?
- Weiterentwicklung
  Lernpartnerschaften
  Job Rotation
  Übernahme neuer Aufgaben
  Mitwirkung bei bestimmten Projekten
  Besuch von Weiterbildungsveranstaltungen
  Sonstige weitere Maßnahmen

**4**

Checken Sie das im Gespräch verfaßte Protokoll am Ende des Gesprächs zusammen mit Ihrem Mitarbeiter noch einmal durch. Ist alles richtig festgehalten, oder sind noch Ergänzungen notwendig? Anschließend unterzeichnen Sie es und lassen es auch von Ihrem Mitarbeiter unterschreiben. Geben Sie dieses Gesprächsprotokoll dann an die Personalabteilung weiter. Falls die Stellenbeschreibung des Mitarbeiters geändert werden mußte, legen Sie die neue Stellenbeschreibung am besten gleich dem Gesprächsprotokoll bei.

# Jahresgespräche

| Dokumentation des Gespräches vom: | |
|---|---|
| Zwischen: | und |
| Stellenbezeichnung: | Stellenbezeichnung: |

| 1. Rückblick auf den Zeitraum von | bis |
|---|---|
| | |
| | |
| | |
| | |
| | |
| | |
| | |
| | |
| | |
| | |
| | |
| | |

| 2. Zukünftige Zielvereinbarungen für den Zeitraum von | bis |
|---|---|
| | |
| | |
| | |
| | |
| | |
| | |
| | |
| | |
| | |
| | |
| | |
| | |

| 3. Weiterentwicklung Mitarbeiter/in | | |
|---|---|---|
| Stellenbeschreibung geändert? | ❑ ja, neue Stellenbeschreibung liegt bei | ❑ nein |
| Gehalt alt: DM | letzte Erhöhung zum: | |
| Gehalt neu: DM | Erhöhung in %: | zum: |
| Abteilung: | Kostenstelle: | |
| Beförderung/Ernennung Mitarbeiter/in | | |
| Position bisher: | | |
| Position neu: | ab dem: | |
| | | |
| | | |
| | | |

Datum/Unterschrift:

| Vorgesetzter | Mitarbeiter/in<br>(z. Kt. genommen) | Personalabteilung |
|---|---|---|

Zielvereinbarungen werden in Wirtschaft und Verwaltung immer mehr zum wichtigsten Führungsinstrument. Die Gründe für diese Entwicklung sind vielfältig. Zum einen erfordern die immer komplexer werdenden Aufgaben in Unternehmen Spezialisten. Spezialisten zeichnen sich jedoch dadurch aus, daß sie sich in ihrem Aufgabenbereich am besten auskennen und der Vorgesetzte ihnen den Weg zur Erfüllung ihrer Tätigkeit nicht autoritär vorschreiben kann. Zum anderen ist der Wunsch nach Selbständigkeit und Mitwirkung für Mitarbeiter zunehmend wichtiger geworden. Die Vereinbarung von Zielen wird dieser Entwicklung gerecht.

Zielvereinbarungen bieten Ihnen als Führungskraft sehr große Vorteile für Ihre Arbeit. Das Führen der Mitarbeiter durch Zielvereinbarungen ist wesentlich zeit-, energie- und kostensparender als das Führen durch die Koordination vieler Einzelaufgaben.

Der Erfolg eines Zielvereinbarungsgesprächs hängt wesentlich von der Vorbereitung ab. Benutzen Sie daher die folgende Checkliste, und Sie haben die wichtigsten Punkte bei der Organisation und bei der Durchführung Ihrer Zielvereinbarungsgespräche im Griff.

## Checkliste: So verbessere ich meine Zielvereinbarungsgespräche

**1**

Bereiten Sie sich gut vor. Formulieren Sie und Ihr Mitarbeiter die Ziele vor dem Gespräch. Lesen Sie das Protokoll vom vorherigen Zielvereinbarungsgespräch und besorgen Sie sich, wenn erforderlich, weitere Unterlagen.

Notieren Sie vorab die Stichpunkte, die Ihnen für das Zielvereinbarungsgespräch wichtig sind, beispielsweise: Über welche Daten und Fakten wird gesprochen? Welches Ergebnis möchte ich erreichen? Welche Probleme könnte der Mitarbeiter mit den zurückliegenden und zukünftigen Zielen haben? Überlegen Sie sich auch Ihre Gesprächsstrategie.

**2**

Grundsätzlich sollte der Einstieg immer mit dem Abgleich der Zielvereinbarung und deren Erfüllung beginnen, und zwar am besten mit der Anerkennung der Erfolge.

**3**

Besprechen Sie mit Ihrem Mitarbeiter ausführlich die Situation. Wurden alle Ziele erfüllt? Welche Ziele wurden nicht erfüllt? Welche hemmenden Faktoren haben die Zielerreichung verhindert? Die präzise Darstellung der Situation ist besonders wichtig, denn nach ihr richtet sich sowohl die Problemanalyse als auch die Entwicklung der Maßnahmen.

**4**

Grundsätzlich sollten Sie aus dieser Darstellung der Situation mit einer Frage aussteigen, zum Beispiel: „Woran lag es, daß Sie anstatt der vereinbarten 63 Stück nur 48 Stück erreicht haben? Welche Probleme haben sich ergeben? Welche Ziele stellen Sie sich aufgrund der veränderten Situation vor?"

Diese Fragen sind wichtig, denn Sie sollten als Führungskraft die Sicht des Mitarbeiters kennenlernen, damit Sie sich im folgenden mit Ihren Argumenten darauf beziehen können. Auch hier gilt die alte Regel: „Wer fragt, der führt!"

### I. Zielvereinbarungsgespräche

II. Laufendes Arbeitsverhältnis: Führung

| | So verbessern Sie Ihre Zielvereinbarungsgespräche | |
|---|---|---|
| 1 | Bereiten Sie sich gut auf das Gespräch vor (Ausgehend von den Ausgangszielen der Abteilung sollten Sie sich fragen: „Wie kann erreicht werden, daß...? Was kann ... dazu beitragen?"). | ❑ |
| 2 | Geben Sie Ihrem Mitarbeiter ausreichend Zeit, sich auf das Gespräch vorzubereiten. | ❑ |
| 3 | Geben Sie Ihrem Mitarbeiter vorbereitende Fragen an die Hand (Ausgehend von Ausgangszielen der Abteilung sollte sich Ihr Mitarbeiter fragen, „Wie kann ich dazu beitragen, daß...? Wie kann ich erreichen, daß...?"). | ❑ |
| 4 | Nennen Sie zum Einstieg des Gesprächs das Ziel. | ❑ |
| 5 | Beginnen Sie das Gespräch mit einem Rückblick auf den zurückliegenden Zeitraum. | ❑ |
| 6 | Starten Sie mit der Anerkennung der guten Leistungen. | ❑ |
| 7 | Stellen Sie die jeweilige Situation, die Sie besprechen, anhand von Daten und Fakten dar. | ❑ |
| | Steigen Sie mit einer Frage in die Analyse der Probleme bei der Zielerreichung ein. | ❑ |
| | Erfragen Sie alle möglichen Problemursachen. | ❑ |
| | Gehen Sie ausreichend in die Tiefe. | ❑ |
| | Vereinbaren Sie nicht zu viele Ziele. | ❑ |
| | Vereinbaren Sie herausfordernde Ziele individuell für jeden einzelnen Mitarbeiter. | ❑ |
| | Präzisieren Sie die Ziele hinsichtlich Qualität, Quantität und Zeit. | ❑ |

Kopiervorlage

**5**

Stellen Sie Fragen und hören Sie gut zu: Viele Probleme, die ein Mitarbeiter hat, klingen häufig nur zwischen den Zeilen durch. Als eine gute Führungskraft sollten Sie sich auch diesen Zwischentönen widmen, da deren Beseitigung oft ausschlaggebend für das Erreichen der Ziele ist.

**6**

Es gilt: Je besser die Problemanalyse, um so leichter werden Sie zu den erforderlichen Maßnahmen finden. Und je exakter Sie die Ursachen für Mißerfolge herausarbeiten, desto größer sind die Chancen, daß der Mitarbeiter in Zukunft noch erfolgreicher wird.

Besprechen Sie mit Ihrem Mitarbeiter das weitere Vorgehen. Lassen Sie den Mitarbeiter Vorschläge machen. Wenn Sie selbst die Vorschläge machen, geben viele Mitarbeiter ihr „Ja und Amen" dazu und beweisen Ihnen dann in der praktischen Arbeit, daß Sie mit Ihren Vorschlägen unrecht hatten.

Wie sehr Sie die Ziele präzisieren müssen, hängt aber auch von der Arbeitsreife oder – anders ausgedrückt – dem Entwicklungsstand Ihres Mitarbeiters ab.

Das Wichtigste: Vereinbaren Sie von beiden akzeptierte herausfordernde Ziele und halten Sie auch die vereinbarten Etappenziele schriftlich im Gesprächsprotokoll fest.

| So verbessern Sie Ihre Zielvereinbarungsgespräche | |
|---|---|
| Bereiten Sie sich gut auf das Gespräch vor (Ausgehend von den Ausgangszielen der Abteilung sollten Sie sich fragen: „Wie kann erreicht werden, daß...? Was kann ... dazu beitragen?“). | ❑ |
| Geben Sie Ihrem Mitarbeiter ausreichend Zeit, sich auf das Gespräch vorzubereiten. | ❑ |
| Geben Sie Ihrem Mitarbeiter vorbereitende Fragen an die Hand (Ausgehend von Ausgangszielen der Abteilung sollte sich Ihr Mitarbeiter fragen, „Wie kann ich dazu beitragen, daß...? Wie kann ich erreichen, daß...?“). | ❑ |
| Nennen Sie zum Einstieg des Gesprächs das Ziel. | ❑ |
| Beginnen Sie das Gespräch mit einem Rückblick auf den zurückliegenden Zeitraum. | ❑ |
| Starten Sie mit der Anerkennung der guten Leistungen. | ❑ |
| Stellen Sie die jeweilige Situation, die Sie besprechen, anhand von Daten und Fakten dar. | ❑ |
| Steigen Sie mit einer Frage in die Analyse der Probleme bei der Zielerreichung ein. | ❑ |
| Erfragen Sie alle möglichen Problemursachen. | ❑ |
| Gehen Sie ausreichend in die Tiefe. | ❑ |
| Vereinbaren Sie nicht zu viele Ziele. | ❑ |
| Vereinbaren Sie herausfordernde Ziele individuell für jeden einzelnen Mitarbeiter. | ❑ |
| Präzisieren Sie die Ziele hinsichtlich Qualität, Quantität und Zeit. | ❑ |

# Zielvereinbarungsgespräche

## II. Zielvereinbarungsgespräche

II. Laufendes Arbeitsverhältnis: Führung

| | Selbst-Test: Habe ich meinen Mitarbeitern nach dem 6-Stufen-Modell richtig Ziele gesetzt? | Ja | Nein |
|---|---|---|---|
| 1 | Haben Sie selbst Ihre Ziele definiert, und handeln Sie konsequent danach? | ❑ | ❑ |
| 2 | Kennen Ihre Mitarbeiter die Ziele für Ihr Unternehmen und Ihren Verantwortungsbereich? | ❑ | ❑ |
| 3 | Bereiten Sie Zielvereinbarungsgespräche gründlich vor? | ❑ | ❑ |
| | Achten Sie darauf, daß das Zielvereinbarungsgespräch in einer positiven Atmosphäre stattfindet? | ❑ | ❑ |
| | Starten Sie immer mit einer positiven Rückmeldung? | ❑ | ❑ |
| | Achten Sie darauf, daß jedes Ziel auch realistisch ist? | ❑ | ❑ |
| | Setzen Sie die Meßlatte lieber etwas zu hoch als zu niedrig? | ❑ | ❑ |
| | Prüfen Sie, durch welche konkreten Maßnahmen das Ziel erreicht werden kann? | ❑ | ❑ |
| 4 | Vereinbaren Sie nur Ziele, die der Mitarbeiter aus eigener Kraft erreichen kann? | ❑ | ❑ |
| 5 | Formulieren Sie die Ziele einfach und konkret? | ❑ | ❑ |
| 6 | Achten Sie darauf, daß die Ziele meßbar sind? | ❑ | ❑ |
| 7 | Machen Sie qualitative Ziele dadurch meßbar, daß Sie Kriterien vereinbaren, die erfüllt sein müssen, damit das Ziel als erreicht gilt? | ❑ | ❑ |
| | Einigen Sie sich immer auf einen Zeitpunkt, bis zu dem das Ziel erreicht werden soll? | ❑ | ❑ |
| | Ist das Ziel für Ihren Mitarbeiter so attraktiv, daß es ihm Spaß macht, es zu erreichen? | ❑ | ❑ |
| | Formulieren Sie Ziele immer in der Ich-Form? | ❑ | ❑ |
| 8 | Formulieren Sie Ziele immer positiv? | ❑ | ❑ |
| | Formulieren Sie Ziele in der Gegenwartsform? | ❑ | ❑ |
| | Prüfen Sie ausreichend, ob es Ziele gibt, die sich widersprechen (Ökologie-Check)? | ❑ | ❑ |
| 9 | Verbinden Sie jedes Ziel mit einer konkreten Nutzenbeschreibung für den Mitarbeiter? | ❑ | ❑ |

Kopiervorlage

Was für Ihre Mitarbeiter gilt, gilt auch für Sie: Gesteckte Ziele müssen konsequent und termingerecht erreicht werden. Das gilt insbesondere nach dem Zielvereinbarungsgespräch: Setzen Sie Verhaltensziele sofort nach dem Gespräch um, und verlangen Sie das auch von Ihrem Mitarbeiter. Es gibt – bis auf wenige Ausnahmen – keinen vernünftigen Grund, erst einige Zeit zu warten, um vereinbarte Maßnahmen umzusetzen.

**1**

Mit Informationen über die strategischen und operativen Ziele des Unternehmens, Ihres Bereichs, geben Sie Ihrem Mitarbeiter eine Orientierung über den Gesamtzusammenhang, in dem seine Ziele eingebettet sind.

**2**

Eine gründliche Vorbereitung des Zielvereinbarungsgesprächs durch Sie und Ihren Mitarbeiter ist das entscheidende Erfolgskriterium!

**3**

Der wichtigste Bestandteil eines erfolgreichen Zielvereinbarungsgesprächs besteht darin, Ziele mit dem Mitarbeiter zu vereinbaren, die ihm einen Ansporn geben. Das bedeutet, die Ziele müssen herausfordernd genug sein, daß der Mitarbeiter es als Herausforderung sieht, das Ziel erreichen zu wollen (sog. stretch-goals). Die Ziele müssen natürlich realistisch sein und aus eigener Kraft erreichbar sein. Zu hoch gesteckte Ziele demotivieren, weil dem Mitarbeiter schnell klar wird, daß er sie nicht erreichen wird. Die typische Reaktion ist dann häufig: „Warum soll ich mich denn anstrengen? Das hat ja sowieso keinen Sinn!“ Eine zu niedrig angelegte Meßlatte bewirkt dagegen, daß eine allgemeine Langeweile eintritt, der Mitarbeiter sich nicht gefordert fühlt, in Lethargie verfällt. „Bei diesem Vorgesetzten brauche ich mich gar nicht anzustrengen!“ Sieger-Typen leiden, wenn sie unterfordert werden.

**4**

Einfache Zielformulierungen wirken viel intensiver als komplizierte lange Sätze, die niemand behalten kann. Verzichten Sie daher auf eine gestelzte Sprache; sie motiviert niemanden, an der Umsetzung eines Ziels zu arbeiten.

**5**

Die Meßbarkeit von Zielvereinbarungen ist bei Leistungszielen meist kein Problem. Da geht es immer um eine Steigerung von 10 %, eine Optimierung um 2 % oder eine Senkung der Fehlerquote von 5 auf 2 %. Bei qualitativen Zielen wird es schon etwas schwieriger: Anträge schneller bearbeiten, mehr Zeit für Gespräche haben usw.. Qualitative Ziele machen Sie am besten meßbar, indem Sie Kriterien formulieren, die erfüllt sein müssen, damit die Ziele als erreicht gelten können.

**6**

Durch die Angabe der Kriterien werden die Ziele wesentlich konkreter und nachvollziehbarer. Ein Beispiel dazu:
Qualitative Ziele: Kriterien
Anträge schneller bearbeiten: Die Bearbeitungsdauer pro Antrag beträgt in Zukunft 10 Minuten.
Besser informieren: Jeden Montag eine Besprechung mit den Teamleitern durchführen.

**7**

Ziele motivieren nur, wenn auch der Zeitpunkt angegeben wird, bis zu dem sie erreicht werden sollen. Machen Sie auch beim Timing immer den Realismus-Check: Gehen Sie der Frage nach, ob der Zeitpunkt realistisch und geeignet ist. Zum Beispiel macht es keinen Sinn, die „offene Tür“ ab sofort einzuführen, wenn Sie in 2 Tagen in den Urlaub fahren. Warten Sie in diesem Fall, bis Sie wieder da sind. Bei der Senkung der Bearbeitungszeit bis zum 15.01. müssen Sie sich fragen, ob der Mitarbeiter bis dahin die nötigen organisatorischen Maßnahmen realistisch umsetzen kann.

**8**

Der Schlüssel zum Erfolg einer Zielvereinbarung liegt in der richtigen Formulierung.
3 Regeln für positive Zielformulierungen:
1. Formulieren Sie immer in der Ich-Form.
2. Formulieren Sie positiv.
3. Formulieren Sie in der Gegenwart, so als ob der gewünschte Zustand schon eingetreten wäre.

**9**

Nutzenorientierte Zielformulierungen fördern die Leistungsbereitschaft des Mitarbeiters, da das Erreichen von Zielen meistens mit einer gewissen Kraftanstrengung, mit Verzicht oder anderen Mühen verbunden ist.

Wenn Sie diese Checkliste durcharbeiten, sollten Sie jeden Punkt mit „Ja“ angekreuzt haben. Im anderen Fall sollten Sie das 6-Stufen-Modell, wie Sie Ziele vereinbaren und einfach erstrebenswert machen, durcharbeiten.
Stufe 1: Realismus-Check – Prüfen Sie, ob das Ziel realistisch ist
Stufe 2: Vereinbaren Sie nur Ziele, die aus eigener Kraft erreicht werden können
Stufe 3: Formulieren Sie die Ziele so einfach und konkret wie möglich
Stufe 4: Achten Sie darauf, daß die Ziele meßbar sind
Stufe 5: Vereinbaren Sie immer einen Zeitpunkt, bis zu dem das Ziel erreicht werden soll
Stufe 6: Formulieren Sie das Ziel so attraktiv, daß es Spaß macht, es zu erreichen

| Selbst-Test: Habe ich meinen Mitarbeitern nach dem 6-Stufen-Modell richtig Ziele gesetzt? | Ja | Nein |
|---|---|---|
| Haben Sie selbst Ihre Ziele definiert, und handeln Sie konsequent danach? | ❑ | ❑ |
| Kennen Ihre Mitarbeiter die Ziele für Ihr Unternehmen und Ihren Verantwortungsbereich? | ❑ | ❑ |
| Bereiten Sie Zielvereinbarungsgespräche gründlich vor? | ❑ | ❑ |
| Achten Sie darauf, daß das Zielvereinbarungsgespräch in einer positiven Atmosphäre stattfindet? | ❑ | ❑ |
| Starten Sie immer mit einer positiven Rückmeldung? | ❑ | ❑ |
| Achten Sie darauf, daß jedes Ziel auch realistisch ist? | ❑ | ❑ |
| Setzen Sie die Meßlatte lieber etwas zu hoch als zu niedrig? | ❑ | ❑ |
| Prüfen Sie, durch welche konkreten Maßnahmen das Ziel erreicht werden kann? | ❑ | ❑ |
| Vereinbaren Sie nur Ziele, die der Mitarbeiter aus eigener Kraft erreichen kann? | ❑ | ❑ |
| Formulieren Sie die Ziele einfach und konkret? | ❑ | ❑ |
| Achten Sie darauf, daß die Ziele meßbar sind? | ❑ | ❑ |
| Machen Sie qualitative Ziele dadurch meßbar, daß Sie Kriterien vereinbaren, die erfüllt sein müssen, damit das Ziel als erreicht gilt? | ❑ | ❑ |
| Einigen Sie sich immer auf einen Zeitpunkt, bis zu dem das Ziel erreicht werden soll? | ❑ | ❑ |
| Ist das Ziel für Ihren Mitarbeiter so attraktiv, daß es ihm Spaß macht, es zu erreichen? | ❑ | ❑ |
| Formulieren Sie Ziele immer in der Ich-Form? | ❑ | ❑ |
| Formulieren Sie Ziele immer positiv? | ❑ | ❑ |
| Formulieren Sie Ziele in der Gegenwartsform? | ❑ | ❑ |
| Prüfen Sie ausreichend, ob es Ziele gibt, die sich widersprechen (Ökologie-Check)? | ❑ | ❑ |
| Verbinden Sie jedes Ziel mit einer konkreten Nutzenbeschreibung für den Mitarbeiter? | ❑ | ❑ |

Mal wird eine Aufgabe nicht so erledigt, wie das vereinbart war, mal benimmt sich ein Mitarbeiter gegenüber einem Kunden etwas ungeschickt, oder der eigene Mitarbeiter fällt einem bei einer wichtigen Besprechung durch unbedachte Äußerungen in den Rücken.

Solche oder ähnliche Situationen gehören zum Führungsalltag. Hier ist sofortiges Handeln gefragt, das jährliche Mitarbeitergespräch reicht nicht aus, um sicherzustellen, daß das unerwünschte Verhalten nicht mehr auftritt und Sie die notwendige Konsequenz in Ihre Mitarbeiterführung bringen.

Damit Sie nicht das Gegenteil von dem bewirken, was Sie beabsichtigen, ist es wichtig, bestimmte Fehler zu vermeiden.

### Checkliste: Die häufigsten Fehler in Rückmeldegesprächen

**1**

Führen Sie Rückmeldegespräche am besten unter vier Augen, in ungestörter Atmosphäre und nicht zwischen Tür und Angel. Bereiten Sie sich auf das Gespräch vor, und notieren Sie mit kurzen Stichworten den Sachverhalt, der Anlaß des Rückmeldegesprächs ist.

**2**

Führen Sie das Gespräch zeitnah durch.

*Das Gedächtnis sagt: Das hast Du getan.*
*Der Stolz sagt: Das kann ich nicht getan haben.*
*Langsam gibt das Gedächtnis nach.*
*Friedrich Nietzsche*

**3**

Wenn Sie ein Vorfall sehr ärgert, schlafen Sie eine Nacht darüber und regen Sie sich ab, damit Sie ein sachliches Gespräch mit Ihrem Mitarbeiter führen können. Sehen Sie Ihre „Problem-Mitarbeiter" als Chance an, Ihr wirkliches Führungskönnen zu beweisen!

**4/5**

Steigen Sie langsam in das Gespräch ein und schildern Sie Ihre eigene Wahrnehmung und Wirkung des Verhaltens des Mitarbeiters auf Sie. Sagen Sie Ihrem Mitarbeiter direkt und offen, was seine Handlung bei Ihnen ausgelöst hat, welche Folgen sie hatte und was passiert, wenn das gleiche noch einmal vorkommt.

**6**

Geben Sie Ihrem Mitarbeiter auf jeden Fall die Gelegenheit, die Situation aus seiner Sicht darzustellen. Was hat er zu der Situation zu sagen? Hier sind aktives Zuhören und Nachfragen notwendig! Fassen Sie am Ende der Ausführungen des Mitarbeiters dessen Aussagen zusammen, und testen Sie damit, ob Sie alles richtig verstanden haben.

#### I. Rückmeldegespräche

II. Laufendes Arbeitsverhältnis: Führung

| | | |
|---|---|---|
| 1 | Geben Sie Rückmeldungen im vertraulichen Gespräch, nicht vor Kollegen oder sogar Kunden. | ❑ |
| 2 | Lassen Sie keinen zu langen Zeitraum zwischen dem Ereignis und dem Rückmeldegespräch verstreichen. | ❑ |
| 3 | Machen Sie nicht erst Ihrem Ärger Luft, bevor Sie sagen, worum es geht. | ❑ |
| 4 | Geben Sie eine präzise Rückmeldung und schildern Sie den Sachverhalt nicht vage und ungenau. | ❑ |
| 5 | Schildern Sie zunächst Ihre Beobachtung und werten Sie nicht vorschnell das Verhalten. | ❑ |
| 6 | Geben Sie Ihrem Mitarbeiter ausreichend Gelegenheit, seine Sicht der Dinge zu schildern. | ❑ |
| 7 | Äußern Sie nicht nur Negatives und zwingen Sie Ihren Mitarbeiter dadurch nicht, sich zu verteidigen, um nicht sein Gesicht zu verlieren. | ❑ |
| | Loben Sie im Rückmeldegespräch Ihren Mitarbeiter nicht nur beiläufig und unbegründet. | ❑ |
| | Geben Sie fundierte Anerkennung bei guten Leistungen und verlieren Sie sich nicht in Allgemeinplätzen. | ❑ |
| | Verknüpfen Sie nicht die anerkennenden Worte mit der Übertragung weiterer Aufgaben. | ❑ |
| | Führen Sie Ihre Rückmeldung nicht wie ein Verhör und treiben Sie Ihren Mitarbeiter damit nicht in die Enge. | ❑ |
| | Treffen Sie im Rückmeldegespräch verbindliche Vereinbarungen, die Sie hinterher konsequent weiterverfolgen. | ❑ |

Kopiervorlage

**7**

Loben Sie gute Leistungen Ihres Mitarbeiters ausdrücklich. Viele Vorgesetzte sind der Ansicht, wenn ich nichts sage, ist das Anerkennung genug. Dem ist nicht so, der Mitarbeiter ist zunehmend verunsichert, da er nicht weiß, ob sein Vorgesetzter der Ansicht ist, daß er seine Arbeit richtig macht. Sagen Sie nicht pauschal: „Das haben Sie toll gemacht!", sondern differenzieren Sie und heben Sie die Aspekte heraus, die ihm besonders gut gelungen sind. Auf diese Art und Weise sieht Ihr Mitarbeiter, daß Sie sich mit der Sache auseinandergesetzt haben.

*Die gute Tat, die ungepriesen blieb, würgt tausend andere, die sie zeugen könnte.*
*William Shakespeare*

Durch Lob und Anerkennung fördern Sie die Motivation und die Identifikation Ihrer Mitarbeiter mit ihrer Tätigkeit und dem Unternehmen ungemein.

# I. Rückmeldegespräche



| | |
|---|---|
| Geben Sie Rückmeldungen im vertraulichen Gespräch, nicht vor Kollegen oder sogar Kunden. | ❑ |
| Lassen Sie keinen zu langen Zeitraum zwischen dem Ereignis und dem Rückmeldegespräch verstreichen. | ❑ |
| Machen Sie nicht erst Ihrem Ärger Luft, bevor Sie sagen, worum es geht. | ❑ |
| Geben Sie eine präzise Rückmeldung, und schildern Sie den Sachverhalt nicht vage und ungenau. | ❑ |
| Schildern Sie zunächst Ihre Beobachtung und werten Sie nicht vorschnell das Verhalten. | ❑ |
| Geben Sie Ihrem Mitarbeiter ausreichend Gelegenheit, seine Sicht der Dinge zu schildern. | ❑ |
| Äußern Sie nicht nur Negatives und zwingen Sie Ihren Mitarbeiter dadurch nicht, sich zu verteidigen, um nicht sein Gesicht zu verlieren. | ❑ |
| Loben Sie im Rückmeldegespräch Ihren Mitarbeiter nicht nur beiläufig und unbegründet. | ❑ |
| Geben Sie fundierte Anerkennung bei guten Leistungen und verlieren Sie sich nicht in Allgemeinplätzen. | ❑ |
| Verknüpfen Sie nicht die anerkennenden Worte mit der Übertragung weiterer Aufgaben | ❑ |
| Führen Sie Ihre Rückmeldung nicht wie ein Verhör und treiben Ihren Mitarbeiter damit nicht in die Enge. | ❑ |
| Treffen Sie im Rückmeldegespräch verbindliche Vereinbarungen, die Sie hinterher konsequent weiterverfolgen. | ❑ |

Viele Führungskräfte haben Angst vor der Konfrontation des Mitarbeiters mit ihren Beobachtungen und vor seinen möglichen emotionalen Reaktionen. Und wer will schon gern erleben, daß ein Mitarbeiter entrüstet leugnet, zu schimpfen anfängt oder im anderen Extrem erschüttert in sich zusammensackt?

Und deshalb meiden die einen ganz das Gespräch oder ergehen sich in vagen Andeutungen, während andere den Frontalangriff wagen und den Mitarbeiter erst einmal „niederbügeln", um ihn dann langsam wieder aufzurichten – beide Strategien führen jedoch meist nicht zum gewünschten Ziel. Beachten Sie deshalb die nachfolgend aufgeführten Punkte für ein erfolgreiches Rückmeldegespräch:

### Checkliste: Das sollten Sie bei Rückmeldegesprächen unbedingt beachten

**1**

Verschaffen Sie sich ausreichend Zeit für Ihr Gespräch, und organisieren Sie einen ruhigen Raum mit einer möglichst positiven Atmosphäre.

**2/3**

Nach einer freundlichen Begrüßung erläutern Sie den Sinn und Zweck des Gesprächs.

**4/5**

Optimieren Sie den Einstieg in das Gespräch durch eine positive Einschätzung bestimmter Leistungen Ihres Mitarbeiters. Zeigen Sie Ihrem Mitarbeiter auf diese Weise, daß Sie ihm wohlgesonnen sind und ihm mit Ihrer Rückmeldung bei seiner persönlichen Entwicklung weiterhelfen wollen.

**6**

Es geht darum, daß der Mitarbeiter möglichst selbst erkennt, wo seine Defizite liegen. Führen Sie ihn durch gezieltes Fragen zu eigenen Erkenntnissen. Geben Sie keine Ratschläge. Bedenken Sie, jeder Ratschlag ist ein Schlag und nimmt dem Mitarbeiter die Möglichkeit, aufgrund eigener Erfahrung dazu zu lernen.

**7**

Je präziser Sie die Situation/das Defizit mit Ihrem Mitarbeiter zusammen aufarbeiten, um so exakter treffen Sie das eigentliche Problem, und um so eher finden Sie eine akzeptable Lösung des Problems.

**8**

Geben Sie Rückmeldungen auf der Basis der Feedback-Regeln (positiv-konstruktiv formulieren; nur Beobachtungen spiegeln, keine Bewertungen).

**9**

Achten Sie darauf, daß am Ende des Gesprächs immer klar ist, wie die nächsten Schritte im Hinblick auf das sichtbar gewordene Defizit konkret aussehen und was zu tun ist, wenn wieder eine vergleichbare Situation auftritt.

## II. Rückmeldegespräche

II. Laufendes Arbeitsverhältnis: Führung

| | | |
|---|---|---|
| 1 | Günstige Rahmenbedingungen herstellen: | ❑ |
| | – sich Zeit nehmen (Beispiel: 2 Stunden) | ❑ |
| | – geplant vorgehen (Vorbereitung und Terminierung) | ❑ |
| | – eventuelle Störungen ausschalten (Telefon umleiten) | ❑ |
| | – positives Klima signalisieren (Beispiel: Getränke etc.) | ❑ |
| 2 | Freundliche Begrüßung. | ❑ |
| 3 | Sinn und Zweck des Gesprächs nochmals herausstellen. | ❑ |
| 4 | Mit positiven Einschätzungen beginnen. | ❑ |
| 5 | Frühes positives Fazit ziehen, um zu signalisieren, daß man den anderen nicht demontieren will. | ❑ |
| 6 | Mehrere Defizite nach Möglichkeit in einen Zusammenhang bringen, und den Gesprächsfokus auf diesen Zusammenhang richten. Hiermit vermitteln Sie, daß es nur um ein Thema geht und nicht um eine Fülle von Defiziten. | ❑ |
| 7 | Verbildlichen des Zusammenhangs durch eine Grafik. Bilder bleiben besser haften als viele Worte. | ❑ |
| 8 | Defizite nicht zu kraß formulieren (Beispiel: „Entwicklungsreserve; noch etwas zu stark dazu neigen . . .") | ❑ |
| 9 | Die Defizite als generell schwierige Aufgabe für Führungskräfte beschreiben, um Verständnis zu signalisieren und deutlich zu machen, daß es sich nicht nur für den Betroffenen um eine schwierige Aufgabe handelt. | ❑ |

Kopiervorlage

# II. Rückmeldegespräche



| | |
|---|---|
| Günstige Rahmenbedingungen herstellen: | ❑ |
| – sich Zeit nehmen (Beispiel: 2 Stunden) | ❑ |
| – geplant vorgehen (Vorbereitung und Terminierung) | ❑ |
| – eventuelle Störungen ausschalten (Telefon umleiten) | ❑ |
| – positives Klima signalisieren (Beispiel: Getränke etc.) | ❑ |
| Freundliche Begrüßung. | ❑ |
| Sinn und Zweck des Gesprächs nochmals herausstellen. | ❑ |
| Mit positiven Einschätzungen beginnen. | ❑ |
| Frühes positives Fazit ziehen, um zu signalisieren, daß man den anderen nicht demontieren will. | ❑ |
| Mehrere Defizite nach Möglichkeit in einen Zusammenhang bringen, und den Gesprächsfokus auf diesen Zusammenhang richten. Hiermit vermitteln Sie, daß es nur um ein Thema geht und nicht um eine Fülle von Defiziten. | ❑ |
| Verbildlichen des Zusammenhangs durch eine Grafik. Bilder bleiben besser haften als viele Worte. | ❑ |
| Defizite nicht zu kraß formulieren (Beispiel: „Entwicklungsreserve; noch etwas zu stark dazu neigen . . .") | ❑ |
| Die Defizite als generell schwierige Aufgabe für Führungskräfte beschreiben, um Verständnis zu signalisieren und deutlich zu machen, daß es sich nicht nur für den Betroffenen um eine schwierige Aufgabe handelt. | ❑ |

Wer sagt einem Mitmenschen schon gern, daß er einen Fehler gemacht hat? Negative Dinge bei einem anderen anzusprechen, ist in unserem Arbeitsalltag, und nicht nur dort, immer spannungsgeladen. Der Kritisierte fühlt sich oft gekränkt – vor allem dann, wenn er sich Mühe gegeben hat – oder erwischt und bloßgestellt, wenn er nachlässig und ohne großes Engagement gearbeitet hat.

Ihr Führungserfolg hängt davon ab, wie Sie Ihre Mitarbeiter auf Kurs halten, Fehler schnell erkennen und mit den Mitarbeitern aktiv an der Fehlerbeseitigung arbeiten.

Niemand ist perfekt. Wir machen alle von Zeit zu Zeit Fehler. Deshalb sind Kritikgespräche ein wichtiges Führungsinstrument für eine erfolgreiche Führungskraft. Nehmen Sie sich jetzt etwas Zeit und füllen Sie den nachfolgenden Test aus. Je ehrlicher Sie dabei zu sich selbst sind, desto größer wird Ihr Nutzen sein.

## Selbsttest: Welcher Kritiker-Typ sind Sie?

**1**

Der erste und wichtigste Schritt, wie Sie Ihre Konfliktbereitschaft steigern können, besteht darin, Ihre Gedanken umzupolen. Die meisten Menschen nämlich verbinden Kritik immer mit etwas Negativem. „Vorsicht, der will mir etwas!“ ist häufig die erste Reaktion, wenn jemand mit Kritik konfrontiert wird. Denken Sie auch so? Dann werfen Sie diese Vorstellung über Bord – auch wenn es zunächst schwerfällt.

Wesentlich weiter bringt Sie ein anderer Gedankenansatz: „Wenn mich jemand kritisiert, will er mir helfen, mehr Erfolg zu haben, eine bessere Leistung zu bringen oder ganz einfach, daß es mir besser geht.“

Bereiten Sie sich einmal mit dieser Einstellung auf Ihre Kritikgespräche vor. Sie werden ein wahres Wunder erleben. Sagen Sie sich immer wieder: „Wenn ich meine Mitmenschen darauf aufmerksam mache, was meiner Meinung nach nicht gut ist oder gut läuft, helfe ich ihnen, besser zu werden. Ich gebe ihnen eine Chance, die sie sonst nicht hätten.“

**2**

Was nützt es Ihnen, wenn Sie in die Luft gehen und denjenigen niedermachen, der für den Fehler verantwortlich ist? Außer einem großen Scherbenhaufen bleibt meistens wenig zurück.

Wenn Sie dazu neigen, aufbrausend zu reagieren, sollten Sie es sich zur Regel machen, zunächst Abstand zu suchen. Die Militärs kennen den Grundsatz: „Eine Nacht darüber schlafen.“

**3**

Verloren gegangenes Vertrauen ist nur schwer zurückzugewinnen. Gehen Sie vorsichtig um mit Versprechungen und Androhungen. Bedenken Sie: Mitarbeiter respektieren eine harte Entscheidung und ein offenes, ehrliches Wort eher, als ein ständiges Ausweichen und ein „Sich Drücken“ vor der Verantwortung.

**4**

Übung macht den Meister – scheuen Sie sich nicht zu sagen, wenn Ihnen etwas nicht paßt: So gesehen, wird jedes Gespräch zu einer Herausforderung an die eigene Person: Jeder Erfolg zu einer Bestätigung des richtigen Weges, jeder ungute Gesprächsausgang zu einer Chance, etwas über sich und sein Gesprächsverhalten zu lernen.

### Kritikgespräche

II. Laufendes Arbeitsverhältnis: Führung

| | Nein | teils/teils | Ja |
|---|---|---|---|
| | 1 | 2 | 3 |
| **1** 1. Mir fällt es schwer, Kritik offen auszusprechen. | ❑ | ❑ | ❑ |
| 2. Meine Mitarbeiter scheuen sich, mich auf Fehler aufmerksam zu machen. | ❑ | ❑ | ❑ |
| 3. Vor einem Kritikgespräch habe ich immer feuchte Hände oder andere körperliche Anzeichen von Nervosität. | ❑ | ❑ | ❑ |
| 4. Ich schiebe Kritikgespräche gern hinaus, manchmal erübrigen sie sich dann. | ❑ | ❑ | ❑ |
| **2** 5. In meinen Kritikgesprächen kommt es oft zu Streitigkeiten. | ❑ | ❑ | ❑ |
| 6. Meine Mitarbeiter kennen meine aufbrausende Art. | ❑ | ❑ | ❑ |
| **3** 7. Das Verhalten meiner Mitarbeiter ändert sich nach den Kritikgesprächen kaum. | ❑ | ❑ | ❑ |
| **4** 8. Wenn in einer Gaststätte das Essen nicht gut ist, spreche ich das nicht offen an, weil das doch nur Ärger gibt. | ❑ | ❑ | ❑ |
| 9. Ich brause sehr leicht auf, wenn etwas nicht so läuft, wie ich es will. | ❑ | ❑ | ❑ |
| **5** 10. Wenn ein Mitarbeiter im Gespräch laut wird, weiche ich lieber etwas ab von meiner Meinung, damit der Streit nicht eskaliert. | ❑ | ❑ | ❑ |
| 11. Ich bin es gewohnt, mich durchzusetzen, koste es, was es wolle. | ❑ | ❑ | ❑ |
| Summe | | | |
| **Gesamtsumme** | | | |

Kopiervorlage

**5**

Sie brauchen sich nicht anschreien zu lassen – bleiben Sie ruhig und stoßen Sie Ich-Meldungen aus, sagen Sie Ihrem Gesprächspartner, was Ihnen nicht paßt: Scheuen Sie nicht davor zurück, die Wirkung des Verhaltens des Mitarbeiters auf Ihre Person zu beschreiben. Dadurch sprechen Sie den Mitarbeiter auf der emotionalen Ebene an. Wenn Sie sich geärgert haben, sagen Sie: „Das hat mich verärgert.“ Wenn Sie sich gestört, enttäuscht oder gar verletzt fühlen, sagen Sie das in der gleichen Deutlichkeit.

## So werten Sie den Test aus:

11 bis 18 Punkte: Gratulation! Ihnen fällt es nicht schwer, Kritik auszusprechen. Und in der Regel verändern Ihre Mitarbeiter auch ihr Verhalten.

18 bis 33 Punkte: Machen Sie bitte noch eine differenziertere Analyse. Wenn Sie die Fragen 1, 3, 4, 8 und 10 eher mit „Ja“ als mit „Nein“ beantwortet haben (mehr als 10 Punkte), sollten Sie etwas an Ihrer Konfliktbereitschaft tun. Sie brauchen sich wahrscheinlich keine Gedanken darüber zu machen, daß Sie Ihre Mitarbeiter zuviel kritisieren oder sie durch falsche Worte verletzen, denn Sie sind ein sensibler und feinfühliger Mensch. Trotzdem, denken Sie immer daran, Kritik zu vermeiden, ist letztlich ein Zeichen von Führungsschwäche.

Haben Sie die Fragen 2, 5, 6, 9 und 11 eher mit „Ja“ beantwortet (mehr als 10 Punkte), müssen Sie an Ihrem Dominanz-Verhalten arbeiten. Sie sprechen kritische Dinge sofort und ohne Umschweife an. Das ist gut und wichtig. Denken Sie aber daran, daß es effizienter ist, wenn Sie nicht immer mit dem Kopf durch die Wand gehen, und vermeiden Sie es, die Mitarbeiter durch zu große Härte zu verletzen.

# Kritikgespräche



| | Nein | teils/teils | Ja |
|---|---|---|---|
| | 1 | 2 | 3 |
| 1. Mir fällt es schwer, Kritik offen auszusprechen. | ❑ | ❑ | ❑ |
| 2. Meine Mitarbeiter scheuen sich, mich auf Fehler aufmerksam zu machen. | ❑ | ❑ | ❑ |
| 3. Vor einem Kritikgespräch habe ich immer feuchte Hände oder andere körperliche Anzeichen von Nervosität. | ❑ | ❑ | ❑ |
| 4. Ich schiebe Kritikgespräche gern hinaus, manchmal erübrigen sie sich dann. | ❑ | ❑ | ❑ |
| 5. In meinen Kritikgesprächen kommt es oft zu Streitigkeiten. | ❑ | ❑ | ❑ |
| 6. Meine Mitarbeiter kennen meine aufbrausende Art. | ❑ | ❑ | ❑ |
| 7. Das Verhalten meiner Mitarbeiter ändert sich nach den Kritikgesprächen kaum. | ❑ | ❑ | ❑ |
| 8. Wenn in einer Gaststätte das Essen nicht gut ist, spreche ich das nicht offen an, weil das doch nur Ärger gibt. | ❑ | ❑ | ❑ |
| 9. Ich brause sehr leicht auf, wenn etwas nicht so läuft, wie ich es will. | ❑ | ❑ | ❑ |
| 10. Wenn ein Mitarbeiter im Gespräch laut wird, weiche ich lieber etwas ab von meiner Meinung, damit der Streit nicht eskaliert. | ❑ | ❑ | ❑ |
| 11. Ich bin es gewohnt, mich durchzusetzen, koste es, was es wolle. | ❑ | ❑ | ❑ |
| Summe | | | |
| **Gesamtsumme** | | | |

Beurteilungsgespräche zu führen, ist nicht ganz einfach. Sie können von Ihrem Mitarbeiter leicht als „Verurteilungsgespräch“ empfunden werden. Ein richtig geführtes Beurteilungsgespräch kann jedoch die Zusammenarbeit erheblich verbessern, da bestehende Beurteilungen gemeinsam besprochen, überdacht und falls erforderlich, korrigiert werden können.

**1**

Es ist daher sehr wichtig, daß Sie sich intensiv darauf vorbereiten und so Beurteilungsfehler vermeiden.

Quellen möglicher Beurteilungsfehler:

- Sympathie/Antipathie

**2**

- Halo-Effekt (auch Überstrahlungseffekt genannt) Der Beurteiler läßt sich von einem positiven oder negativen Merkmal des zu beurteilenden Mitarbeiters besonders beeindrucken. Ein einzelnes Kriterium bestimmt somit die Gesamtbewertung.
  - Die Wirkung des ersten Eindrucks. So können Sie sich als Vorgesetzter gleich zu Beginn des Arbeitsverhältnisses ein sehr positives Urteil bilden.
  - Die Wirkung des letzten Eindrucks. Ein negatives Vorkommnis aus der jüngsten Vergangenheit „überstrahlt“ sozusagen Ihr Gesamturteil.
  - Sympathie oder Antipathie aufgrund von gemeinsamen oder gegensätzlichen Weltanschauungen, o. a.

**3**

- Vorurteile aufgrund von Aussehen, Kleidung, Herkunft, Äußerungen Dritter
- Zeitmangel bei der Vorbereitung/Durchführung des Beurteilungsgesprächs
- Falsche Bewertung von beobachteten Begebenheiten
- Falsche/ungeeignete Beurteilungskriterien
- Die eigene Verfassung

Arbeiten Sie die Checkliste vor der Durchführung eines Beurteilungsgesprächs durch, dann kann es vorkommen, daß manches scheinbar klare Bild über den Mitarbeiter verschwimmt.

Und denken Sie immer daran:

Im Beurteilungsgespräch sind die Leistungen, Fähigkeiten und das Verhalten des Mitarbeiters im Arbeitsleben zu beurteilen, nicht der Mitarbeiter als Person.

**4**

Ziehen Sie auf jeden Fall Ihre eigenen Beobachtungen zur Beurteilung heran.

## Beurteilungen

II. Laufendes Arbeitsverhältnis: Führung

| | | Ja | Nein |
|---|---|---|---|
| 1 | Stehen Sie in ständigem Kontakt mit Ihrem Mitarbeiter ? | ❑ | ❑ |
| | Kennen Sie die gegenwärtigen Anforderungen des Arbeitsplatzes? | ❑ | ❑ |
| | Haben Sie eine Vorstellung von den zukünftigen Anforderungen des Arbeitsplatzes? | ❑ | ❑ |
| | Kennen Sie die persönliche Lage des Mitarbeiters? | ❑ | ❑ |
| 2 | Kennen Sie das Leistungsvermögen, die Fähigkeiten und die Leistungen des Mitarbeiters und vergleichbarer Mitarbeiter? | ❑ | ❑ |
| | Sind Sie sich im klaren darüber, welche grundsätzliche Meinung Sie von Ihrem Mitarbeiter haben? | ❑ | ❑ |
| 3 | Sind Sie sich der Kriterien bewußt, die Ihr Urteil über Ihren Mitarbeiter bestimmen? | ❑ | ❑ |
| 4 | Ziehen Sie auch eigene Beobachtungen heran, so daß Ihr Urteil nicht nur auf Hörensagen beruht? | ❑ | ❑ |
| | Können Sie Ihr Urteil durch konkrete Vorkommnisse belegen? | ❑ | ❑ |
| | Wissen Sie, welche Gegenbeispiele Ihr Mitarbeiter voraussichtlich anführen wird? | ❑ | ❑ |
| | Halten Sie Ihre Gesprächsziele vor der Durchführung eines Beurteilungsgesprächs schriftlich fest? | ❑ | ❑ |

Kopiervorlage

# Beurteilungen

| | Ja | Nein |
|---|---|---|
| Stehen Sie in ständigem Kontakt mit Ihrem Mitarbeiter ? | ❑ | ❑ |
| Kennen Sie die gegenwärtigen Anforderungen des Arbeitsplatzes? | ❑ | ❑ |
| Haben Sie eine Vorstellung von den zukünftigen Anforderungen des Arbeitsplatzes? | ❑ | ❑ |
| Kennen Sie die persönliche Lage des Mitarbeiters? | ❑ | ❑ |
| Kennen Sie das Leistungsvermögen, die Fähigkeiten und die Leistungen des Mitarbeiters und vergleichbarer Mitarbeiter? | ❑ | ❑ |
| Sind Sie sich im klaren darüber, welche grundsätzliche Meinung Sie von Ihrem Mitarbeiter haben? | ❑ | ❑ |
| Sind Sie sich der Kriterien bewußt, die Ihr Urteil über Ihren Mitarbeiter bestimmen? | ❑ | ❑ |
| Ziehen Sie auch eigene Beobachtungen heran, so daß Ihr Urteil nicht nur auf Hörensagen beruht? | ❑ | ❑ |
| Können Sie Ihr Urteil durch konkrete Vorkommnisse belegen? | ❑ | ❑ |
| Wissen Sie, welche Gegenbeispiele Ihr Mitarbeiter voraussichtlich anführen wird? | ❑ | ❑ |
| Halten Sie Ihre Gesprächsziele vor der Durchführung eines Beurteilungsgesprächs schriftlich fest? | ❑ | ❑ |

Mit einer Abmahnung machen Sie Ihrem Mitarbeiter deutlich, daß Sie ein bestimmtes Verhalten mißbilligen, und Sie drohen ihm zugleich rechtliche Folgen für die Zukunft an für den Fall, daß er sein Verhalten nicht ändert.

Eine Abmahnung hat folgende Funktionen:

- Hinweisfunktion (Sie weisen Ihren Mitarbeiter darauf hin, daß Sie ein bestimmtes Verhalten als Verletzung arbeitsvertraglicher Pflichten ansehen.)
- Androhungsfunktion (Sie drohen Ihrem Mitarbeiter die Kündigung an, für den Fall, daß er sein Verhalten nicht ändert.)
- Dokumentationsfunktion (Sie dokumentieren die Verfehlung Ihres Mitarbeiters.)

**1**

Grundsätzlich gibt es bei Abmahnungen keine sogenannte Regelausschlußfrist, innerhalb der sie von Ihnen ausgesprochen werden muß.

Trotzdem sollten Sie sich bei Abmahnungen nicht zu viel Zeit lassen. Machen Sie es sich also zu Ihrem Prinzip, Abmahnungen in einem engen zeitlichen Zusammenhang mit der zu beanstandenden Pflichtwidrigkeit auszusprechen. Bedenken Sie auch, daß die Wirkungen einer Abmahnung schwächer werden, je länger Sie als Arbeitgeber mit dem Ausspruch der Abmahnung warten.

Ihr Recht, eine Abmahnung auszusprechen, kann sogar durch Zeitablauf verwirken.

**2**

In nachfolgend aufgeführten Fällen können Sie eine Abmahnung aussprechen:

- Arbeitsverweigerung
- häufige Unpünktlichkeit
- Bummelei während der Arbeitszeit
- Verletzung der Anzeigepflicht bei Arbeitsunfähigkeit
- verspätete Vorlage von Arbeitsunfähigkeitsbescheinigungen
- Weigerung der Beachtung von Arbeitsschutzvorschriften
- unzulässige Nebentätigkeiten
- unerlaubte private Telefongespräche
- Nebentätigkeiten in einer Periode der Arbeitsunfähigkeit
- eigenmächtiger Urlaubsantritt
- wiederholtes Überziehen der Pausenzeiten
- Verstöße gegen den Datenschutz
- Verstöße gegen ein betriebliches Rauch- oder Alkoholverbot
- Verletzungen der Geheimhaltungspflicht
- Beleidigungen von Kollegen oder Vorgesetzten
- Fehl- oder unzureichende Arbeitsleistungen
- Verweigerung einer gesetzlich vorgeschriebenen ärztlichen Untersuchung
- Weigerung, gesetzlich erlaubte und zumutbare Über- bzw. Mehrarbeit zu leisten
- Beteiligung an einem rechtswidrigen Arbeitskampf
- Teilnahme an Demonstrationen während der Arbeitszeit
- Behinderung und Nötigung von Vorgesetzten
- häufiges Zuspätkommen

## Abmahnung (1/2)

II. Laufendes Arbeitsverhältnis: Recht/Organisation

Herrn
Reiner Mustermann
Bahnhofstraße 12

12345 Musterstadt

**1** Musterstadt, den 02.05...

**2** **Abmahnung wegen wiederholtem Zuspätkommen**

Sehr geehrter Herr Mustermann,

**3** obwohl wir Sie mit Schreiben vom 24.04. .. wegen Ihres Zuspätkommens ermahnt hatten, sind Sie auch an den folgenden Tagen statt um 9.00 Uhr wieder zu spät an Ihrem Arbeitsplatz erschienen, und zwar

am 28.04. .. erst um 09.45 Uhr,
am 29.04. .. erst um 10.15 Uhr,
am 30.04. .. erst um 10.00 Uhr.

Beweis: Ihre Stempelkarte (Kopie ist beigefügt)

**4** Eine Entschuldigung für Ihr verspätetes Erscheinen konnten Sie in unserem Gespräch vom heutigen Tag nicht angeben. Im Interesse eines ordnungsgemäßen Betriebsablaufs sind wir auf die Pünktlichkeit aller Mitarbeiter angewiesen. Wir müssen das von Ihnen gezeigte Verhalten daher ausdrücklich beanstanden und Sie auffordern, in Zukunft ausnahmslos pünktlich an Ihrem Arbeitsplatz zu erscheinen.

Sollten Sie künftig wieder verspätet am Arbeitsplatz erscheinen oder in gleichartiger Weise gegen Ihre Verpflichtungen aus Ihrem Arbeitsvertrag verstoßen, müssen Sie mit der Kündigung Ihres Arbeitsverhältnisses rechnen.

Bitte bestätigen Sie auf der Durchschrift dieses Schreibens, daß Sie die Abmahnung gelesen und verstanden haben, und daß die erhobenen Vorwürfe zutreffen.

Unterschrift des Arbeitgebers/Fachvorgesetzten

Kopiervorlage

**3**

Das beanstandete Verhalten Ihres Mitarbeiters müssen Sie präzise bezeichnen. Zwingend erforderlich sind dabei die Angaben über:

- Datum, Uhrzeit, Ort,
- das beanstandete Verhalten des Mitarbeiters,
- gegebenenfalls beteiligte Personen
- mögliche Zeugen, sonstige Beweismittel.

**TIP:** Mahnen Sie jedes Fehlverhalten einzeln ab!

Wollen Sie Ihren Mitarbeiter wegen verschiedener Fehlverhalten rügen, z. B. wegen Arbeitsverweigerung und verspäteter Anzeige einer Erkrankung, sollten Sie keinesfalls eine Sammelabmahnung verfassen. Verfassen Sie besser für jede einzelne Pflichtwidrigkeit eine gesonderte Abmahnung. Das erscheint zwar umständlich, ist letztendlich aber die effektivere bessere Vorgehensweise. Sollte ein Vorwurf in Ihrer Sammelabmahnung nämlich unberechtigt sein, hat das zur Folge, daß die ganze Sammelabmahnung unwirksam ist.

**4**

Achten Sie darauf, daß die Abmahnung das beanstandete Verhalten oder den Leistungsmangel Ihres Mitarbeiters eindeutig und bestimmt mißbilligt. Fordern Sie Ihren Mitarbeiter in der Abmahnung auf, zukünftig seine arbeitsvertraglichen Pflichten einzuhalten.

Herrn
Reiner Mustermann
Bahnhofstraße 12

12345 Musterstadt

Musterstadt, den 02.05...

**Abmahnung wegen wiederholtem Zuspätkommen**

Sehr geehrter Herr Mustermann,

obwohl wir Sie mit Schreiben vom 24.04. .. wegen Ihres Zuspätkommens ermahnt hatten, sind Sie auch an den folgenden Tagen statt um 9.00 Uhr wieder zu spät an Ihrem Arbeitsplatz erschienen, und zwar

am 28.04. .. erst um 09.45 Uhr,
am 29.04. .. erst um 10.15 Uhr,
am 30.04. .. erst um 10.00 Uhr.

Beweis: Ihre Stempelkarte (Kopie ist beigefügt)

Eine Entschuldigung für Ihr verspätetes Erscheinen konnten Sie in unserem Gespräch vom heutigen Tag nicht angeben. Im Interesse eines ordnungsgemäßen Betriebsablaufs sind wir auf die Pünktlichkeit aller Mitarbeiter angewiesen. Wir müssen das von Ihnen gezeigte Verhalten daher ausdrücklich beanstanden und Sie auffordern, in Zukunft ausnahmslos pünktlich an Ihrem Arbeitsplatz zu erscheinen.

Sollten Sie künftig wieder verspätet am Arbeitsplatz erscheinen oder in gleichartiger Weise gegen Ihre Verpflichtungen aus Ihrem Arbeitsvertrag verstoßen, müssen Sie mit der Kündigung Ihres Arbeitsverhältnisses rechnen.

Bitte bestätigen Sie auf der Durchschrift dieses Schreibens, daß Sie die Abmahnung gelesen und verstanden haben, und daß die erhobenen Vorwürfe zutreffen.

____________________________________

Unterschrift des Arbeitgebers/Fachvorgesetzten

**5**

Vergessen Sie diesen Passus bitte nicht!

Mit einer Abmahnung geben Sie zum Ausdruck, daß Sie ein bestimmtes Verhalten Ihres Mitarbeiters mißbilligen, verbunden mit dem Hinweis (Warnung), daß im Wiederholungsfall der Bestand des Arbeitsverhältnisses gefährdet ist. Diesen Hinweis muß die Abmahnung enthalten. Ihrem Mitarbeiter muß eindringlich vor Augen geführt werden, daß Sie als Arbeitgeber nicht bereit sind, ein bestimmtes Verhalten hinzunehmen, und daß Sie jetzt mit Konsequenzen drohen.

**6**

Lassen Sie sich die Abmahnung möglichst von Ihrem Mitarbeiter unterschreiben. Dann halten Sie einen Beleg in Händen, daß Ihr Mitarbeiter Ihre Abmahnung auch zur Kenntnis genommen hat.

Eine Abmahnung wird nämlich nur wirksam, wenn ihr Adressat, das heißt der abgemahnte Mitarbeiter, von ihr auch Kenntnis nehmen konnte – ohne Zugang ist eine Abmahnung unwirksam!

Fügen Sie auch unbedingt den Passus ein, daß der Mitarbeiter die Abmahnung verstanden hat.

Grundsätzlich gilt eine Abmahnung nur dann als ordnungsgemäß zugegangen, wenn sie der Mitarbeiter auch verstanden hat.

**TIP:** Schriftform erleichtert die Beweisführung

Es gibt zwar keine Formvorschriften für Abmahnungen. Als Arbeitgeber können Sie eine Abmahnung daher mündlich oder schriftlich aussprechen. Aus Gründen der Beweisbarkeit ist aber in allen Fällen die schriftliche Form dringend zu empfehlen. So können Sie auch später immer nachweisen, daß tatsächlich eine oder mehrere Abmahnungen „ausgesprochen" wurden und was Sie dabei Ihrem Mitarbeiter vorgeworfen haben.

**TIP:** Wenn Ihr Mitarbeiter die Annahme verweigert

Sie können jedoch Ihren Mitarbeiter nicht zwingen, den Empfang der Abmahnung durch Unterschrift (zum Beispiel auf der Kopie des Abmahnungsschreibens) zu bestätigen.

Weigert sich Ihr Mitarbeiter, die Abmahnung schriftlich zu bestätigen, sollten Sie zusätzlich einen Zeugen herbeirufen, der die Aushändigung der Abmahnung bestätigen kann. Auch hier sollten Sie sich die Bestätigung des Zeugen schriftlich geben lassen.

**7**

Als Arbeitgeber sind Sie aufgrund Ihrer Fürsorgepflicht gehalten, auf das Wohl und die Interessen Ihrer Mitarbeiter zu achten. Geben Sie Ihrem Mitarbeiter Gelegenheit, zu dem ihm vorgeworfenen Sachverhalt Stellung zu nehmen.

**8**

Jeder Weisungsbefugte darf abmahnen – zu einer Abmahnung berechtigt sind nicht nur die kündigungsberechtigten Personen eines Unternehmens, sondern alle Mitarbeiter, die nach ihrer Aufgabenstellung befugt sind, Anweisungen zu erteilen. Und zwar Anweisungen im Hinblick auf

## Abmahnung (2/2)

II. Laufendes Arbeitsverhältnis: Recht/Organisation

Herrn
Reiner Mustermann
Bahnhofstraße 12

12345 Musterstadt

Musterstadt, den 02.05...

**Abmahnung wegen Alkoholkonsums während der Arbeitszeit**

Sehr geehrter Herr Mustermann,

am Dienstag, dem 24.04. .., gegen 14.30 Uhr, fielen Sie Ihrem Vorgesetzten, Herrn Schuck, in den Betriebsräumen durch Ihren stark schwankenden Gang und Ihre lautstark gemachten Äußerungen auf.
Ihr Vorgesetzter stellte außerdem fest, daß Sie stark nach Alkohol rochen.

Da Ihr alkoholisierter Zustand es nicht gestattete, daß Sie ohne Gefahr für sich selbst und andere Mitarbeiter weiterarbeiteten, war Ihr Vorgesetzter nach unserer Betriebsvereinbarung über das Alkoholverbot am Arbeitsplatz berechtigt und verpflichtet, Sie zwecks Aufrechterhaltung der Arbeitssicherheit und zu Ihrem eigenen Schutz vom Arbeitsplatz zu entfernen. Dies geschah unmittelbar nach der Feststellung Ihres alkoholisierten Zustands.

Durch Ihr Verhalten haben Sie sowohl gegen Vorschriften aus der genannten Betriebsvereinbarung als auch gegen das betriebliche Alkoholverbot verstoßen. Für die Ausfallzeit in Höhe von 2 Stunden und 30 Minuten werden wir im Monat Mai einen entsprechenden Abzug von Ihrem Lohn vornehmen.

5 Wegen Ihres Verhaltens müssen wir Sie darüber hinaus ausdrücklich abmahnen und Sie auffordern, sich künftig an das betriebliche Alkoholverbot und die Unfallverhütungsvorschriften zu halten. Wir weisen Sie darauf hin, daß Sie im Wiederholungsfall mit der Kündigung Ihres Arbeitsverhältnisses rechnen müssen.

6 Bitte bestätigen Sie auf der Zweitschrift dieses Schreibens, daß Sie die Abmahnung gelesen und verstanden haben, und daß der Ihnen gemachte Vorwurf zutrifft.
Wir hoffen, daß Ihr Verhalten in Zukunft nicht mehr zu beanstanden ist.

7 Sollten Sie jedoch ein Alkoholproblem haben, so wäre es gut, wenn Sie sich an uns wenden würden, damit wir gemeinsam eine Lösung finden können.

8 ____________________
Unterschrift des Arbeitgebers/Fachvorgesetzten

Kopiervorlage

- den Ort,
- die Zeit sowie
- die Art und Weise

der vertraglich geschuldeten Arbeitsleistung des Mitarbeiters (BAG, Urteil vom 18.01.1980, Aktenzeichen: 7 AZR 75/78).

Das heißt, daß Abmahnungen nicht nur von den Dienstvorgesetzten Ihres Betriebs, sondern auch von den jeweiligen Fachvorgesetzten des betroffenen Mitarbeiters erteilt werden können.

### Anmerkung!

Abmahnung und Betriebsrat – der Betriebsrat darf nicht mitreden.

Bei Abmahnungen besteht kein Mitbestimmungsrecht Ihres Betriebsrats. Abmahnungen stellen nämlich die Ausübung eines arbeitsvertraglichen Rügerechts dar. Ein Mitbestimmungsrecht besteht lediglich in den Fällen, in denen Ihre Abmahnung der Sache nach eine Betriebsbuße darstellt.

Herrn
Reiner Mustermann
Bahnhofstraße 12

12345 Musterstadt

Musterstadt, den 02.05...

**Abmahnung wegen Alkoholkonsums während der Arbeitszeit**

Sehr geehrter Herr Mustermann,

am Dienstag, dem 24.04. .., gegen 14.30 Uhr, fielen Sie Ihrem Vorgesetzten, Herrn Schuck, in den Betriebsräumen durch Ihren stark schwankenden Gang und Ihre lautstark gemachten Äußerungen auf.
Ihr Vorgesetzter stellte außerdem fest, daß Sie stark nach Alkohol rochen.

Da Ihr alkoholisierter Zustand es nicht gestattete, daß Sie ohne Gefahr für sich selbst und andere Mitarbeiter weiterarbeiteten, war Ihr Vorgesetzter nach unserer Betriebsvereinbarung über das Alkoholverbot am Arbeitsplatz berechtigt und verpflichtet, Sie zwecks Aufrechterhaltung der Arbeitssicherheit und zu Ihrem eigenen Schutz vom Arbeitsplatz zu entfernen. Dies geschah unmittelbar nach der Feststellung Ihres alkoholisierten Zustands.

Durch Ihr Verhalten haben Sie sowohl gegen Vorschriften aus der genannten Betriebsvereinbarung als auch gegen das betriebliche Alkoholverbot verstoßen. Für die Ausfallzeit in Höhe von 2 Stunden und 30 Minuten werden wir im Monat Mai einen entsprechenden Abzug von Ihrem Lohn vornehmen.

Wegen Ihres Verhaltens müssen wir Sie darüber hinaus ausdrücklich abmahnen und Sie auffordern, sich künftig an das betriebliche Alkoholverbot und die Unfallverhütungsvorschriften zu halten. Wir weisen Sie darauf hin, daß Sie im Wiederholungsfall mit der Kündigung Ihres Arbeitsverhältnisses rechnen müssen.

Bitte bestätigen Sie auf der Zweitschrift dieses Schreibens, daß Sie die Abmahnung gelesen und verstanden haben, und daß der Ihnen gemachte Vorwurf zutrifft.
Wir hoffen, daß Ihr Verhalten in Zukunft nicht mehr zu beanstanden ist.

Sollten Sie jedoch ein Alkoholproblem haben, so wäre es gut, wenn Sie sich an uns wenden würden, damit wir gemeinsam eine Lösung finden können.

______________________________
Unterschrift des Arbeitgebers/Fachvorgesetzten

# Ermahnung

Eine Ermahnung ist von der Abmahnung zu unterscheiden. Verglichen mit einer Abmahnung stellt die Ermahnung das mildere Mittel dar, Ihren Mitarbeiter darauf aufmerksam zu machen, daß Sie ein bestimmtes Verhalten mißbilligen.

Mit einer Ermahnung teilen Sie Ihrem Mitarbeiter mit, daß Sie ein bestimmtes Verhalten mißbilligen und nicht wünschen, daß er sich in Zukunft weiter so verhält.

Bei einer Ermahnung fehlt die Androhung von Rechtsfolgen für den Fall, daß er in Zukunft wieder das mißbilligte Verhalten zeigt.

Im übrigen können Sie alle Ausführungen, die zum Thema „Abmahnung" gemacht wurden, bei der Ermahnung zu Rate ziehen.

**1**

Schildern Sie zuerst das beanstandete Fehlverhalten so konkret wie möglich. Dies dient der Dokumentations- und Beweisfunktion.

**2**

Werten Sie das zu beanstandende Verhalten als Verletzung der arbeitsvertraglichen Pflichten.

Zählen Sie die verletzten vertraglichen Pflichten auf.

Damit bearbeiten Sie die Erinnerungs- und Hinweisfunktion.

**3**

Fordern Sie Ihren Mitarbeiter eindeutig auf, sich in Zukunft vertragsgemäß zu verhalten.

## Ermahnung

II. Laufendes Arbeitsverhältnis: Recht/Organisation

Frau Maria Meier
Mustergasse 7

12345 Musterstadt

Musterstadt, den 16.09....

Ermahnung wegen unerlaubten Alkoholkonsums

Sehr geehrte Frau Meier,

**1** ich habe Sie am 12.09. ..... dabei beobachtet, wie Sie nach Ihrer Mittagspause Alkohol zu sich genommen haben. Sie haben innerhalb weniger Minuten insgesamt zwei 0,1-Liter-Fläschchen Weinbrand geleert. Nach dem Alkoholgenuß haben Sie Ihre Tätigkeit in der Telefonzentrale wieder aufgenommen.

**2** Ihr vorgenanntes Verhalten stellt eine Verletzung Ihrer arbeitsrechtlichen Pflichten dar. Wir haben im Rahmen unseres Direktionsrechts im gesamten Betrieb ein Alkoholverbot angeordnet. An dieses Alkoholverbot sind Sie gebunden. Sie werden an einem Arbeitsplatz eingesetzt, wo direkter Kontakt zu Kunden und Geschäftspartnern besteht. Wir können es im Interesse unseres Unternehmens nicht dulden, daß Sie Anrufe von Kunden in alkoholisiertem Zustand entgegennehmen.

**3** Wir fordern Sie auf, Ihre Pflichten aus dem Arbeitsvertrag in Zukunft ordentlich zu erfüllen. Wir verlangen von Ihnen, daß Sie unser Alkoholverbot strikt beachten und jeglichen Konsum alkoholischer Getränke vor oder während der Arbeitszeit unterlassen.

Sollten Sie in Ihrer Freizeit Alkohol zu sich nehmen, erwarten wir, daß Sie dies in einem Maße tun, das Ihren Arbeitseinsatz in unserem Unternehmen nicht beeinträchtigt.

Mit freundlichem Gruß

Unterschrift

Kopiervorlage

Frau Maria Meier
Mustergasse 7

12345 Musterstadt

Musterstadt, den 16.09....

Ermahnung wegen unerlaubten Alkoholkonsums

Sehr geehrte Frau Meier,

ich habe Sie am 12.09. ..... dabei beobachtet, wie Sie nach Ihrer Mittagspause Alkohol zu sich genommen haben. Sie haben innerhalb weniger Minuten insgesamt zwei 0,1-Liter-Fläschchen Weinbrand geleert. Nach dem Alkoholgenuß haben Sie Ihre Tätigkeit in der Telefonzentrale wieder aufgenommen.

Ihr vorgenanntes Verhalten stellt eine Verletzung Ihrer arbeitsrechtlichen Pflichten dar. Wir haben im Rahmen unseres Direktionsrechts im gesamten Betrieb ein Alkoholverbot angeordnet. An dieses Alkoholverbot sind Sie gebunden. Sie werden an einem Arbeitsplatz eingesetzt, wo direkter Kontakt zu Kunden und Geschäftspartnern besteht. Wir können es im Interesse unseres Unternehmens nicht dulden, daß Sie Anrufe von Kunden in alkoholisiertem Zustand entgegennehmen.

Wir fordern Sie auf, Ihre Pflichten aus dem Arbeitsvertrag in Zukunft ordentlich zu erfüllen. Wir verlangen von Ihnen, daß Sie unser Alkoholverbot strikt beachten und jeglichen Konsum alkoholischer Getränke vor oder während der Arbeitszeit unterlassen.

Sollten Sie in Ihrer Freizeit Alkohol zu sich nehmen, erwarten wir, daß Sie dies in einem Maße tun, das Ihren Arbeitseinsatz in unserem Unternehmen nicht beeinträchtigt.

Mit freundlichem Gruß

Unterschrift

# Zusatzvereinbarung Nachweisgesetz

Mit dem am 28. Juli 1995 in Kraft getretenen „Gesetz über den Nachweis der für ein Arbeitsverhältnis geltenden wesentlichen Bedingungen" ist der Arbeitgeber verpflichtet,

- die für das Arbeitsverhältnis jedes einzelnen Arbeitnehmers geltenden Vertragsbedingungen (Arbeitsbedingungen) in einer Niederschrift (Nachweis) festzuhalten,
- die Niederschrift zu unterschreiben und
- dem Arbeitgeber spätestens einen Monat nach Vertragsbeginn auszuhändigen.

Dies gilt natürlich nur, wenn Sie keinen schriftlichen Arbeitsvertrag mit dem Arbeitnehmer geschlossen haben.

Sollten Sie auf einen schriftlichen Arbeitsvertrag verzichten wollen, können Sie auf das vorbereitete Muster für eine Niederschrift nach dem Nachweisgesetz zurückgreifen.

Kopiervorlage

## Zusatzvereinbarung Nachweisgesetz (1/2)

II. Laufendes Arbeitsverhältnis: Recht/Organisation

Bitte beachten Sie: Der nachfolgende Mustervordruck enthält in der Überschrift und bei einzelnen Punkten jeweils mehrere Alternativen, das Nichtzutreffende ist deshalb im jeweiligen Einzelfall zu streichen.

1 ■ **Nachweis der für ein Arbeitsverhältnis geltenden wesentlichen Bedingungen**

2 Vertragsparteien (Name und Anschrift)
Arbeitgeber: *Horst Meier, Einzelhandel, Waldstr. 12, 53123 Bonn*

Arbeitnehmer: *Klaus Lahme, Lengstr. 11, 53123 Bonn* 3

4 Zeitpunkt des Beginns des Arbeitsverhältnisses: *1. März 1996*

Dauer der Befristung bei befristeten Arbeitsverhältnissen: *entfällt* 5

6 Arbeitsort: *Bonn*
Möglicher Zusatz: Der Arbeitnehmer kann nach Maßgabe des Arbeitgebers an verschiedenen Arbeitsorten in NRW eingesetzt werden (*ist Düsseldorf und Essen*).

7 Bezeichnung oder allgemeine Beschreibung der vom Arbeitnehmer zu leistenden Tätigkeit: *Verkäufer für Herrenoberbekleidung*
Möglicher Zusatz: Der Arbeitnehmer ist verpflichtet, bei unverändertem Arbeitsentgelt auf Weisung des Arbeitgebers auch folgende geringwertigere Tätigkeiten vorübergehend auszuführen: *Auffüllen von Lagerbeständen im Verkaufsraum*

8 Arbeitsentgelt: Die vom Arbeitnehmer geleistete Arbeit wird wie folgt vergütet:
Grundlohn: *2.500 DM* /Tag oder Woche oder Monat bei Zeitlohn, Berechnungsfaktoren bei Akkordlohn
Zuschläge: *Überstundenzuschlag 5 DM* je Stunde (Art)
Zulagen: *entfällt* DM (Art)
Prämien: *Verkaufsprämie 3 DM je 100 DM Verkaufssumme* (Art)
Sonderzuwendungen: *Weihnachtsgeld 500 DM* (Art)

Folgende Vergütungsbestandteile können zum Grundlohn hinzutreten: *Erfolgsabhängige Leistungsprämie je nach Betriebsergebnis nach Ablauf des Jahres.*

Das Arbeitsentgelt wird täglich/wöchentlich/monatlich nachträglich ausgezahlt.

Alternative: *Es gilt der Entgelttarifvertrag für den Einzelhandel NRW in der jeweils gültigen Fassung.*

9 Vereinbarte Arbeitszeit: 37,5 Std./Tag oder Woche oder Monat

Alternative: Es gelten die Vorschriften des *Manteltarifvertrags für den Einzelhandel NRW in der jeweils gültigen Fassung.*

10 Jährlicher Erholungsurlaub: Der Arbeitnehmer erhält einen bezahlten jährlichen Erholungsurlaub von *30* Arbeitstagen.
Alternative: Für den Urlaubsanspruch gilt folgende Staffelung:

| | |
|---|---|
| *Im 1. Jahr* | *20 Arbeitstage* |
| *Nach 5 Jahren Betriebszugehörigkeit* | *25 Arbeitstage* |
| *Nach 10 Jahren Betriebszugehörigkeit* | *30 Arbeitstage* |

Alternative: Es gelten die Vorschriften des *Manteltarifvertrags für den Einzelhandel NRW in der jeweils gültigen Fassung.*

Alternative: Es gelten die Vorschriften des Bundesurlaubsgesetzes.

**1**

Sobald Sie mit dem Arbeitnehmer einen schriftlichen Arbeitsvertrag geschlossen haben, der die vom Nachweisgesetz geforderten Angaben erfüllt, entfällt die Nachweispflicht.

**2**

Das Nachweisgesetz verpflichtet den Arbeitgeber, Namen und Anschrift der Vertragsparteien nachzuweisen. Sie müssen auf jeden Fall den Vor- und Zunamen angeben. Handelt es sich bei der Firma um eine juristische Person (GmbH, AG, ...), so ist der komplette Firmenname sowie die Anschrift des gesetzlichen Vertreters, zum Beispiel des Geschäftsführers, anzugeben.

**3**

Gilt das Nachweisgesetz für alle Arbeitnehmer?

Von diesem Gesetz werden alle Arbeitnehmer erfaßt, unabhängig davon, ob sie in der Privatwirtschaft oder im öffentlichen Dienst beschäftigt sind. Das Gesetz gilt somit für Arbeiter ebenso wie für Angestellte und für leitende Angestellte. Mithelfende Familienangehörige werden nur dann vom Gesetz erfaßt, wenn sie offiziell als Arbeitnehmer in einem Arbeitsverhältnis stehen.

**4**

Der Zeitpunkt der vereinbarten Arbeitsaufnahme durch den Arbeitnehmer muß im Nachweis enthalten sein.

**5**

Bei befristeten Arbeitsverhältnissen muß die vorhersehbare Dauer des Arbeitsverhältnisses angegeben werden. Dies kann sowohl durch eine Datumsangabe als auch durch die Angabe des Arbeitszwecks angegeben werden.

**6**

Es muß auch der Arbeitsort angegeben werden. Damit ist der Ort der Arbeitsleistung gemeint – nicht der Arbeitsplatz. Sofern Sie den Mitarbeiter an verschiedenen Einsatzorten beschäftigen wollen, müssen Sie darauf in der Niederschrift besonders hinweisen.

**7**

Die Tätigkeit, die der Mitarbeiter zu leisten hat, muß beschrieben werden. Wollen Sie sicherstellen, daß der Arbeitnehmer im Rahmen Ihres Weisungsrechts auch zu geringfügigen Tätigkeiten verpflichtet werden kann, müssen Sie unbedingt Art und Ausmaß dieser Verpflichtung beschreiben.

**8**

Das Arbeitsentgelt, dessen Zusammensetzung, Höhe sowie Fälligkeit muß einschließlich der Zulagen genau beschrieben werden. Neben Zulagen (Erschwerniszulage), müssen auch Zuschläge (Mehrarbeit), Prämien (Leistungsprämie) sowie Sonderzulagen (Weihnachtsgeld) festgehalten werden.

**9**

Die vereinbarte Arbeitszeit muß ebenfalls dokumentiert werden.

**10**

Auch dürfen Angaben über den jährlichen Erholungsurlaub nicht fehlen. Gilt eine Urlaubsregelung im Zusammenhang mit anderen Regelungen, z. B. über die Dauer der Betriebszugehörigkeit, sind diese ebenfalls anzugeben.

# Zusatzvereinbarung Nachweisgesetz (1/2)

Bitte beachten Sie: Der nachfolgende Mustervordruck enthält in der Überschrift und bei einzelnen Punkten jeweils mehrere Alternativen, das Nichtzutreffende ist deshalb im jeweiligen Einzelfall zu streichen.

## ■ Nachweis der für ein Arbeitsverhältnis geltenden wesentlichen Bedingungen

Vertragsparteien (Name und Anschrift)
Arbeitgeber: *Horst Meier, Einzelhandel, Waldstr. 12, 53123 Bonn*

Arbeitnehmer: *Klaus Lahme, Lengstr. 11, 53123 Bonn*

Zeitpunkt des Beginns des Arbeitsverhältnisses: *1. März 1996*

Dauer der Befristung bei befristeten Arbeitsverhältnissen: *entfällt*

Arbeitsort: *Bonn*
Möglicher Zusatz: Der Arbeitnehmer kann nach Maßgabe des Arbeitgebers an verschiedenen Arbeitsorten in NRW eingesetzt werden (*ist Düsseldorf und Essen*).

Bezeichnung oder allgemeine Beschreibung der vom Arbeitnehmer zu leistenden Tätigkeit: *Verkäufer für Herrenoberbekleidung*
Möglicher Zusatz: Der Arbeitnehmer ist verpflichtet, bei unverändertem Arbeitsentgelt auf Weisung des Arbeitgebers auch folgende geringwertigere Tätigkeiten vorübergehend auszuführen: *Auffüllen von Lagerbeständen im Verkaufsraum*

Arbeitsentgelt: Die vom Arbeitnehmer geleistete Arbeit wird wie folgt vergütet:
Grundlohn: *2.500 DM* /Tag oder Woche oder Monat bei Zeitlohn, Berechnungsfaktoren bei Akkordlohn
Zuschläge: *Überstundenzuschlag 5 DM* je Stunde (Art)
Zulagen: *entfällt* DM (Art)
Prämien: *Verkaufsprämie 3 DM je 100 DM Verkaufssumme* (Art)
Sonderzuwendungen: *Weihnachtsgeld 500 DM* (Art)

Folgende Vergütungsbestandteile können zum Grundlohn hinzutreten: *Erfolgsabhängige Leistungsprämie je nach Betriebsergebnis nach Ablauf des Jahres.*

Das Arbeitsentgelt wird täglich/wöchentlich/monatlich nachträglich ausgezahlt.

Alternative: *Es gilt der Entgelttarifvertrag für den Einzelhandel NRW in der jeweils gültigen Fassung.*

Vereinbarte Arbeitszeit: 37,5 Std./Tag oder Woche oder Monat

Alternative: Es gelten die Vorschriften des *Manteltarifvertrags für den Einzelhandel NRW in der jeweils gültigen Fassung.*

Jährlicher Erholungsurlaub: Der Arbeitnehmer erhält einen bezahlten jährlichen Erholungsurlaub von *30* Arbeitstagen.
Alternative: Für den Urlaubsanspruch gilt folgende Staffelung:

| | |
|---|---|
| *Im 1. Jahr* | *20 Arbeitstage* |
| *Nach 5 Jahren Betriebszugehörigkeit* | *25 Arbeitstage* |
| *Nach 10 Jahren Betriebszugehörigkeit* | *30 Arbeitstage* |

Alternative: Es gelten die Vorschriften des *Manteltarifvertrags für den Einzelhandel NRW in der jeweils gültigen Fassung.*

Alternative: Es gelten die Vorschriften des Bundesurlaubsgesetzes.

# Zusatzvereinbarung Nachweisgesetz

**11**

Die Fristen für die Kündigung sind ebenfalls anzugeben. Gelten unterschiedliche Kündigungsfristen, ist die Angabe der vereinbarten Berechnungsmodalitäten ausreichend.

**12**

Auch sollten allgemeine Hinweise auf Tarifverträge und Betriebsvereinbarungen, die auf das konkrete Arbeitsverhältnis anzuwenden sind, eingebracht werden.

**13**

Bei einem Auslandseinsatz des Mitarbeiters, der länger als einen Monat dauert, müssen Sie gegenüber dem Mitarbeiter weitere Nachweispflichten erfüllen. Die Niederschrift, die Sie Ihrem Mitarbeiter vor seiner Abreise ins Ausland aushändigen müssen, hat zusätzlich zu enthalten:

- Die Dauer der Auslandstätigkeit. Können Sie das Ende der Tätigkeit nicht im voraus bestimmen, genügt die Angabe der vom Arbeitnehmer durchzuführenden Aufgabe.
- Die Währung, in der das Arbeitsentgelt ausgezahlt wird.
- Ein mit dem Auslandsaufenthalt Ihres Mitarbeiters verbundenes zusätzliches Arbeitsentgelt.
- Vereinbarte Bedingungen für die Rückkehr des Arbeitnehmers. Hierunter fallen z. B. Vereinbarungen über die Erstattung von Reisekosten usw.

## Zusatzvereinbarung Nachweisgesetz (2/2)

II. Laufendes Arbeitsverhältnis: Recht/Organisation

**11** Kündigungsfristen: Der Arbeitnehmer und der Arbeitgeber können das Arbeitsverhältnis mit einer Frist von *6 Wochen zum Quartalsende* ordentlich kündigen.

Alternative: Für die Kündigungsfristen gilt folgende Staffelung:

| | |
|---|---|
| *Im 1. Jahr bis einschl. 3. Beschäftigungsjahr* | *6 Wochen* |
| *Ab dem 6. bis einschl. 10. Beschäftigungsjahr* | *8 Wochen* |
| *Ab dem 11. Beschäftigungsjahr* | *12 Wochen* |

**12** Alternative: Es gelten die Vorschriften des *Manteltarifvertrags für den Einzelhandel NRW in der jeweils gültigen Fassung.*

Alternative: Es gelten die gesetzlichen Kündigungsfristenregelungen.

Das Arbeitsverhältnis bestimmende kollektivrechtliche Vorschriften
Auf das Arbeitsverhältnis finden folgende Regelungen in der jeweils gültigen Fassung Anwendung: *Tarifvertrag über Sonderzahlungen (Urlaubsgeld und Sonderzuwendungen) für den Einzelhandel in der jeweils gültigen Fassung.*

**13** **Zusätzlicher Nachweis bei Auslandseinsatz**

Dauer der Auslandstätigkeit: Die Auslandstätigkeit ist befristet bis zum *31.12....*

Alternative: Die Auslandstätigkeit ist befristet bis zur *Inbetriebnahme der Filiale in Rom.*

Alternative: Der Auslandseinsatz erfolgt für unbestimmte Zeit.

Das Arbeitsentgelt wird in folgender Währung ausgezahlt: *US$*

Aus Anlaß des Auslandseinsatzes werden folgende gesetzliche Leistungen gewährt: *Auslandszuschlag 30 US$/Tag*

Vereinbarte Bedingungen für die Rückkehr des Arbeitnehmers: *Die Reisekosten trägt der Arbeitgeber.*

________________ (Datum) ________________ (Unterschrift des Arbeitgebers)

Der Empfang

________________ (Ort, Datum) ________________ (Unterschrift des Arbeitnehmers)

Kopiervorlage

# Zusatzvereinbarung Nachweisgesetz (2/2)

Kündigungsfristen: Der Arbeitnehmer und der Arbeitgeber können das Arbeitsverhältnis mit einer Frist von *6 Wochen zum Quartalsende* ordentlich kündigen.

Alternative: Für die Kündigungsfristen gilt folgende Staffelung:

| | |
|---|---|
| *Im 1. Jahr bis einschl. 3. Beschäftigungsjahr* | *6 Wochen* |
| *Ab dem 6. bis einschl. 10. Beschäftigungsjahr* | *8 Wochen* |
| *Ab dem 11. Beschäftigungsjahr* | *12 Wochen* |

Alternative: Es gelten die Vorschriften des *Manteltarifvertrags für den Einzelhandel NRW in der jeweils gültigen Fassung.*

Alternative: Es gelten die gesetzlichen Kündigungsfristenregelungen.

Das Arbeitsverhältnis bestimmende kollektivrechtliche Vorschriften
Auf das Arbeitsverhältnis finden folgende Regelungen in der jeweils gültigen Fassung Anwendung: *Tarifvertrag über Sonderzahlungen (Urlaubsgeld und Sonderzuwendungen) für den Einzelhandel in der jeweils gültigen Fassung.*

**Zusätzlicher Nachweis bei Auslandseinsatz**

Dauer der Auslandstätigkeit: Die Auslandstätigkeit ist befristet bis zum *31.12....*

Alternative: Die Auslandstätigkeit ist befristet bis zur *Inbetriebnahme der Filiale in Rom.*

Alternative: Der Auslandseinsatz erfolgt für unbestimmte Zeit.

Das Arbeitsentgelt wird in folgender Währung ausgezahlt: *US$*

Aus Anlaß des Auslandseinsatzes werden folgende gesetzliche Leistungen gewährt: *Auslandszuschlag 30 US$/Tag*

Vereinbarte Bedingungen für die Rückkehr des Arbeitnehmers: *Die Reisekosten trägt der Arbeitgeber.*

____________________ ____________________

(Datum) (Unterschrift des Arbeitgebers)

Der Empfang

____________________ ____________________

(Ort, Datum) (Unterschrift des Arbeitnehmers)

In vielen Unternehmen ist es üblich, den Mitarbeitern zusätzlich zum vertraglich vereinbarten Monatsgehalt aus besonderen Anläsen, eine sog. Gratifikation zu gewähren.

Folgende Gratifikationen kommen in Frage:

- Weihnachtsgeld
- Urlaubsgeld
- Treueprämien (je nach Dauer der Zugehörigkeit zum Unternehmen)
- Heirats- und Geburtszuwendungen
- Jubiläumszuwendungen
- einmalige Sonderzahlungen für besondere Leistungen

**1**

An die regelmäßig gezahlten Gratifikationen, wie das Weihnachts- und Urlaubsgeld, gewöhnen sich Ihre Mitarbeiter schnell und empfinden diese wie eine übliche Vergütung.

Prüfen Sie daher, ob es nicht sinnvoller ist, ein leistungsbezogenes Vergütungssystem einzuführen oder individuell zu zahlende Prämien, die gezielt als Anerkennung für besondere Leistungen gezahlt werden, einzusetzen.

Die Art der Gegenleistung, die durch eine Gratifikation abgegolten wird, kann unterschiedlich sein.

Auf diese Weise können Sie motivierende Alternativen zum Weihnachts- und Urlaubsgeld entwickeln.

**2**

Zahlen Sie Ihren Mitarbeitern Weihnachts- oder Urlaubsgeld vorbehaltlos dreimal in Folge nach den gleichen Regeln (z. B. Zahlung in Höhe eines Monatsgehalts), schaffen Sie einen Vertrauenstatbestand bei Ihren Mitarbeitern, daß sie auch in Zukunft diese Zahlung erhalten werden. Die betriebliche Übung ist somit entstanden, da das Bundesarbeitsgericht regelmäßige Wiederholungen als Angebot des Arbeitgebers, die Leistung auch zukünftig erbringen zu wollen, wertet. Dieses Angebot wird durch die Mitarbeiter in der Regel stillschweigend angenommen und es entsteht ein vertraglicher Anspruch (BAG, Urteil vom 18.08.1988, BB 1989, Seite 75). Diesen Anspruch kann Ihr Mitarbeiter gegen Sie geltend machen.

Wenn Sie jedoch zum Ausdruck bringen, daß die Zahlungen an Ihre Mitarbeiter unter einem Freiwilligkeitsvorbehalt stehen, entsteht keine betriebliche Übung.

**3**

Eine der 3 Möglichkeiten, eine Gratifikationszusage, die ohne Freiwilligkeitsvorbehalt ausgezahlt wurde, abzuschaffen oder abzuändern, ist eine Änderungsvereinbarung zwischen Ihnen und Ihren Mitarbeitern.

Die anderen beiden Möglichkeiten für die Abänderung bzw. Abschaffung sind:

- der Ausspruch von Änderungskündigungen
- die unveränderte Zahlung des Weihnachts- bzw. Urlaubsgeldes in 3 aufeinanderfolgenden Jahren, wobei die Zahlung jeweils mit einem Freiwilligkeitsvorbehalt verknüpft wird. Widerspricht keiner Ihrer Mitarbeiter dem Freiwilligkeitsvorbehalt, dann können Sie die Zahlung im vierten Jahr umgestalten oder streichen.

## Gratifikationen

II. Laufendes Arbeitsverhältnis: Recht/Organisation

**1** Musterformulierungen und ihr Regelungszweck

| Formulierung: | Zweck der Gratifikation: |
|---|---|
| „Der Mitarbeiter erhält mit dem November-Gehalt eine Weihnachtsgratifikation." | Zusätzliche Vergütung |
| „Die Gratifikation wird nur fällig, wenn sich der Mitarbeiter im Auszahlungsmonat in ungekündigtem Arbeitsverhältnis befindet." | Vergütung für bisherige Betriebstreue |
| „Die Zahlung der Gratifikation steht unter dem Vorbehalt des jederzeitigen Widerrufs. Ein Rechtsanspruch auf die Zahlung besteht nicht." | Sonderzahlung ohne zusätzlichen Vergütungscharakter |
| „Die Gratifikation ist zurückzuzahlen, wenn der Mitarbeiter in dem auf die Auszahlung folgenden Quartal kündigt." | Hinweis auf eine Vergütung für zukünftige Betriebstreue |

**2** ■ **Muster: Freiwilligkeitsvorbehalt**

Der Arbeitnehmer erkennt an, daß das Weihnachts-/Urlaubsgeld eine freiwillige Leistung des Arbeitgebers ist, auf die auch nach wiederholter Zahlung kein Rechtsanspruch besteht.

**3** ■ **Muster: Änderungsvereinbarung**

Änderungsvereinbarung zwischen der Firma ......................................................., und Frau/Herrn ...............
1. Zwischen den Parteien besteht seit dem .............. ein Arbeitsverhältnis. Jeweils mit dem Maigehalt erhielt Frau/Herr .............. eine Urlaubsgratifikation. Diese Urlaubsgratifikation kann aufgrund der wirtschaftlich schlechten Lage der Firma .............. nicht mehr gezahlt werden.

2. Dies vorausgeschickt, vereinbaren die Parteien die einvernehmliche Aufhebung des Anspruchs von Frau/Herrn .............. auf Auszahlung einer Urlaubsgratifikation für die Zukunft.

3. Die übrigen vertraglichen Bestimmungen des Arbeitsvertrags vom .............. bleiben von dieser Regelung unberührt.

**4** ■ **Muster: Gratifikationskürzungen**

Das Weihnachts-/Urlaubsgeld wird für jeden Arbeitsunfähigkeitstag während der 12 Monate vor dem Auszahlungszeitraum um .............. des durchschnittlich in diesem Zeitraum auf einen Arbeitstag entfallenden Bruttoarbeitsentgelts gekürzt.

**5** ■ **Muster: Empfangsbestätigung über Sonderzahlung**

Hiermit bestätige ich, Frau/Herr .............. , eine Sonderzahlung für besondere Leistungen in Höhe von DM .............. erhalten zu haben.
Ich erkenne an, daß es sich bei dieser Zahlung um eine freiwillige Leistung handelt, auf die kein Rechtsanspruch besteht und deren Zahlung sich der Arbeitgeber für die Zukunft ausdrücklich vorbehält.

Kopiervorlage

**4**

Nach § 4 Entgeltfortzahlungsgesetz (EFZG) ist eine Vereinbarung zulässig, nach der eine Gratifikation für Zeiten der Arbeitsunfähigkeit gekürzt wird. Die Kürzung darf pro Krankheitstag höchstens 1/4 des Arbeitsentgelts betragen, das im Jahresdurchschnitt auf einen Arbeitstag entfällt.

**5**

Wenn Sie einem Mitarbeiter wegen besonderer Leistungen eine einmalige Sonderzahlung gewähren, dann sollten Sie sich von ihm eine Empfangsbestätigung (mit ausformuliertem Freiwilligkeitsvorbehalt) unterschreiben lassen.

# Gratifikationen

| Musterformulierungen und ihr Regelungszweck | |
|---|---|
| **Formulierung:** | **Zweck der Gratifikation:** |
| „Der Mitarbeiter erhält mit dem November-Gehalt eine Weihnachtsgratifikation." | Zusätzliche Vergütung |
| „Die Gratifikation wird nur fällig, wenn sich der Mitarbeiter im Auszahlungsmonat in ungekündigtem Arbeitsverhältnis befindet." | Vergütung für bisherige Betriebstreue |
| „Die Zahlung der Gratifikation steht unter dem Vorbehalt des jederzeitigen Widerrufs. Ein Rechtsanspruch auf die Zahlung besteht nicht." | Sonderzahlung ohne zusätzlichen Vergütungscharakter |
| „Die Gratifikation ist zurückzuzahlen, wenn der Mitarbeiter in dem auf die Auszahlung folgenden Quartal kündigt." | Hinweis auf eine Vergütung für zukünftige Betriebstreue |

## ■ Muster: Freiwilligkeitsvorbehalt

Der Arbeitnehmer erkennt an, daß das Weihnachts-/Urlaubsgeld eine freiwillige Leistung des Arbeitgebers ist, auf die auch nach wiederholter Zahlung kein Rechtsanspruch besteht.

## ■ Muster: Änderungsvereinbarung

Änderungsvereinbarung zwischen der Firma ..................................................., und Frau/Herrn ................
1. Zwischen den Parteien besteht seit dem ............... ein Arbeitsverhältnis. Jeweils mit dem Maigehalt erhielt Frau/Herr ............... eine Urlaubsgratifikation. Diese Urlaubsgratifikation kann aufgrund der wirtschaftlich schlechten Lage der Firma ............... nicht mehr gezahlt werden.

2. Dies vorausgeschickt, vereinbaren die Parteien die einvernehmliche Aufhebung des Anspruchs von Frau/Herrn ............... auf Auszahlung einer Urlaubsgratifikation für die Zukunft.

3. Die übrigen vertraglichen Bestimmungen des Arbeitsvertrags vom ............... bleiben von dieser Regelung unberührt.

## ■ Muster: Gratifikationskürzungen

Das Weihnachts-/Urlaubsgeld wird für jeden Arbeitsunfähigkeitstag während der 12 Monate vor dem Auszahlungszeitraum um ............... des durchschnittlich in diesem Zeitraum auf einen Arbeitstag entfallenden Bruttoarbeitsentgelts gekürzt.

## ■ Muster: Empfangsbestätigung über Sonderzahlung

Hiermit bestätige ich, Frau/Herr ............... , eine Sonderzahlung für besondere Leistungen in Höhe von DM ............... erhalten zu haben.
Ich erkenne an, daß es sich bei dieser Zahlung um eine freiwillige Leistung handelt, auf die kein Rechtsanspruch besteht und deren Zahlung sich der Arbeitgeber für die Zukunft ausdrücklich vorbehält.

# Gelber Schein – Anzeigepflicht

**1**

Unter der Anzeigepflicht ist die Verpflichtung Ihres Mitarbeiters zu verstehen, seinen Arbeitgeber unverzüglich über das Bestehen seiner Arbeitsunfähigkeit zu unterrichten. Unverzüglich heißt, daß er nicht schuldhaft zögern darf, Ihnen seine Arbeitsunfähigkeit mitzuteilen. Für Ihren Mitarbeiter bedeutet dies, daß er sich bei Ihnen schnellstens zu melden hat – oder auch für eine schnelle Meldung durch Dritte, etwa seine Frau, sorgen muß – soweit ihm dies möglich ist und ihm zugemutet werden kann. In der Regel darf Ihr Mitarbeiter also mit seiner Anzeige nicht bis nach einem Arztbesuch warten.

**2**

Erkrankt Ihr Mitarbeiter, ist er verpflichtet, Ihnen als Arbeitgeber seine Arbeitsunfähigkeit und deren voraussichtliche Dauer unverzüglich mitzuteilen.

Ist er länger als 3 Kalendertage arbeitsunfähig erkrankt, hat er Ihnen spätestens am darauffolgenden Kalendertag zusätzlich eine ärztliche Bescheinigung (gelber Schein) über das Bestehen der Arbeitsunfähigkeit sowie deren voraussichtliche Dauer vorzulegen. Die Rechtsgrundlage hierfür finden Sie in § 5 Entgeltfortzahlungsgesetz (EFZG).

**3**

Die Anzeige Ihres Mitarbeiters muß sich an Sie als Arbeitgeber richten, § 5 Abs. 1 Satz 1 EFZG; sie kann auch gegenüber dem Vertreter des Arbeitgebers erfolgen, soweit dieser zur Entgegennahme einer derartigen Mitteilung berechtigt ist. Dies kann – je nach betrieblicher Organisation – auch die Personalabteilung oder der unmittelbare Vorgesetzte des Arbeitnehmers sein.

Wenn ein Mitarbeiter seine Anzeigepflicht verletzt, sollten Sie mit ihm ein Gespräch wegen Verletzung seiner arbeitsvertraglichen Nebenpflichten führen und ihn ggf. abmahnen. Bevor Sie ihn wegen Verletzung der Anzeigepflicht mit einer ordentlichen verhaltensbedingten Kündigung kündigen können, müssen Sie den Mitarbeiter zweimal erfolglos abgemahnt haben.

**4**

Das Entgeltfortzahlungsgesetz sieht allerdings nicht vor, daß sich Ihr Mitarbeiter höchstpersönlich bei Ihnen als Arbeitgeber melden muß. Es ist daher auch zulässig, daß Familienangehörige oder Arbeitskollegen die Meldung der Arbeitsunfähigkeit Ihres Mitarbeiters überbringen.

**5**

Der Wunsch von Mitarbeitern, während der Arbeitszeit zum Arzt gehen zu dürfen, gehört zum betrieblichen Alltag. Die Frage, die Sie sich dabei als Arbeitgeber sicherlich auch schon einmal gestellt haben, ist, ob Sie überhaupt verpflichtet sind, die durch solch einen Arztbesuch ausgefallene Arbeitszeit Ihres Mitarbeiters zu entlohnen. Eine allgemein gültige Antwort auf Ihre Frage gibt es nicht: Arztbesuch ist nicht gleich Arztbesuch. Wichtig ist vielmehr, daß Sie folgende Konstellationen unterscheiden:

- In der Praxis unproblematisch sind die Fälle, in denen der Arztbesuch zur Feststellung oder Behandlung einer krankheitsbedingten Arbeitsunfähigkeit dient. In diesem Fall sind Sie verpflichtet, die durch den Arztbesuch ausgefallene Arbeitszeit zu bezahlen.
- Schwierigkeiten bereiten die Fälle, in denen Ihr Mitarbeiter während der Arbeitszeit zum Arzt gehen möchte, obwohl keine Arbeitsunfähigkeit vorliegt. Aufgrund seiner Treuepflicht ist Ihr Mitarbeiter in diesen Fällen gehalten, Arbeitsverhinderungen soweit wie möglich zu vermeiden. Im Klartext heißt das, daß er den Arzttermin möglichst außerhalb der betrieblichen Arbeitszeit, das heißt, in seiner Freizeit plazieren sollte. Er hat alle Möglichkeiten auszuschöpfen, um den Termin außerhalb der Arbeitszeit zu legen.

In beiden Fällen sollten Sie sich den Arztbesuch während der Arbeitszeit jedoch vom behandelnden Arzt bestätigen lassen.

## Gelber Schein – Anzeigepflicht

II. Laufendes Arbeitsverhältnis: Recht/Organisation

**So prüfen Sie, ob Ihr Mitarbeiter seine Anzeigepflicht verletzt hat**

| | | Ja | Nein |
|---|---|---|---|
| 1 | Hat Ihnen Ihr Mitarbeiter seine Arbeitsunfähigkeit unverzüglich (ohne schuldhaftes Verzögern) mitgeteilt? | ❑ | ❑ |
| 2 | Hat Ihnen Ihr Mitarbeiter die voraussichtliche Dauer seiner Arbeitsunfähigkeit mitgeteilt? | ❑ | ❑ |
| 3 | Hat Ihr Mitarbeiter Ihnen als Chef persönlich seine Arbeitsunfähigkeit mitgeteilt? | ❑ | ❑ |
| 4 | Hat Ihr Mitarbeiter einer anderen Person (Kollege, Personalabteilung) seine Arbeitsunfähigkeit mitgeteilt? | ❑ | ❑ |

Wenn Sie alle Fragen mit **NEIN** beantwortet haben, sollten Sie mit Ihrem Mitarbeiter wegen der Verletzung seiner arbeitsvertraglichen Nebenpflicht (Anzeigepflicht) ein Gespräch führen und ihn gegebenenfalls abmahnen.

**5** **Musterformular Bescheinigung über Arztbesuch**

Hiermit bescheinigen wir, daß Frau/Herr ..........................................................................................
am .................................... in der Zeit von .................................... bis ....................................
in unserer Praxis war.

Die Behandlung mußte aus medizinisch notwendigen Gründen während der Arbeitszeit durchgeführt werden.

..................................................
(Ort, Datum)

..................................................
(Unterschrift des Arztes/Stempel)

Kopiervorlage

### Wichtiger Hinweis!

Hat Ihr Betrieb einen Betriebsrat, dann dürfen Sie keinesfalls vergessen, dessen Mitbestimmungsrechte zu berücksichtigen, wenn Sie ein derartiges Formular einführen. Allgemeine Vorschriften über den Nachweis der Notwendigkeit eines Arztbesuchs sind mitbestimmungspflichtig im Sinn von § 87 Abs. 1 Nr. 1 BetrVG. Auch ein Formular wie das vorgeschlagene, fällt unter diese Bestimmung (BAG, Beschluß vom 21.01.1997, Aktenzeichen: 1 ABR 53/96).

# Gelber Schein – Anzeigepflicht



**So prüfen Sie, ob Ihr Mitarbeiter seine Anzeigepflicht verletzt hat**

| | Ja | Nein |
|---|---|---|
| Hat Ihnen Ihr Mitarbeiter seine Arbeitsunfähigkeit unverzüglich (ohne schuldhaftes Verzögern) mitgeteilt? | ❏ | ❏ |
| Hat Ihnen Ihr Mitarbeiter die voraussichtliche Dauer seiner Arbeitsunfähigkeit mitgeteilt? | ❏ | ❏ |
| Hat Ihr Mitarbeiter Ihnen als Chef persönlich seine Arbeitsunfähigkeit mitgeteilt? | ❏ | ❏ |
| Hat Ihr Mitarbeiter einer anderen Person (Kollege, Personalabteilung) seine Arbeitsunfähigkeit mitgeteilt? | ❏ | ❏ |

Wenn Sie alle Fragen mit **NEIN** beantwortet haben, sollten Sie mit Ihrem Mitarbeiter wegen der Verletzung seiner arbeitsvertraglichen Nebenpflicht (Anzeigepflicht) ein Gespräch führen und ihn gegebenenfalls abmahnen.

**Musterformular Bescheinigung über Arztbesuch**

Hiermit bescheinigen wir, daß Frau/Herr ..........................................................................................
am .................................. in der Zeit von .................................. bis ..................................
in unserer Praxis war.

Die Behandlung mußte aus medizinisch notwendigen Gründen während der Arbeitszeit durchgeführt werden.

.............................................
(Ort, Datum)

.............................................
(Unterschrift des Arztes/Stempel)

# Dienstreisen – Mitarbeiter ohne leitende Funktion

Schwierigkeiten, die sich für Sie bei der Vergütung von Dienstreisen ergeben, können Sie durch eine klare Vereinbarung mit Ihren Mitarbeitern vermeiden. Am besten, Sie erstellen im Unternehmen eine einheitliche Reisekostenordnung. In dieser soll eindeutig geregelt werden, welche Leistungen bei einer Dienstreise durch den Arbeitgeber bezahlt werden und welche nicht.

Dazu haben wir zwei Muster aufbereitet, und zwar ein Muster für Dienstreisen von Mitarbeitern ohne leitende Funktion und ein Muster für Dienstreisen von Mitarbeitern mit leitender Funktion:

**1**

Beachten Sie bitte den Gleichbehandlungsgrundsatz – das heißt, Sie dürfen nicht willkürlich aus unsachlichen Gründen bestimmte Mitarbeiter besser oder schlechter stellen.

**2**

Als Arbeitgeber haben Sie die Weisungsbefugnis, Ihre Mitarbeiter auf Dienstreisen zu schicken. Voraussetzung dafür ist, daß keine Regelungen in Gesetzen, Tarifverträgen, Betriebsvereinbarungen oder im Arbeitsvertrag bestehen, die Ihre Weisungsbefugnis einschränken.

**3**

Ihren Mitarbeitern müssen Sie Spesen wie Übernachtungs-, Verpflegungs- und Fahrtkosten erstatten. Auch Ihre Außendienstmitarbeiter mit freier Zeiteinteilung haben Anspruch auf Ersatz von Spesen, selbst wenn eine vertragliche Regelung nicht besteht.

**Wichtiger Hinweis:** Rechnet Ihr Mitarbeiter Spesen nicht korrekt ab, können Sie – wenn Ihr Mitarbeiter eine Vertrauensstellung innehat – bereits beim ersten Vorfall ohne Abmahnung fristlos kündigen. Das gilt auch dann, wenn es sich nur um einen geringfügigen Betrag handelt.

**4**

Wenn Sie eine Dienstreise anordnen wollen, brauchen Sie Ihren Betriebsrat nicht mit einzubeziehen. Erfolgt eine Anreise Ihrer Mitarbeiter zu einer Arbeitstagung bereits am Sonntag per Bus, liegt keine Verlängerung der Arbeitszeit vor, zu der eine Mitbestimmung Ihres Betriebsrats nach § 87 Absatz 1 Nr. 3 Betriebsverfassungsgesetz erforderlich wäre. Ihre Mitarbeiter haben in einem solchen Fall jedoch einen Vergütungsanspruch für die Anreise am Sonntag (BAG, Urteil vom 23.07.1996, Aktenzeichen: 1 ABR 17/96).

**Wichtiger Hinweis:** Als Arbeitgeber brauchen Sie die Wegezeit, die Ihr Mitarbeiter für den Weg von seiner Wohnung zur Arbeitsstätte und zurück, zurücklegt, auch nicht gesondert zu bezahlen. Die Wegezeit gilt weder als Arbeitszeit, noch ist sie zu vergüten. Das hat für eine Dienstreise, die Sie anordnen, folgende Konsequenz: Tritt Ihr Mitarbeiter die Dienstreise direkt von zu Hause an, ist die Wegezeit – also die Zeit, die er normalerweise bis zur Firma braucht – von der Dienstreisezeit abzuziehen.

## Dienstreisen – Mitarbeiter ohne leitende Funktion

II. Laufendes Arbeitsverhältnis: Recht/Organisation

**1** Eine Dienstreise-Regelung mit Ihren Mitarbeitern, die keine leitende Funktion haben, können Sie **wie folgt vereinbaren:**

**2** Für den Mitarbeiter besteht die Verpflichtung, gelegentlich Dienstreisen zu unternehmen.

**3** 1. Erforderliche Spesen werden im Rahmen steuerfrei zu erstattender Reisekostensätze ersetzt.

Kostenersatz für die dienstliche Nutzung eines Privat-Pkws wird nach den Bestimmungen des gesondert abgeschlossenen Privatwagen-Vertrags gewährt.

Übernachtungskosten werden bei Vorlage entsprechender Quittungen bis zur Höhe von maximal 80 DM pro Nacht erstattet.

Für Zugreisen wird eine Fahrkarte der 2. Klasse ersetzt. Die Nutzung von Flugzeugen oder eines privaten Pkws bedarf des vorherigen Einverständnisses des Arbeitgebers.

Sonstige erforderliche Spesen werden je nach Aufwand gegen Vorlage einer Quittung erstattet.

**4** 2. Eine Abgeltung zusätzlich anfallender Arbeitszeit im Verlauf der Dienstreise erfolgt nur in folgenden Fällen:

Überschreitet die angeordnete Dienstreise die regelmäßige Arbeitszeit, dann gelten nur solche Zeiten als zusätzliche Arbeitszeit, in denen der Mitarbeiter erforderliche dienstliche Tätigkeiten verrichtet.

Eine Vergütung zusätzlicher Arbeitszeit bei Dienstreisen erfolgt entsprechend dem Gehalt des Mitarbeiters ohne Zuschläge. Nach dem Ermessen des Arbeitgebers kann statt einer Vergütung auch Freizeitausgleich gewährt werden.

Wird die regelmäßige Arbeitszeit notwendigerweise durch Reisezeiten überschritten, in denen der Mitarbeiter keinen dienstlichen Aufgaben nachgeht oder er ein Kfz nicht selbst lenkt, so wird der Arbeitszeit pauschal 1 Stunde pro Reisetag hinzugerechnet.

Dies gilt jedoch nur, wenn der Mitarbeiter durchschnittlich mindestens 10 Tage pro Monat außerhalb seines ständigen Arbeitsplatzes arbeitet und dabei regelmäßig mindestens die dienstplanmäßige, beziehungsweise betriebsübliche Arbeitszeit ableistet.

Fällt die angeordnete Dienstreise auf einen Sonn- oder Feiertag, so werden neben der arbeitsvertraglichen Vergütung die hierfür vorgesehenen Zuschläge bezahlt. Dies gilt nicht, wenn der Mitarbeiter Beginn und Ende der Reise selbst bestimmen kann.

Die zusätzlich erforderliche Reisezeit wird nicht abgegolten, wenn die Reisezeit auf die Zeit zwischen 22.00 Uhr und 6.00 Uhr fällt und der Mitarbeiter einen Schlaf- oder Liegewagen benutzen kann.

Reist der Mitarbeiter zu einer Fortbildungs- oder Schulungsveranstaltung an oder ab, die objektiv auch in seinem Weiterbildungsinteresse liegt, sind zusätzliche Reisezeiten nicht zu vergüten.

Kopiervorlage

Zur besseren Übersicht, was Sie vergüten müssen und was nicht, hilft Ihnen die nachstehende Tabelle:

| Fahrt | Vergütungspflicht |
|---|---|
| Von Wohnung zur Arbeitsstätte und zurück | Nein |
| Von Hauptarbeitsstätte zum Ort, an dem das Dienstgeschäft zu erledigen ist (Dienstreise) | Ja |
| Von Hauptarbeitsstätte zur außerhalb gelegenen Arbeitsstelle | Ja |
| Von Wohnung zum Ort, an dem das Dienstgeschäft zu erledigen ist (Dienstreise) oder zur außerhalb gelegenen Arbeitsstelle | Ja, abzuziehen ist aber die Zeit, die Ihr Mitarbeiter von seiner Wohnung bis zur Hauptarbeitsstätte benötigt |

Eine Dienstreise-Regelung mit Ihren Mitarbeitern, die keine leitende Funktion haben, können Sie **wie folgt vereinbaren:**

Für den Mitarbeiter besteht die Verpflichtung, gelegentlich Dienstreisen zu unternehmen.

1. Erforderliche Spesen werden im Rahmen steuerfrei zu erstattender Reisekostensätze ersetzt.

   Kostenersatz für die dienstliche Nutzung eines Privat-Pkws wird nach den Bestimmungen des gesondert abgeschlossenen Privatwagen-Vertrags gewährt.

   Übernachtungskosten werden bei Vorlage entsprechender Quittungen bis zur Höhe von maximal 80 DM pro Nacht erstattet.

   Für Zugreisen wird eine Fahrkarte der 2. Klasse ersetzt. Die Nutzung von Flugzeugen oder eines privaten Pkws bedarf des vorherigen Einverständnisses des Arbeitgebers.

   Sonstige erforderliche Spesen werden je nach Aufwand gegen Vorlage einer Quittung erstattet.

2. Eine Abgeltung zusätzlich anfallender Arbeitszeit im Verlauf der Dienstreise erfolgt nur in folgenden Fällen:

   Überschreitet die angeordnete Dienstreise die regelmäßige Arbeitszeit, dann gelten nur solche Zeiten als zusätzliche Arbeitszeit, in denen der Mitarbeiter erforderliche dienstliche Tätigkeiten verrichtet.

   Eine Vergütung zusätzlicher Arbeitszeit bei Dienstreisen erfolgt entsprechend dem Gehalt des Mitarbeiters ohne Zuschläge. Nach dem Ermessen des Arbeitgebers kann statt einer Vergütung auch Freizeitausgleich gewährt werden.

   Wird die regelmäßige Arbeitszeit notwendigerweise durch Reisezeiten überschritten, in denen der Mitarbeiter keinen dienstlichen Aufgaben nachgeht oder er ein Kfz nicht selbst lenkt, so wird der Arbeitszeit pauschal 1 Stunde pro Reisetag hinzugerechnet.

   Dies gilt jedoch nur, wenn der Mitarbeiter durchschnittlich mindestens 10 Tage pro Monat außerhalb seines ständigen Arbeitsplatzes arbeitet und dabei regelmäßig mindestens die dienstplanmäßige, beziehungsweise betriebsübliche Arbeitszeit ableistet.

   Fällt die angeordnete Dienstreise auf einen Sonn- oder Feiertag, so werden neben der arbeitsvertraglichen Vergütung die hierfür vorgesehenen Zuschläge bezahlt. Dies gilt nicht, wenn der Mitarbeiter Beginn und Ende der Reise selbst bestimmen kann.

   Die zusätzlich erforderliche Reisezeit wird nicht abgegolten, wenn die Reisezeit auf die Zeit zwischen 22.00 Uhr und 6.00 Uhr fällt und der Mitarbeiter einen Schlaf- oder Liegewagen benutzen kann.

   Reist der Mitarbeiter zu einer Fortbildungs- oder Schulungsveranstaltung an oder ab, die objektiv auch in seinem Weiterbildungsinteresse liegt, sind zusätzliche Reisezeiten nicht zu vergüten.

# Dienstreisen – Mitarbeiter in leitender Funktion

**1**

**Wichtiger Hinweis:** Die Reisekostenordnung wird nicht automatisch für das einzelne Arbeitsverhältnis verbindlich, sondern muß durch eine Klausel in den Arbeitsvertrag übernommen werden. Das kann bei alten Verträgen schwierig werden, wenn Ihr Mitarbeiter sich weigert. Die Reisekostenregelung wird aber auch durch mündliche Weisung für Ihren einzelnen Mitarbeiter verbindlich, wenn keine „stärkeren" Rechte (Tarifvertrag, Arbeitsvertrag, betriebliche Übung) gegensätzliche Regelungen enthalten.

**2**

**TIP:** Für den Fall, daß Ihr Mitarbeiter eine Dienstreise mit einem Auto durchführt, können Sie Ihre Haftung dadurch verringern, daß Sie mit Ihrem Mitarbeiter einen Privatwagenvertrag abschließen. Zwar dürfen Sie das Unfallrisiko nicht völlig Ihrem Mitarbeiter aufbürden, Sie können jedoch Ihre Haftung deutlich vermindern und so Kosten sparen.

## Dienstreisen – Mitarbeiter in leitender Funktion

II. Laufendes Arbeitsverhältnis: Recht/Organisation

**1** Mit Ihren Mitarbeitern, die in leitender oder gehobener Funktion tätig sind, können Sie **folgende Dienstreise-Regelung vereinbaren:**

**2** Es besteht die Verpflichtung zur Durchführung von Dienstreisen. Diese können, nach vorheriger Absprache mit dem Arbeitgeber, auch mit dem Privat-Pkw des Mitarbeiters unternommen werden. Hierfür gelten die Bestimmungen des gesondert abgeschlossenen Privatwagen-Vertrags.

1. Für Tagesspesen wird eine Pauschale von 120 DM erstattet. Eine höhere Erstattung für erforderliche Spesen kann im Einzelfall gegen Vorlage entsprechender Quittungen erfolgen.

   Übernachtungskosten werden gegen Quittung bis maximal 150 DM pro Nacht erstattet.

   Für Bahnreisen werden die Kosten einer Fahrkarte der 2. Klasse ersetzt. Flugreisen bedürfen des vorherigen Einverständnisses des Arbeitgebers.

2. Dienstreisen außerhalb der Arbeitszeit sind durch das Gehalt mit abgegolten. Eine zusätzliche Vergütung erfolgt nur, wenn es notwendig ist, die Dienstreise an einem Sonn- oder Feiertag durchzuführen, zu beginnen oder zu beenden.

   Dabei gelten jedoch nur solche Zeiten als zusätzliche Arbeitszeit, in denen der Mitarbeiter erforderliche dienstliche Tätigkeiten verrichtet.

Kopiervorlage

# Dienstreisen – Mitarbeiter in leitender Funktion



Mit Ihren Mitarbeitern, die in leitender oder gehobener Funktion tätig sind, können Sie **folgende Dienstreise-Regelung vereinbaren:**

Es besteht die Verpflichtung zur Durchführung von Dienstreisen. Diese können, nach vorheriger Absprache mit dem Arbeitgeber, auch mit dem Privat-Pkw des Mitarbeiters unternommen werden. Hierfür gelten die Bestimmungen des gesondert abgeschlossenen Privatwagen-Vertrags.

1. Für Tagesspesen wird eine Pauschale von 120 DM erstattet. Eine höhere Erstattung für erforderliche Spesen kann im Einzelfall gegen Vorlage entsprechender Quittungen erfolgen.

   Übernachtungskosten werden gegen Quittung bis maximal 150 DM pro Nacht erstattet.

   Für Bahnreisen werden die Kosten einer Fahrkarte der 2. Klasse ersetzt. Flugreisen bedürfen des vorherigen Einverständnisses des Arbeitgebers.

2. Dienstreisen außerhalb der Arbeitszeit sind durch das Gehalt mit abgegolten. Eine zusätzliche Vergütung erfolgt nur, wenn es notwendig ist, die Dienstreise an einem Sonn- oder Feiertag durchzuführen, zu beginnen oder zu beenden.

   Dabei gelten jedoch nur solche Zeiten als zusätzliche Arbeitszeit, in denen der Mitarbeiter erforderliche dienstliche Tätigkeiten verrichtet.

# Reisekostenabrechnung Inland

## 1 Fahrtkosten

Benutzt der Mitarbeiter sein privates Fortbewegungsmittel, kann er folgende Kosten pro km abrechnen:

Kraftwagen 0,52 DM, Motorrad oder Motorroller 0,23 DM, Fahrrad mit Motor 0,14 DM, Fahrrad 0,07 DM.

Bei Benutzung öffentlicher Verkehrsmittel erhält der Abrechnende die tatsächlich entstandenen Kosten laut Beleg bzw. bei der Benutzung eines Dienst-Kfz die Ausgaben für Betriebsstoffe wie Benzin und Öl.

## 2 Unterbringung

Verzichtet der Arbeitnehmer auf die Unterbringung im Hotel, steht ihm ein Pauschbetrag von 39 DM pro Tag zu. Befindet sich der Mitarbeiter auf einer Auslandsreise, entnehmen Sie bitte den Pauschbetrag für das jeweilige Land aus dem Formular Reisekostenabrechnung Ausland.

Übernachtet der Mitarbeiter im Hotel, werden für jede Übernachtung mit Frühstück 9 DM abgezogen.

Im Fall einer Übernachtung im Ausland 20 % des Tagessatzes.

## 3 Verpflegungsmehraufwendung

Bei Geschäfts- und Dienstreisen im Inland können ab 1997 bereits ab 8 Stunden Abwesenheit 10 DM Verpflegungspauschale als Betriebsausgaben abgezogen und an den Arbeitnehmer ausgezahlt werden. Die Pauschalen von 20 DM für Abwesenheit zwischen 14 und 24 Stunden und 46 DM für den ganzen Tag gelten unverändert. Erstattet der Arbeitgeber mehr als die steuerfreie Verpflegungspauschale, kann er den Mehrbetrag mit 25% steuerlich pauschalieren, soweit der Mehrbetrag nicht höher ist als die steuerfreie Grundpauschale. Ein Vorteil der Steuerpauschalierung besteht auch darin, daß aus dem Mehrbetrag keine Sozialversicherungsbeiträge entstehen.

Für Auslandsreisen gelten unterschiedliche, vom jeweiligen Land abhängige Verpflegungspauschalen. Bei Dienstreisen ins Ausland ist diesem Formular die Reisekostenabrechnung Ausland beizufügen.

## 4 Gesamte Reisekosten

Wichtig! Ab 1999 entfällt die Vorsteuerabzugsmöglichkeit bei Dienstreisen.

### Reisekostenabrechnung Inland

II. Laufendes Arbeitsverhältnis: Recht/Organisation

| | | | |
|---|---|---|---|
| ■ **Reisekostenabrechnung** | | | |
| ❑ Inland | ❑ Ausland (Vordruck Reisekostenabrechnung Ausland beigefügt) | | |
| ■ **Angaben des Abrechnenden** | | | |
| Vorname: | Name: | Str. | PLZ/Ort: |
| Abteilung: | Kostenstelle: | Vorgesetzter: | |
| Grund der Reise: | | | |
| Reise genehmigt durch: | | | |
| ■ **Abreise** | | | |
| Abreise: | Datum: | Uhrzeit: | von: |
| Ankunft: | Datum: | Uhrzeit: | Ort: |
| ■ **Rückreise** | | | |
| Abreise: | Datum: | Uhrzeit: | von: |
| Ankunft: | Datum: | Uhrzeit: | Ort: |
| ■ **Reisemittel** | | | |
| ❑ Privat-Kfz | ❑ Dienst-Kfz | ❑ Zug | ❑ Flugzeug |
| 1 ■ **Fahrtkosten** | | | |
| ❑ Privat-Kfz | Kilometer hin und zurück ............... km * 0,52 DM<br>Anzahl der Mitfahrer ......... * 0,03 DM pro ......... km | | ............... DM<br>............... DM |
| ❑ Dienst-Kfz (laut Beleg für Benzin, Öl, usw.) | | | ............... DM |
| ❑ laut Anlage (Zugfahrkarte/Flugticket) | | | ............... DM |
| 2 ■ **Unterbringung** | | | |
| ❑ laut Anlage (Hotelrechnung) | | | ............... DM |
| ❑ Übernachtung mit Frühstück | | | |
| Geschäftsreise Inland ................ Tage * 9 DM | | ./. | ............... DM |
| Geschäftsreise Ausland ............... Tage * Tagessatz ............... DM * 0,2 | | ./. | ............... DM |
| ❑ Übernachtungspauschale für Arbeitnehmer ............... Tage * ............... DM | | | ............... DM |
| 3 ■ **Verpflegungsmehraufwand** | | | |
| **Inland** | | | |
| ❑ mind. 8 Std. weniger als 14 Std. ............... Tage * ............... DM | | | ............... DM |
| ❑ mind. 14 Std. weniger als 24 Std. ............... Tage * ............... DM | | | ............... DM |
| ❑ 24 Std. und mehr ............... Tage * ............... DM | | | ............... DM |
| **Ausland** | | | |
| ❑ Reisekostenabrechnung Ausland ist beigelegt – Übertrag: | | | ............... DM |
| ■ **Reisenebenkosten** | | | |
| ❑ laut Anlage (Taxi) | | | ............... DM |
| ❑ laut Anlage (Parkgebühren) | | | ............... DM |
| ❑ laut Anlage (Fahrtkosten Bus/Bahn) | | | ............... DM |
| ❑ sonstiges:........................................................................ | | | ............... DM |
| ■ **Bereits geleistete Reisekosten** | | | |
| ❑ Vorschuß für Reisekosten am ............... in Höhe von ............... DM erhalten ./. | | | ............... DM |
| 4 ■ **Gesamte Reisekosten:** | | | ............... DM |
| Datum: | Unterschrift: | | |

Kopiervorlage

# Reisekostenabrechnung Inland



| | | | |
|---|---|---|---|
| ■ **Reisekostenabrechnung** | | | |
| ❑ Inland | ❑ Ausland (Vordruck Reisekostenabrechnung Ausland beigefügt) | | |
| ■ **Angaben des Abrechnenden** | | | |
| Vorname: | Name: | Str. | PLZ/Ort: |
| Abteilung: | Kostenstelle: | Vorgesetzter: | |
| Grund der Reise: | | | |
| Reise genehmigt durch: | | | |
| ■ **Abreise** | | | |
| Abreise: | Datum: | Uhrzeit: | von: |
| Ankunft: | Datum: | Uhrzeit: | Ort: |
| ■ **Rückreise** | | | |
| Abreise: | Datum: | Uhrzeit: | von: |
| Ankunft: | Datum: | Uhrzeit: | Ort: |
| ■ **Reisemittel** | | | |
| ❑ Privat-Kfz | ❑ Dienst-Kfz | ❑ Zug | ❑ Flugzeug |

| | | | |
|---|---|---|---|
| ■ **Fahrtkosten** | | | |
| ❑ Privat-Kfz | Kilometer hin und zurück ............... km * 0,52 DM | | ............... DM |
| | Anzahl der Mitfahrer ......... * 0,03 DM pro ......... km | | ............... DM |
| ❑ Dienst-Kfz (laut Beleg für Benzin, Öl, usw.) | | | ............... DM |
| ❑ laut Anlage (Zugfahrkarte/Flugticket) | | | ............... DM |
| ■ **Unterbringung** | | | |
| ❑ laut Anlage (Hotelrechnung) | | | ............... DM |
| ❑ Übernachtung mit Frühstück | | | |
| Geschäftsreise Inland ................ Tage * 9 DM | | ./. | ............... DM |
| Geschäftsreise Ausland ............... Tage * Tagessatz ............... DM * 0,2 | | ./. | ............... DM |
| ❑ Übernachtungspauschale für Arbeitnehmer ............... Tage * ............... DM | | | ............... DM |
| ■ **Verpflegungsmehraufwand** | | | |
| **Inland** | | | |
| ❑ mind. 8 Std. weniger als 14 Std. ............... Tage * ............... DM | | | ............... DM |
| ❑ mind. 14 Std. weniger als 24 Std. ............... Tage * ............... DM | | | ............... DM |
| ❑ 24 Std. und mehr ............... Tage * ............... DM | | | ............... DM |
| **Ausland** | | | |
| ❑ Reisekostenabrechnung Ausland ist beigelegt – Übertrag: | | | ............... DM |
| ■ **Reisenebenkosten** | | | |
| ❑ laut Anlage (Taxi) | | | ............... DM |
| ❑ laut Anlage (Parkgebühren) | | | ............... DM |
| ❑ laut Anlage (Fahrtkosten Bus/Bahn) | | | ............... DM |
| ❑ sonstiges:........................................................................... | | | ............... DM |
| ■ **Bereits geleistete Reisekosten** | | | |
| ❑ Vorschuß für Reisekosten am ............... in Höhe von ............... DM erhalten | | ./. | ............... DM |
| ■ **Gesamte Reisekosten:** | | | ............... DM |
| Datum: | Unterschrift: | | |

# Reisekostenabrechnung Ausland

**1**

Je nachdem, in welches Land die Dienstreise führt, werden unterschiedliche Pauschbeträge angesetzt. Eine Übersicht finden Sie nachstehend.

Unternimmt ein Mitarbeiter eine Dienstreise in ein Land, das in der Übersicht nicht enthalten ist, verwenden Sie die Pauschsätze von Luxemburg.

**Hinweis:** Maßgeblich ist immer die Übernachtungspauschale des Landes, in dem der Mitarbeiter die Nacht verbracht hat. Für die Dauer des Flugs brauchen Sie keine Übernachtungspauschale zu zahlen.

Die Höhe der Verpflegungspauschale richtet sich nach dem Land, das Ihr Mitarbeiter vor 24 Uhr Ortszeit zuletzt erreicht hat. Bei Flugreisen ist ein Land erst dann erreicht, wenn das Flugzeug dort landet.

## Pauschbeträge für Mehraufwendungen im Ausland in DM

| Land/Stadt | 8 Std. < 14 Std. | 14 Std. < 24 Std. | 24 Std. | Übernachtung |
|---|---|---|---|---|
| Ägypten | 48 | 32 | 16 | 120 |
| Algerien | 72 | 48 | 24 | 90 |
| Argentinien | 108 | 72 | 36 | 220 |
| Australien | 72 | 48 | 24 | 140 |
| Bahrain | 78 | 52 | 26 | 130 |
| Belgien | 74 | 50 | 25 | 130 |
| Bosnien | 72 | 48 | 24 | 110 |
| Bulgarien | 42 | 28 | 14 | 150 |
| China | 78 | 52 | 26 | 140 |
| Dänemark | 96 | 64 | 32 | 100 |
| England | 84 | 56 | 28 | 130 |
| Finnland | 72 | 48 | 24 | 130 |
| Frankreich | 78 | 52 | 26 | 100 |
| Griechenland | 60 | 40 | 20 | 100 |
| Hongkong | 78 | 52 | 26 | 240 |
| Indien | 48 | 32 | 16 | 160 |
| Indonesien | 84 | 56 | 28 | 180 |
| Irland | 90 | 60 | 30 | 150 |
| Island | 96 | 64 | 32 | 200 |
| Israel | 72 | 48 | 24 | 150 |
| Italien | 78 | 52 | 25 | 150 |
| Japan | 132 | 88 | 44 | 220 |
| Jordanien | 60 | 40 | 20 | 100 |
| Kanada | 78 | 52 | 26 | 150 |
| Kolumbien | 60 | 40 | 20 | 120 |
| Korea Demokratische Rep. | 96 | 64 | 32 | 130 |
| Korea, Republik | 108 | 72 | 36 | 220 |
| Kroatien | 78 | 52 | 26 | 120 |
| Kuwait | 78 | 52 | 26 | 240 |
| Liechtenstein | 90 | 60 | 30 | 160 |
| Luxemburg | 74 | 50 | 25 | 140 |
| Madagaskar | 42 | 28 | 14 | 150 |
| Marokko | 72 | 48 | 24 | 110 |
| Mexiko | 48 | 32 | 16 | 140 |
| Niederlande | 78 | 52 | 26 | 140 |
| Norwegen | 84 | 56 | 28 | 170 |
| Österreich | 72 | 48 | 24 | 110 |
| Polen | 48 | 32 | 16 | 100 |
| Portugal | 60 | 40 | 20 | 130 |
| Rumänien | 48 | 32 | 16 | 200 |
| Russische Föderation | 102 | 68 | 34 | 250 |
| Saudi-Arabien | 78 | 52 | 26 | 130 |
| Schweden | 84 | 56 | 28 | 170 |
| Schweiz | 90 | 60 | 30 | 160 |
| Spanien | 60 | 40 | 20 | 160 |
| Südafrika | 48 | 32 | 16 | 100 |
| Thailand | 66 | 44 | 22 | 150 |
| Tschechische Republik | 42 | 28 | 14 | 130 |
| Türkei | 48 | 32 | 16 | 130 |
| Tunesien | 54 | 36 | 18 | 120 |
| Turkmenistan | 60 | 40 | 20 | 160 |
| USA | 96 | 64 | 32 | 170 |
| Ver. Arabische Emirate | 84 | 56 | 28 | 180 |

**Anmerkung:** Für die Städte Bombay, Paris, London, Moskau, New Delhi, Warschau, New York und Washington gelten besondere Pauschbeträge. Auskunft darüber bekommen Sie beim Bundesministerium der Finanzen.

Kopiervorlage

### Reisekostenabrechnung Ausland

II. Laufendes Arbeitsverhältnis: Recht/Organisation

Für Auslandsreisen gelten unterschiedliche vom jeweiligen Land abhängige Verpflegungspauschalen. Deshalb müssen Sie bei Auslandsaufenthalten dieses Formular Ihrer Reisekostenabrechnung beifügen.

**Anlage zur Reisekostenabrechnung für einen Aufenthalt im Ausland**

**■ Angaben des Abrechnenden**

| | | | |
|---|---|---|---|
| Vorname: | Name: | Str. | PLZ/Ort: |
| Abteilung: | Kostenstelle: | Vorgesetzter: | |

**■ Abreise ins Ausland**

| | | |
|---|---|---|
| Datum: | Uhrzeit: | Ort/Land: |
| Ankunft | | |
| Datum: | Uhrzeit: | Ort/Land: |

**■ Rückreise letztes Tätigkeitsland**

| | | |
|---|---|---|
| Datum: | Uhrzeit: | Ort/Land: |
| Ankunft | | |
| Datum: | Uhrzeit: | Ort/Land: |

**1** **■ Pauschale für Aufenthalt im Ausland**

| | | |
|---|---|---|
| Reiseland: | Aufenthalt ........ Tage * ........ DM Pauschale | .............. DM |
| Reiseland: | Aufenthalt ........ Tage * ........ DM Pauschale | .............. DM |
| Reiseland: | Aufenthalt ........ Tage * ........ DM Pauschale | .............. DM |
| Reiseland: | Aufenthalt ........ Tage * ........ DM Pauschale | .............. DM |
| Reiseland: | Aufenthalt ........ Tage * ........ DM Pauschale | .............. DM |
| Reiseland: | Aufenthalt ........ Tage * ........ DM Pauschale | .............. DM |
| Reiseland: | Aufenthalt ........ Tage * ........ DM Pauschale | .............. DM |
| Reiseland: | Aufenthalt ........ Tage * ........ DM Pauschale | .............. DM |
| Reiseland: | Aufenthalt ........ Tage * ........ DM Pauschale | .............. DM |
| Reiseland: | Aufenthalt ........ Tage * ........ DM Pauschale | .............. DM |
| Reiseland: | Aufenthalt ........ Tage * ........ DM Pauschale | .............. DM |
| Reiseland: | Aufenthalt ........ Tage * ........ DM Pauschale | .............. DM |
| Reiseland: | Aufenthalt ........ Tage * ........ DM Pauschale | .............. DM |
| Reiseland: | Aufenthalt ........ Tage * ........ DM Pauschale | .............. DM |
| Reiseland: | Aufenthalt ........ Tage * ........ DM Pauschale | .............. DM |
| Reiseland: | Aufenthalt ........ Tage * ........ DM Pauschale | .............. DM |
| Summe | | .............. DM |

| | |
|---|---|
| Datum: | Unterschrift: |

# Reisekostenabrechnung Ausland

Für Auslandsreisen gelten unterschiedliche vom jeweiligen Land abhängige Verpflegungspauschalen. Deshalb müssen Sie bei Auslandsaufenthalten dieses Formular Ihrer Reisekostenabrechnung beifügen.

**Anlage zur Reisekostenabrechnung für einen Aufenthalt im Ausland**

**■ Angaben des Abrechnenden**

| | | | |
|---|---|---|---|
| Vorname: | Name: | Str. | PLZ/Ort: |
| Abteilung: | Kostenstelle: | Vorgesetzter: | |

**■ Abreise ins Ausland**

| | | |
|---|---|---|
| Datum: | Uhrzeit: | Ort/Land: |
| Ankunft | | |
| Datum: | Uhrzeit: | Ort/Land: |

**■ Rückreise letztes Tätigkeitsland**

| | | |
|---|---|---|
| Datum: | Uhrzeit: | Ort/Land: |
| Ankunft | | |
| Datum: | Uhrzeit: | Ort/Land: |

**■ Pauschale für Aufenthalt im Ausland**

| | | |
|---|---|---|
| Reiseland: | Aufenthalt ......... Tage * ......... DM Pauschale | .............. DM |
| Reiseland: | Aufenthalt ......... Tage * ......... DM Pauschale | .............. DM |
| Reiseland: | Aufenthalt ......... Tage * ......... DM Pauschale | .............. DM |
| Reiseland: | Aufenthalt ......... Tage * ......... DM Pauschale | .............. DM |
| Reiseland: | Aufenthalt ......... Tage * ......... DM Pauschale | .............. DM |
| Reiseland: | Aufenthalt ......... Tage * ......... DM Pauschale | .............. DM |
| Reiseland: | Aufenthalt ......... Tage * ......... DM Pauschale | .............. DM |
| Reiseland: | Aufenthalt ......... Tage * ......... DM Pauschale | .............. DM |
| Reiseland: | Aufenthalt ......... Tage * ......... DM Pauschale | .............. DM |
| Reiseland: | Aufenthalt ......... Tage * ......... DM Pauschale | .............. DM |
| Reiseland: | Aufenthalt ......... Tage * ......... DM Pauschale | .............. DM |
| Reiseland: | Aufenthalt ......... Tage * ......... DM Pauschale | .............. DM |
| Reiseland: | Aufenthalt ......... Tage * ......... DM Pauschale | .............. DM |
| Reiseland: | Aufenthalt ......... Tage * ......... DM Pauschale | .............. DM |
| Reiseland: | Aufenthalt ......... Tage * ......... DM Pauschale | .............. DM |
| Reiseland: | Aufenthalt ......... Tage * ......... DM Pauschale | .............. DM |
| Summe | | .............. DM |

| | |
|---|---|
| Datum: | Unterschrift: |

# Urlaubsantrag

Die Urlaubsplanung ist in jedem Betrieb ein „heißes Eisen“, da oft widerstreitende Interessen aufeinander treffen. Sie als Führungskraft müssen den „laufenden Betrieb“ Ihrer Abteilung gewährleisten. Dagegen stehen oftmals die Interessen der Mitarbeiter. Da jeder Einzelne hofft, seinen Urlaub so genehmigt zu bekommen, wie er sich das wünscht.

Für Sie als Führungskraft ist es daher wichtig, die Urlaubsplanung in Ihrer Abteilung möglichst frühzeitig für jedes Kalenderjahr zu beginnen, um Personalengpässe zu vermeiden.

Der erste Schritt dazu ist die Erstellung eines Urlaubsantrags für die Verwaltung der Urlaubsansprüche in Ihrer Abteilung:

**Urlaubsantrag** — II. Laufendes Arbeitsverhältnis: Recht/Organisation

| | | | |
|---|---|---|---|
| 1 | **Urlaubsantrag** | | Personal-Nr. |
| | Name | | beschäftigt von |
| | Vorname | | bis |
| | geb. am | | Kostenstelle |
| 2 | Resturlaub Vorjahr *) | | Tage |
| | Urlaubsanspruch laufendes Jahr | 3 | Tage |
| | Anspruch zum Zeitpunkt des Antrags | | Tage |
| 4 | Ich beantrage Urlaub vom | bis | Tage |
| | verbleibender Resturlaub | | Tage |

während des Urlaubs vertritt mich:

Ort, Datum — Unterschrift Antragsteller

5 Der Antrag auf Urlaub
❑ wird befürwortet/genehmigt.
❑ wird nicht befürwortet/genehmigt.

Bei Ablehnung bitte Begründung:

Ort, Datum — Unterschrift Antragsteller

Bearbeitungsvermerk Personalstelle:

Ort, Datum — Unterschrift Antragsteller

*) Muß bis spätestens 31.03. des laufenden Jahres in Anspruch genommen werden.

Kopiervorlage

**1**

Zeigen Sie als Führungskraft bei der Urlaubsplanung für Ihre Abteilung konsequentes Handeln. Berücksichtigen Sie die Urlaubsansprüche derjenigen Mitarbeiter vorrangig, die frühzeitig ihren Urlaubsantrag abgegeben haben. Beachten Sie auch, daß Sie die Interessen besonders schutzwürdiger Mitarbeiter, die beispielsweise schulpflichtige Kinder haben und auf die vorgegebenen Ferienzeiten angewiesen sind, hinreichend berücksichtigen. So vermeiden Sie Unstimmigkeiten und sichern in Ihrer Abteilung eine solide Urlaubsplanung, die auch die betrieblichen Interessen hinreichend berücksichtigt.

**2**

Jeder Mitarbeiter hat nach dem Bundesurlaubsgesetz (BUrlG), welches einheitlich im ganzen Bundesgebiet gilt, Anspruch auf einen Mindesturlaub von 24 Werktagen im Kalenderjahr (§ 3 BUrlG). Aufgrund arbeitsvertraglicher Regelungen können Ihre Mitarbeiter einen noch größeren Urlaubsanspruch haben.

Der Urlaub aus dem Vorjahr muß bis zum 31.03. des laufenden Jahres in Anspruch genommen werden, ansonsten verfällt er.

**3**

Der Urlaub Ihrer Mitarbeiter ist grundsätzlich auf das Urlaubsjahr und damit im Regelfall auf das Kalenderjahr bezogen. Der Urlaubsanspruch ist also auf das laufende Kalenderjahr befristet. Er muß daher grundsätzlich auch im laufenden Kalenderjahr von Ihnen gewährt und von Ihren Mitarbeitern genommen werden (§ 7 Absatz 3 BUrlG). Damit ein Erholungseffekt gewährleistet ist, müssen Sie als verantwortungsvolle Führungskraft darauf achten, daß Sie den Urlaub Ihrer Mitarbeiter möglichst zusammenhängend gewähren (§ 7 Absatz 2 BUrlG).

**4**

Voraussetzung für den vollen Urlaubsanspruch Ihres Mitarbeiters ist die Erfüllung der sogenannten Wartezeit von 6 Monaten (§ 4 BUrlG). Ihr Mitarbeiter kann seinen vollen Urlaubsanspruch also erstmalig geltend machen, wenn sein Arbeitsverhältnis mindestens 6 Monate bestanden hat. Vor erfüllter Wartezeit besteht für Ihren Mitarbeiter lediglich ein Anspruch auf Teil-Urlaub in Höhe von 1/12 pro vollem Beschäftigungsmonat. Sie müssen diesen Urlaub jedoch nicht vor Ablauf der Wartezeit gewähren.

**5**

In diesen 2 Fällen können Sie den Urlaub verweigern:

Dem Urlaubswunsch eines Mitarbeiters stehen

- dringende betriebliche Erfordernisse oder
- Urlaubswünsche sozial schutzwürdiger Mitarbeiter

entgegen.

Zu den dringenden betrieblichen Erfordernissen gehören beispielsweise personelle Engpässe oder plötzlich eintretende Produktions- oder Absatzschwierigkeiten.

Bei den sozial schutzwürdigen Mitarbeiter-Interessen sind in der betrieblichen Praxis insbesondere die Schulferien bei Mitarbeitern mit schulpflichtigen Kindern zu berücksichtigen.

# Urlaubsantrag

| **Urlaubsantrag** | | Personal-Nr. |
|---|---|---|
| Name | | beschäftigt von |
| Vorname | | bis |
| geb. am | | Kostenstelle |
| Resturlaub Vorjahr *) | | Tage |
| Urlaubsanspruch laufendes Jahr | | Tage |
| Anspruch zum Zeitpunkt des Antrags | | Tage |
| Ich beantrage Urlaub vom | bis | Tage |
| verbleibender Resturlaub | | Tage |

während des Urlaubs vertritt mich:

Ort, Datum — Unterschrift Antragsteller

Der Antrag auf Urlaub
❑ wird befürwortet/genehmigt.
❑ wird nicht befürwortet/genehmigt.

Bei Ablehnung bitte Begründung:

Ort, Datum — Unterschrift Antragsteller

Bearbeitungsvermerk Personalstelle:

Ort, Datum — Unterschrift Antragsteller

*) Muß bis spätestens 31.03. des laufenden Jahres in Anspruch genommen werden.

# Personalabbau

Nach § 8 Arbeitsförderungsgesetz (AFG) sind Sie aus arbeitsmarktpolitischen Gründen verpflichtet, dem Präsidenten des Landesarbeitsamtes schriftlich mitzuteilen, wenn Sie in den nächsten 12 Monaten voraussichtlich Arbeitnehmer in der in § 17 Absatz 1 Kündigungsschutzgesetz (KSchG) bestimmten Anzahl entlassen oder auf eine andere Tätigkeit mit geringerem Arbeitsentgelt umsetzen wollen.

**1**

Die rechtzeitige Mitteilung nach § 8 AFG hat nach § 18 Absatz 3 KSchG Einfluß auf die Entscheidung des Landesarbeitsamtes über den Zeitpunkt des Wirksamwerdens Ihrer anzeigepflichtigen Entlassungen. In der Regel geben Sie die Mitteilung nach § 8 AFG dann rechtzeitig ab, wenn Sie diese unverzüglich, also ohne schuldhaftes Zögern, nach der Unterrichtung Ihres Betriebsrats abgeben.

**2**

Wann ist Ihr Personalabbau nach dem KSchG anzeigepflichtig?

Die Anzeige ist zu erstatten, bevor Sie

a) in Betrieben mit in der Regel 21 bis 59 Arbeitnehmern mehr als 5 Arbeitnehmer

b) in Betrieben mit in der Regel 60 bis 499 Arbeitnehmern 10 % der im Betrieb regelmäßig beschäftigten Arbeitnehmer, aber mehr als 25 Arbeitnehmer

c) in Betrieben mit in der Regel mindestens 500 Arbeitnehmern mindestens 30 Arbeitnehmer innerhalb von 30 Kalendertagen entlassen.

**3**

Bei der Ermittlung der regelmäßigen Arbeitnehmerzahl kommt es nicht auf die tatsächliche Beschäftigungszahl zum Zeitpunkt der geplanten Entlassungen an. Maßgebend ist die Beschäftigungszahl, die für den Betrieb im allgemeinen kennzeichnend ist. Um dies festzustellen, müssen Sie daher einen Rückblick auf die bisherige Personalstärke und eine Einschätzung der zukünftigen Entwicklung vornehmen. Aus dieser Vor- und Rückschau ermitteln Sie sozusagen die „durchschnittliche Arbeitnehmerzahl“.

**4**

Dieser Mitteilung müssen Sie eine Stellungnahme Ihres Betriebsrats beifügen. Eine eingereichte Anzeige ohne die Stellungnahme Ihres Betriebsrats ist unwirksam. Falls Sie die Stellungnahme Ihres Betriebsrats nicht gleichzeitig mit der Anzeige einreichen können, so können Sie diese nachreichen. Nur wenn Sie eine Stellungnahme Ihres Betriebsrats überhaupt nicht erlangen können, ist die Anzeige nach § 8 AFG auch ohne Stellungnahme Ihres Betriebsrats wirksam.

## Personalabbau

II. Laufendes Arbeitsverhältnis: Recht/Organisation

An den
Präsidenten des
Landesarbeitsamtes Nordrhein-Westfalen
Josef-Gockel-Straße 7

40474 Düsseldorf

**1** Bonn, den 17.10....

**2** **Anzeige von Entlassungen und Umsetzungen nach § 8 AFG**

Sehr geehrte Damen und Herren,

wir zeigen hiermit an, daß in unserem Unternehmen für den Betrieb in Bonn in den nächsten 12 Monaten voraussichtlich Veränderungen in der Belegschaft nicht auszuschließen sind. Die voraussichtlichen, schon jetzt in ihren Ansätzen erkennbaren Veränderungen sind durch folgendes verursacht:

- Umsatzrückgang um 50 %,
- Kostenreduzierung durch Umorganisation
- Anpassung des Personalstandes an die tatsächliche Arbeitsmenge.

**3** Wir gehen davon aus, daß mit der Entlassung von insgesamt 10 Arbeitnehmern gerechnet werden muß. Von den geplanten Entlassungen sind 5 Angestellte betroffen. Die Maßnahmen werden auch die schwerbehinderten Arbeitnehmer

Herrn Max Müller aus Musterdorf
Frau Annette Meier aus Musterstadt

betreffen. Die Anzahl der Pflichtplätze wird sich um 2 Plätze auf 5 Pflichtplätze verringern.

Wir gehen weiter davon aus, daß im gleichen Zeitraum 10 weitere Arbeitnehmer, darunter 5 Angestellte, auf einen anderen Arbeitsplatz mit einer anderen Tätigkeit umgesetzt werden müssen, für die das Arbeitsentgelt geringer ist.

**4** Die vorgesehenen personellen Veränderungen werden notwendig sein, um das Unternehmen auf Dauer in seinem Fortbestand zu sichern.

Die Stellungnahme des Betriebsrats vom 13.10.... zu den vorgesehenen personellen Maßnahmen ist beigefügt.

Für weitere Auskünfte stehen wir Ihnen gerne zur Verfügung. Bitte wenden Sie sich hierzu an Herrn Müller oder Frau Schneider.

Mit freundlichem Gruß

______________________
(Unterschrift des Unternehmensinhabers)

Anlage: Stellungnahme des Betriebsrats

Kopiervorlage

An den
Präsidenten des
Landesarbeitsamtes Nordrhein-Westfalen
Josef-Gockel-Straße 7

40474 Düsseldorf

Bonn, den 17.10....

**Anzeige von Entlassungen und Umsetzungen nach § 8 AFG**

Sehr geehrte Damen und Herren,

wir zeigen hiermit an, daß in unserem Unternehmen für den Betrieb in Bonn in den nächsten 12 Monaten voraussichtlich Veränderungen in der Belegschaft nicht auszuschließen sind. Die voraussichtlichen, schon jetzt in ihren Ansätzen erkennbaren Veränderungen sind durch folgendes verursacht:

- Umsatzrückgang um 50 %,
- Kostenreduzierung durch Umorganisation
- Anpassung des Personalstandes an die tatsächliche Arbeitsmenge.

Wir gehen davon aus, daß mit der Entlassung von insgesamt 10 Arbeitnehmern gerechnet werden muß. Von den geplanten Entlassungen sind 5 Angestellte betroffen. Die Maßnahmen werden auch die schwerbehinderten Arbeitnehmer

Herrn Max Müller aus Musterdorf
Frau Annette Meier aus Musterstadt

betreffen. Die Anzahl der Pflichtplätze wird sich um 2 Plätze auf 5 Pflichtplätze verringern.

Wir gehen weiter davon aus, daß im gleichen Zeitraum 10 weitere Arbeitnehmer, darunter 5 Angestellte, auf einen anderen Arbeitsplatz mit einer anderen Tätigkeit umgesetzt werden müssen, für die das Arbeitsentgelt geringer ist.

Die vorgesehenen personellen Veränderungen werden notwendig sein, um das Unternehmen auf Dauer in seinem Fortbestand zu sichern.

Die Stellungnahme des Betriebsrats vom 13.10.... zu den vorgesehenen personellen Maßnahmen ist beigefügt.

Für weitere Auskünfte stehen wir Ihnen gerne zur Verfügung. Bitte wenden Sie sich hierzu an Herrn Müller oder Frau Schneider.

Mit freundlichem Gruß

_______________________________

(Unterschrift des Unternehmensinhabers)

Anlage: Stellungnahme des Betriebsrats

# Outsourcing

Viele Unternehmen leiden am sog. „Wasserkopf-Syndrom". Eine zu große Komplexität der internen Aktivitäten verlangsamt die Produktion.

Es ist daher für den langfristigen Unternehmenserfolg sehr wichtig, sich auf die strategisch wichtigen Geschäftsbereiche zu konzentrieren sowie untergeordnete Tätigkeiten an externe Dienstleister zu vergeben.

Zur leichteren Entscheidungsfindung haben wir eine kleine Prüfliste für Sie erstellt.

**1**

Je schlanker ein Unternehmen ist, desto schlagkräftiger kann ein Unternehmen agieren. Weniger ist oft mehr. Konzentrieren Sie sich auf die Dinge, die wirklich Geld und Leistung bringen:

Sehr häufig werden viel zuviel Zeit und Energie für Nebensächlichkeiten geopfert.

Der italienische Wirtschaftswissenschaftler Vilfredo Pareto hat schon im 19. Jahrhundert das nach ihm benannte Pareto-Prinzip beschrieben, die sogenannte 80:20-Regel: Danach werden mit nur 20 % des Zeitaufwands schon 80 % der Ergebnisse erreicht, mit den restlichen 80 % der Zeit aber nur noch 20 % der Ergebnisse.

Wenn es Ihnen gelingt, diese Relationen zurechtzurücken, können Sie sowohl Zeit gewinnen als auch ihre Ergebnisse wesentlich verbessern.

**2**

Vorteile von Outsourcingmaßnahmen:

- Das Unternehmen wird schlanker
- Das Unternehmen bleibt auch schlank
- Die zu vergebene Leistung kann genau definiert werden
- Fixkosten werden zu variablen Kosten und sind besser steuerbar
- Leistungen werden nur bei Bedarf abgerufen

Nachteile von Outsourcingmaßnahmen:

- Das Unternehmen wird möglicherweise von Dienstleistern abhängig
- Das Unternehmen verliert internes Know-how
- Das Personal, das bisher die Leistung erfüllt hat, muß evtl. anderweitig beschäftigt werden
- Das Unternehmen wird transparent für Dritte
- Das Unternehmen verliert seine Möglichkeiten der Kontrolle

## Outsourcing

II. Laufendes Arbeitsverhältnis: Recht/Organisation

**1** Beantworten Sie ganz ehrlich die nachfolgenden Fragen, und stellen Sie so fest, ob in Ihrer Firma/Abteilung Potenz zur Vereinfachung und Gewinnsteigerung vorhanden ist.

- ❑ Konzentriere ich mich auf die wirklich wichtigen Kunden? Beachte ich die 80:20-Regel?
- ❑ Konzentriere ich mich auf die Produkte, die richtig Geld bringen und auch in Zukunft bringen werden?
- ❑ Verwende ich so weit wie möglich Standardbauteile?
- ❑ Ist das Unternehmen in dezentralen – produktbezogenen – Einheiten mit hoher Verantwortungskompetenz (Profit Center) organisiert?

**2** Gestalten Sie Ihre Firma schlanker und damit flexibler. Listen Sie die Bereiche Ihrer Firma auf, die für ein Outsourcing in Frage kommen.

Beispielsweise:

- ❑ Werbemaßnahmen
- ❑ Produktforschung
- ❑ Versand
- ❑ Buchhaltung
- ❑ Außendienst

Treffen Sie anschließend Ihre Entscheidung anhand eines Vierpunktesystems:

| ............................................... (Tätigkeit) | ja | teilweise | eher nein | auf keinen Fall |
|---|---|---|---|---|
| Entstehen Kostenvorteile durch das Outsourcing? | ❑ | ❑ | ❑ | ❑ |
| Hat die Leistung keine strategische Bedeutung? | ❑ | ❑ | ❑ | ❑ |
| Können andere keinen Vorteil aus dem Outsourcing ziehen? | ❑ | ❑ | ❑ | ❑ |
| Ist der Kommunikationsaufwand für die herauszugebende Leistung gering? | ❑ | ❑ | ❑ | ❑ |
| Ist das Outsourcen technisch leicht zu realisieren? | ❑ | ❑ | ❑ | ❑ |
| Ist die Rückführung der vergebenen Leistung ohne weiteres möglich? | ❑ | ❑ | ❑ | ❑ |

*Nur wenn Sie alle Punkte mit „Ja" oder wenigstens mit „teilweise" beantworten können, sollten Sie überlegen, ob Sie die Tätigkeiten nach außen vergeben sollen.

Kopiervorlage

# Outsourcing



Beantworten Sie ganz ehrlich die nachfolgenden Fragen, und stellen Sie so fest, ob in Ihrer Firma/Abteilung Potenz zur Vereinfachung und Gewinnsteigerung vorhanden ist.

- ❏ Konzentriere ich mich auf die wirklich wichtigen Kunden? Beachte ich die 80:20-Regel?
- ❏ Konzentriere ich mich auf die Produkte, die richtig Geld bringen und auch in Zukunft bringen werden?
- ❏ Verwende ich so weit wie möglich Standardbauteile?
- ❏ Ist das Unternehmen in dezentralen – produktbezogenen – Einheiten mit hoher Verantwortungskompetenz (Profit Center) organisiert?

Gestalten Sie Ihre Firma schlanker und damit flexibler. Listen Sie die Bereiche Ihrer Firma auf, die für ein Outsourcing in Frage kommen.

Beispielsweise:

- ❏ Werbemaßnahmen
- ❏ Produktforschung
- ❏ Versand
- ❏ Buchhaltung
- ❏ Außendienst

Treffen Sie anschließend Ihre Entscheidung anhand eines Vierpunktesystems:

| ................................................ (Tätigkeit) | ja | teilweise | eher nein | auf keinen Fall |
|---|---|---|---|---|
| Entstehen Kostenvorteile durch das Outsourcing? | ❏ | ❏ | ❏ | ❏ |
| Hat die Leistung keine strategische Bedeutung? | ❏ | ❏ | ❏ | ❏ |
| Können andere keinen Vorteil aus dem Outsourcing ziehen? | ❏ | ❏ | ❏ | ❏ |
| Ist der Kommunikationsaufwand für die herauszugebende Leistung gering? | ❏ | ❏ | ❏ | ❏ |
| Ist das Outsourcen technisch leicht zu realisieren? | ❏ | ❏ | ❏ | ❏ |
| Ist die Rückführung der vergebenen Leistung ohne weiteres möglich? | ❏ | ❏ | ❏ | ❏ |

*Nur wenn Sie alle Punkte mit „Ja“ oder wenigstens mit „teilweise“ beantworten können, sollten Sie überlegen, ob Sie die Tätigkeiten nach außen vergeben sollen.

## 1 Versetzung

Unter bestimmten Voraussetzungen können Sie als Arbeitgeber auf dem Weg der Versetzung Ihrem Mitarbeiter eine andere Tätigkeit zuweisen. Unter Versetzung wird die Änderung des Aufgabengebiets des Arbeitnehmers nach Art, Ort und Umfang der Tätigkeit verstanden. Die Versetzung erfolgt durch Ausübung Ihres Direktionsrechts, das heißt, durch einseitige Weisung.

Wenn in Ihrem Betrieb ein Betriebsrat besteht, mehr als 20 wahlberechtigte Mitarbeiter beschäftigt sind und es sich bei der beabsichtigten Versetzung um eine betriebsverfassungsrechtliche Versetzung im Sinn von § 95 Absatz 3 Betriebsverfassungsgesetz (BetrVG) handelt, müssen Sie zuvor die nach § 99 Absatz 1 BetrVG erforderliche Zustimmung des Betriebsrats einholen.

Eine betriebsverfassungsrechtliche Versetzung ist gemäß § 95 Absatz BetrVG die Zuweisung eines anderen Arbeitsbereichs, die

- voraussichtlich die Dauer von 1 Monat überschreitet oder
- mit einer erheblichen Änderung der Umstände verbunden ist, unter denen die Arbeit zu leisten ist.

## 2 Änderungsvorbehalt im Arbeitsvertrag

Welche Tätigkeit Sie Ihrem Mitarbeiter auf dem Weg der Versetzung zuweisen können, richtet sich in erster Linie nach dem Arbeitsvertrag. Eine Einschränkung kann sich jedoch aus einer gesonderten Stellenbeschreibung ergeben.

Ist im Arbeitsvertrag das Aufgabengebiet möglichst allgemein gehalten oder aber bereits ein Versetzungsvorbehalt vereinbart, können Sie eine Versetzung häufig mühelos vornehmen. Sie müssen allerdings prüfen, ob die Versetzung notwendig und zumutbar ist oder durch eine andere, mildere Maßnahme vermieden werden kann.

## 3 Begründung

Die Versetzung muß begründet werden. Dabei ist es sinnvoll, die betrieblichen Erfordernisse deutlich zu machen.

## 4 Betriebsrat

Beschäftigen Sie als Arbeitgeber in der Regel mehr als 20 wahlberechtigte Mitarbeiter, müssen Sie den Betriebsrat vor jeder Versetzung unterrichten (§ 99 Abs. 1 BetrVG). Dabei müssen Sie dem Betriebsrat Auskunft über die Beteiligten geben und ihm unter Vorlage der erforderlichen Unterlagen Auskunft über die Auswirkungen der beabsichtigten Versetzung erteilen. Um Ihren Mitarbeiter versetzen zu können, ist schließlich grundsätzlich noch die Zustimmung des Betriebsrats erforderlich.

Der Betriebsrat kann seine Zustimmung allein aus den in § 99 Abs. 2 BetrVG genannten Gründen verweigern. Auch wenn Ihr Mitarbeiter mit der Versetzung einverstanden ist, ändert das nichts am Mitbestimmungsrecht des Betriebsrats. Die Mitbestimmungsrechte dienen nicht nur dem Schutz des zu versetzenden Mitarbeiters, sondern Ihrem gesamten Personal. Die Zustimmung des Betriebsrats kann allerdings nicht ein erforderliches Einverständnis Ihres Mitarbeiters (beispielsweise bei einer einvernehmlichen Änderung des Arbeitsvertrags) ersetzen.

## 5 Einverständnis Ihres Mitarbeiters

Es ist nicht erforderlich, daß Ihr Mitarbeiter zu der Versetzung sein schriftliches Einverständnis erklärt. Das Einverständnis kann auch durch schlüssiges Handeln erklärt werden, etwa dann, wenn Ihr Mitarbeiter ohne Äußerung auf der neuen Arbeitsstelle tätig wird. Ihrem Mitarbeiter muß allerdings bewußt geworden sein, daß es sich um eine Versetzung gehandelt hat. Von daher ist es für Sie als Arbeitgeber sinnvoll, sich von Ihrem Mitarbeiter den Erhalt der Versetzungsmitteilung bestätigen zu lassen.

---

Kopiervorlage

### Versetzung

III. Änderungen im Arbeitsverhältnis

Herrn
Siggi P.
– im Hause –

1 **Versetzung an einen anderen Arbeitsplatz**

Sehr geehrter Herr P.,

2 laut dem mit Ihnen bestehenden Arbeitsvertrag vom ......... sind wir nach § ... berechtigt, Sie im Fall dringender betrieblicher Erfordernisse zu versetzen bzw. Ihnen eine andere Tätigkeit zuzuweisen.

3 Mit Wirkung vom ......... werden Sie als Verkäufer von der Kinder- in die Herrenabteilung versetzt. Ihr Gehalt vermindert sich infolge der Versetzung nicht. Die Versetzung erfolgt, weil aufgrund von Umstrukturierungsmaßnahmen die Kinderabteilung verkleinert, die Herrenabteilung aber vergrößert wird. Eine andere, mildere Maßnahme als Ihre Versetzung ist uns leider nicht möglich.

4 Der Betriebsrat ist ordnungsgemäß gehört worden. Er hat der Versetzung zugestimmt.

Köln, den .........

*Matthias T.*

5 **Empfangsbestätigung:**

Das Original der Versetzungsmitteilung vom ......... habe ich am ......... erhalten.

Köln, den .........

*Siggi P.*

Herrn
Siggi P.
– im Hause –

**Versetzung an einen anderen Arbeitsplatz**

Sehr geehrter Herr P.,

laut dem mit Ihnen bestehenden Arbeitsvertrag vom ......... sind wir nach § ... berechtigt, Sie im Fall dringender betrieblicher Erfordernisse zu versetzen bzw. Ihnen eine andere Tätigkeit zuzuweisen.

Mit Wirkung vom ......... werden Sie als Verkäufer von der Kinder- in die Herrenabteilung versetzt. Ihr Gehalt vermindert sich infolge der Versetzung nicht. Die Versetzung erfolgt, weil aufgrund von Umstrukturierungsmaßnahmen die Kinderabteilung verkleinert, die Herrenabteilung aber vergrößert wird. Eine andere, mildere Maßnahme als Ihre Versetzung ist uns leider nicht möglich.

Der Betriebsrat ist ordnungsgemäß gehört worden. Er hat der Versetzung zugestimmt.

Köln, den .........

Matthias T.

**Empfangsbestätigung:**

Das Original der Versetzungsmitteilung vom ......... habe ich am ......... erhalten.

Köln, den .........

Siggi P.

# Versetzung: Meldung an den Betriebsrat

## 1 Von der Versetzung betroffener Mitarbeiter

Wenn in Ihrem Betrieb ein Betriebsrat besteht, mehr als 20 wahlberechtigte Mitarbeiter beschäftigt sind und es sich bei der beabsichtigten Versetzung um eine betriebsverfassungsrechtliche Versetzung im Sinn von § 95 Absatz 3 Betriebsverfassungsgesetz (BetrVG) handelt, müssen Sie zuvor die nach § 99 Absatz 1 BetrVG erforderliche Zustimmung des Betriebsrats einholen.

Eine betriebsverfassungsrechtliche Versetzung ist gemäß § 95 Absatz BetrVG die Zuweisung eines anderen Arbeitsbereichs, die

- voraussichtlich die Dauer von 1 Monat überschreitet oder
- mit einer erheblichen Änderung der Umstände verbunden ist, unter denen die Arbeit zu leisten ist.

Wenn Sie die Zustimmung des Betriebsrats einholen, müssen Sie dem Betriebsrat Auskunft über die Beteiligten geben. Dabei haben Sie unter Vorlage der erforderlichen Unterlagen Auskunft über die Auswirkungen der beabsichtigten Versetzung zu erteilen.

## 2 Stellungnahme des Betriebsrats

Der Betriebsrat kann der beabsichtigten Versetzung zustimmen, sich einer Stellungnahme enthalten oder der geplanten Versetzung widersprechen.

### a. Zustimmung

Erteilt der Betriebsrat seine Zustimmung, gilt die Versetzung von ihm als genehmigt. Er kann seine Zustimmung zu der beabsichtigten Versetzung jedoch auch verweigern. Die Gründe dafür sind in § 99 Abs. 2 BetrVG abschließend aufgezählt.

Bezieht sich die Ablehnung des Betriebsrats auf keinen der in § 99 Abs. 2 BetrVG genannten Gründe, ist sie unbeachtlich. Sie können die Zustimmung als erteilt ansehen.

### b. Keine Stellungnahme

Gibt der Betriebsrat nicht innerhalb einer Woche eine schriftliche Stellungnahme zu der von Ihnen beabsichtigten Versetzung ab, gilt die Zustimmung ebenfalls als erteilt.

### c. Widerspruch

Sie dürfen Ihren Mitarbeiter nicht versetzen, wenn der Widerspruch des Betriebsrats ordnungsgemäß und begründet ist. Als Arbeitgeber können Sie jedoch die Ersetzung der Zustimmung beim Arbeitsgericht beantragen (§ 99 Abs. 4 BetrVG). Das Gericht wird Ihrem Antrag stattgeben und die Zustimmung des Betriebsrats ersetzen, wenn der Grund für den Widerspruch nicht nachvollziehbar ist. Lehnt das Gericht Ihren Antrag ab, ist eine Versetzung Ihres Mitarbeiters nicht möglich. Haben Sie bereits Maßnahmen im Hinblick auf die Versetzung getroffen, müssen Sie diese rückgängig machen.

### d. Ausnahme

Ausnahmsweise können Sie schon vor einer Äußerung des Betriebsrats oder trotz dessen Widerspruchs Ihren Mitarbeiter vorläufig versetzen (§ 100 BetrVG). Voraussetzung dafür ist, daß die Maßnahme aus sachlichen Gründen dringend erforderlich ist. Sie müssen jedoch in diesen Fällen den Betriebsrat unverzüglich unterrichten und Ihren Mitarbeiter auf die Vorläufigkeit dieser Maßnahme hinweisen.

**Versetzung: Meldung an den Betriebsrat** — III. Änderungen im Arbeitsverhältnis

An den
Betriebsrat
z. H. des Betriebsratsvorsitzenden
Herrn Anton K.

Sehr geehrter Herr K.,

1 die Firma beabsichtigt,

den Arbeitnehmer Wolfram W.,
geb. am ......... , verheiratet, zwei Kinder im Alter von 6 und 8 Jahren,
wohnhaft Rheinweg 2, Köln,
beschäftigt als Schweißer in der Abteilung Fertigung mit Wirkung vom 01.12. ......

von der Fertigung in die Arbeitsvorbereitung zu versetzen.

Die Versetzung ist beabsichtigt, weil der Arbeitnehmer die an ihn gestellten Anforderungen in der Abteilung Fertigung nicht erfüllt.

2 Der Betriebsrat wird gebeten, binnen Wochenfrist der personellen Maßnahme zuzustimmen.

Köln, den .........

*Matthias T.*

Kopiervorlage

Der Betriebsrat kann bestreiten, daß die vorläufige Maßnahme dringend notwendig ist. Sie müssen dann innerhalb von 3 Tagen nach der Ablehnung durch den Betriebsrat beim Arbeitsgericht beantragen, daß die Zustimmung ersetzt wird. Zugleich müssen Sie die Feststellung beantragen, daß die vorgesehene Maßnahme dringend geboten war. Falls das Gericht die Zustimmung nicht ersetzt oder die Versetzung aus sachlichen Gründen nicht für dringend erforderlich hält, sind Sie verpflichtet, die vorläufige Maßnahme spätestens 2 Wochen nach Rechtskraft der ablehnenden Entscheidung rückgängig zu machen.

# Versetzung: Meldung an den Betriebsrat



An den
Betriebsrat
z. H. des Betriebsratsvorsitzenden
Herrn Anton K.

Sehr geehrter Herr K.,

die Firma beabsichtigt,

den Arbeitnehmer Wolfram W.,
geb. am ......... , verheiratet, zwei Kinder im Alter von 6 und 8 Jahren,
wohnhaft Rheinweg 2, Köln,
beschäftigt als Schweißer in der Abteilung Fertigung mit Wirkung vom 01.12. .......

von der Fertigung in die Arbeitsvorbereitung zu versetzen.

Die Versetzung ist beabsichtigt, weil der Arbeitnehmer die an ihn gestellten Anforderungen in der Abteilung Fertigung nicht erfüllt.

Der Betriebsrat wird gebeten, binnen Wochenfrist der personellen Maßnahme zuzustimmen.

Köln, den .........

Matthias T.

# Änderungskündigung

## 1 Änderungskündigung

Die Änderungskündigung bezweckt eine inhaltliche Änderung des Arbeitsverhältnisses. Sie können damit eine Änderung der vereinbarten Arbeitsbedingungen (beispielsweise Tätigkeit, Vergütung, Eingruppierung, Arbeitszeit oder -ort) herbeiführen, die Sie durch Ausübung Ihres Direktionsrechts nicht erreichen können.

In die Änderungskündigung ist ein Angebot für einen Arbeitsplatz zu geänderten Bedingungen aufzunehmen. Nimmt Ihr Mitarbeiter das Angebot nicht oder nicht rechtzeitig an, wird das Arbeitsverhältnis beendet, sofern die Kündigung wirksam ist. Dabei gelten die gleichen Grundsätze wie bei der Beendigungskündigung.

Sie können die Änderungskündigung als ordentliche oder als außerordentliche (fristlose) Kündigung aussprechen. Für eine ordentliche Änderungskündigung müssen personen-, verhaltens- oder betriebsbedingte Gründe vorliegen, sofern Ihre Mitarbeiter dem Kündigungsschutzgesetz unterliegen. Wollen Sie hingegen eine fristlose Änderungskündigung aussprechen, benötigen Sie einen wichtigen Grund im Sinn des § 626 Bürgerliches Gesetzbuch.

## 2 Begründung

Grundsätzlich ist die Angabe des Kündigungsgrundes nicht erforderlich. Während der ersten 6 Monate eines Arbeitsverhältnisses oder aber bei einem Kleinbetrieb (maximal 5 Mitarbeiter, wobei Ihre Auszubildenden nicht mitgerechnet werden) gilt das Kündigungsschutzgesetz ohnehin nicht, so daß Sie auch hier keine Kündigungsgründe benennen müssen. Allerdings sollten Sie in jedem Fall prüfen, ob ein für Ihren Betrieb geltender Tarifvertrag bestimmt, daß Sie den Kündigungsgrund angeben müssen. In einem etwaigen Kündigungsschutzprozeß vor dem Arbeitsgericht müssen Sie auf jeden Fall in der Lage sein, den Kündigungsgrund darzulegen und zu beweisen. Das Arbeitsgericht stellt bei der Änderungskündigung jedoch in erster Linie darauf ab, ob die Änderung der Arbeitsbedingungen sozial gerechtfertig ist oder nicht. Können Sie Ihren Mitarbeiter auf einem anderen Arbeitsplatz in Ihrem Betrieb zu den gleichen Bedingungen beschäftigen, wird das Arbeitsgericht die Änderungskündigung für unwirksam erklären.

## 3 Neues Angebot

In Ihrem Kündigungsschreiben müssen Sie die neuen, geänderten Arbeitsbedingungen genau bezeichnen. Erfolgt diese Bezeichnung nicht, ist die Änderungskündigung bereits aus diesem Grund unwirksam.

## 4 Betriebsrat

Auch bei der Änderungskündigung müssen Sie den Betriebsrat nach § 102 BetrVG anhören. Das gilt ebenfalls für das Änderungsangebot.

## 5 Empfangsbestätigung

Es gelten die üblichen Grundsätze. Der Zugang der Änderungskündigung sollte beweisbar sein.

---

### Änderungskündigung

III. Änderungen im Arbeitsverhältnis

Ludwig H. u. Sohn Maschinenbau GmbH
Auf der Brücke 9
33334 Gütersloh

, den .........

Herrn
Toni U.
Bachallee 111
33335 Gütersloh

Sehr geehrter Herr U.,

1 hiermit erklären wir die ordentliche

**Kündigung**

Ihres Arbeitsverhältnisses vom ......... fristgemäß zum .........

2 Die Kündigung erfolgt aus personenbedingten Gründen. Sie ist notwendig geworden, weil sich in Ihrem Arbeitsgebiet schwerwiegende Fehler eingestellt haben, die zu finanziellen Belastungen unseres Unternehmens geführt haben.

3 Zugleich bieten wir Ihnen aber an, Sie in unserem Betrieb als Schreibkraft zu beschäftigen. Die Vergütung hierfür beträgt 3.000 DM brutto. Es gelten folgende geänderte Arbeitsbedingungen:

Einsatz im Schreibbüro in der Zeit von 08.00 bis 16.00 Uhr,
Pausen von 09.00 bis 09.15 Uhr und von 12.00 bis 12.45 Uhr.

4 Der Betriebsrat ist ordnungsgemäß angehört worden. Er hat der Änderungskündigung ausdrücklich zugestimmt.

Soweit Sie sich mit den geänderten Arbeitsbedingungen nicht innerhalb der Kündigungsfrist, spätestens jedoch innerhalb von 3 Wochen nach Zugang der Kündigung einverstanden erklären, endet das Arbeitsverhältnis mit dem Ablauf der ordentlichen Kündigungsfrist.

Mit freundlichen Grüßen

Ludwig H.

(Geschäftsführer)

**Empfangsbestätigung:**

5 Das Original des obigen Kündigungsschreibens vom ......... habe ich am ......... erhalten.

Toni U.

Kopiervorlage

# Änderungskündigung



Ludwig H. u. Sohn Maschinenbau GmbH
Auf der Brücke 9
33334 Gütersloh , den .........

Herrn
Toni U.
Bachallee 111
33335 Gütersloh

Sehr geehrter Herr U.,

hiermit erklären wir die ordentliche

**Kündigung**

Ihres Arbeitsverhältnisses vom ......... fristgemäß zum .........

Die Kündigung erfolgt aus personenbedingten Gründen. Sie ist notwendig geworden, weil sich in Ihrem Arbeitsgebiet schwerwiegende Fehler eingestellt haben, die zu finanziellen Belastungen unseres Unternehmens geführt haben.

Zugleich bieten wir Ihnen aber an, Sie in unserem Betrieb als Schreibkraft zu beschäftigen. Die Vergütung hierfür beträgt 3.000 DM brutto. Es gelten folgende geänderte Arbeitsbedingungen:

Einsatz im Schreibbüro in der Zeit von 08.00 bis 16.00 Uhr,
Pausen von 09.00 bis 09.15 Uhr und von 12.00 bis 12.45 Uhr.

Der Betriebsrat ist ordnungsgemäß angehört worden. Er hat der Änderungskündigung ausdrücklich zugestimmt.

Soweit Sie sich mit den geänderten Arbeitsbedingungen nicht innerhalb der Kündigungsfrist, spätestens jedoch innerhalb von 3 Wochen nach Zugang der Kündigung einverstanden erklären, endet das Arbeitsverhältnis mit dem Ablauf der ordentlichen Kündigungsfrist.

Mit freundlichen Grüßen

Ludwig H.

(Geschäftsführer)

**Empfangsbestätigung:**

Das Original des obigen Kündigungsschreibens vom ......... habe ich am ......... erhalten.

Toni U.

# Änderungskündigung: Anhörung des Betriebsrats

## 1 Anhörung des Betriebsrats

Sofern Sie einen Betriebsrat haben, ist er nach § 102 Absatz 1 Betriebsverfassungsgesetz (BetrVG) vor jeder ordentlichen oder außerordentlichen Änderungskündigung zu hören. Eine Kündigung ohne, oder ohne wirksame, Anhörung des Betriebsrats ist unwirksam.

Wollen Sie Ihren Mitarbeiter zugleich versetzen, ist es besonders wichtig, daß Sie auch sein Mitbestimmungsrecht nach § 99 BetrVG berücksichtigen. Das gilt aber nur dann, wenn die Versetzung länger als 1 Monat dauern soll und Sie mehr als 20 wahlberechtigte Mitarbeiter in Ihrem Betrieb beschäftigen. In diesem Fall müssen Sie in Ihrem Schreiben an den Betriebsrat deutlich machen, daß Sie nicht nur eine Stellungnahme zu der Änderungskündigung, sondern auch zu der Versetzung erwarten.

## 2 Erforderliche Angaben

Sie müssen dem Betriebsrat sämtliche Angaben über Ihren Mitarbeiter und die beabsichtigte Änderungskündigung einschließlich der neuen Arbeitsbedingungen machen.

## 3 Stellungnahme des Betriebsrats

Der Betriebsrat hat Ihnen seine Bedenken gegen eine ordentliche Änderungskündigung innerhalb von einer Woche und gegen eine fristlose Änderungskündigung innerhalb von 3 Tagen mitzuteilen. Dabei sind immer Kalendertage und nicht Arbeits- oder Werktage gemeint. Wochenenden und Feiertage, die innerhalb der Frist liegen, zählen mit. Der Tag, an dem der Betriebsrat die Information erhält, zählt bei der Fristberechnung nicht mit. Fällt der letzte Tag der Frist auf einen Samstag, Sonntag oder gesetzlichen Feiertag, endet die Frist erst am Ende des darauf folgenden Werktags.

Äußert sich der Betriebsrat nicht innerhalb dieser Fristen, gilt seine Zustimmung zu der Änderungskündigung als erteilt.

Legt der Betriebsrat hingegen form- und fristgerecht Widerspruch ein, und lehnt Ihr Mitarbeiter das neue Angebot ab, ist er grundsätzlich bis zum Abschluß eines etwaigen Prozesses vor dem Arbeitsgericht zu den alten Bedingungen weiterzubeschäftigen. Nimmt Ihr Mitarbeiter das neue Angebot unter Vorbehalt an, gelten für ihn bis zur Rechtskraft der Entscheidung des Arbeitsgerichts die neuen Bedingungen.

---

**Änderungskündigung: Anhörung des Betriebsrats** | III. Änderungen im Arbeitsverhältnis

Bonn, den ........

An den Betriebsrat der Firma W.
z. H. des Betriebsratsvorsitzenden, Herrn Hans Z.

1 **Anhörung gem. § 102 BetrVG**

2 Wir beabsichtigen, gegenüber dem Arbeitnehmer Josef M. fristgemäß zum 31.12. ....... eine Änderungskündigung auszusprechen. Herr M., geboren am 13.09.1961, ist seit dem ......... als Dreher in unserem Betrieb tätig und erhält 4.000 DM Lohn (Lohngruppe 2). Er ist verheiratet und hat zwei schulpflichtige Kinder. Seine Frau ist nicht berufstätig.

Kündigungsgründe:

Das Arbeitsamt hat wegen der schlechten Auftragslage für die Zeit von ....... bis ....... Kurzarbeit bewilligt. Josef M. ist zu einer Reduzierung seiner Arbeitszeit nicht bereit.

Wir bieten Herrn M. jedoch an, in dem vorgenannten Zeitraum nur 20 Stunden pro Woche bei einer auf 2.000 DM reduzierten Vergütung zu arbeiten.

3 Wir bitten um Ihre Stellungnahme.

*Michael R.*

(Geschäftsleitung)

Kopiervorlage

Bonn, den .........

An den Betriebsrat der Firma W.
z. H. des Betriebsratsvorsitzenden, Herrn Hans Z.

**Anhörung gem. § 102 BetrVG**

Wir beabsichtigen, gegenüber dem Arbeitnehmer Josef M. fristgemäß zum 31.12. ....... eine Änderungskündigung auszusprechen. Herr M., geboren am 13.09.1961, ist seit dem ......... als Dreher in unserem Betrieb tätig und erhält 4.000 DM Lohn (Lohngruppe 2). Er ist verheiratet und hat zwei schulpflichtige Kinder. Seine Frau ist nicht berufstätig.

Kündigungsgründe:

Das Arbeitsamt hat wegen der schlechten Auftragslage für die Zeit von ....... bis ....... Kurzarbeit bewilligt. Josef M. ist zu einer Reduzierung seiner Arbeitszeit nicht bereit.

Wir bieten Herrn M. jedoch an, in dem vorgenannten Zeitraum nur 20 Stunden pro Woche bei einer auf 2.000 DM reduzierten Vergütung zu arbeiten.

Wir bitten um Ihre Stellungnahme.

*Michael R.*

(Geschäftsleitung)

# Änderungsvertrag

## 1 Änderungsvertrag

Die sicherste Möglichkeit, Kündigungsstreitigkeiten aus dem Weg zu gehen, bildet die Versetzung durch einen Änderungsvertrag, zu dem die Zustimmung Ihres Mitarbeiters erforderlich ist. Versuchen Sie zunächst, mit Ihrem Mitarbeiter die Notwendigkeit einer Versetzung zu besprechen und ihm diese klar zu machen. Erläutern Sie ihm auch die betrieblichen Probleme, damit Ihrem Mitarbeiter die Notwendigkeit der Versetzung offensichtlich wird. Sie ersparen sich hier mögliche gerichtliche Auseinandersetzungen.

## 2 Stellungnahme des Betriebsrats

Der Betriebsrat kann der beabsichtigten Versetzung zustimmen, sich einer Stellungnahme enthalten oder der geplanten Versetzung widersprechen.

### a. Zustimmung

Erteilt der Betriebsrat seine Zustimmung, gilt die Versetzung von ihm als genehmigt. Er kann seine Zustimmung zu der beabsichtigten Versetzung jedoch auch verweigern. Die Gründe dafür sind in § 99 Abs. 2 BetrVG abschließend aufgezählt.

Bezieht sich die Ablehnung des Betriebsrats auf keinen der in § 99 Abs. 2 BetrVG genannten Gründe, ist sie unbeachtlich. Sie können die Zustimmung als erteilt ansehen.

### b. Keine Stellungnahme

Gibt der Betriebsrat nicht innerhalb einer Woche eine schriftliche Stellungnahme zu der von Ihnen beabsichtigten Versetzung ab, gilt die Zustimmung ebenfalls als erteilt.

### c. Widerspruch

Sie dürfen Ihren Mitarbeiter nicht versetzen, wenn der Widerspruch des Betriebsrats ordnungsgemäß und begründet ist. Als Arbeitgeber können Sie jedoch die Ersetzung der Zustimmung beim Arbeitsgericht beantragen (§ 99 Abs. 4 BetrVG). Das Gericht wird Ihrem Antrag stattgeben und die Zustimmung des Betriebsrats ersetzen, wenn der Grund für den Widerspruch nicht nachvollziehbar ist. Lehnt das Gericht Ihren Antrag ab, ist eine Versetzung Ihres Mitarbeiters nicht möglich. Haben Sie bereits Maßnahmen im Hinblick auf die Versetzung getroffen, müssen Sie diese rückgängig machen.

---

**Änderungsvertrag** | III. Änderungen im Arbeitsverhältnis

Zwischen

Karl Heinz W., Rheingasse 9, 41239 Mönchengladbach,
und
Herrn Bodo D., Niersstraße 4, 41844 Wegberg

wird folgender
1 **Änderungsvertrag**
geschlossen:

Mit Arbeitsvertrag vom 19.12. ..... ist Herr Bodo D. bei uns als Drucker eingestellt worden.

In Abänderung dieses Vertrags sind sich die Parteien einig, daß Herr Bodo D. ab dem 01.05. ..... als Buchbinder beschäftigt wird.

Sein Arbeitsgebiet umfaßt ab diesem Zeitpunkt folgende Tätigkeiten:
Zuschneiden und Einbinden von Druckerzeugnissen.

Die monatliche Brutto-Vergütung beträgt 4.500 DM.

2 Die Wirksamkeit des Änderungsvertrags ist davon abhängig, daß der Betriebsrat der Versetzung zustimmt. Als Zustimmung durch den Betriebsrat gilt auch die Ersetzung der Zustimmung des Betriebsrats durch das Arbeitsgericht. Wir verpflichten uns gegenüber Herrn Bodo D., unverzüglich die Zustimmung des Betriebsrats einzuholen und, wenn der Betriebsrat die Zustimmung verweigert, das Zustimmungsersetzungsverfahren nach § 99 Abs. 4 BetrVG einzuleiten.

Mönchengladbach, den ................

| | |
|---|---|
| *Karl-Heinz W.* | *Bodo D.* |
| Arbeitgeber | Arbeitnehmer |

Kopiervorlage

Zwischen

Karl Heinz W., Rheingasse 9, 41239 Mönchengladbach,
und
Herrn Bodo D., Niersstraße 4, 41844 Wegberg

wird folgender

**Änderungsvertrag**

geschlossen:

Mit Arbeitsvertrag vom 19.12. ..... ist Herr Bodo D. bei uns als Drucker eingestellt worden.

In Abänderung dieses Vertrags sind sich die Parteien einig, daß Herr Bodo D. ab dem 01.05. ..... als Buchbinder beschäftigt wird.

Sein Arbeitsgebiet umfaßt ab diesem Zeitpunkt folgende Tätigkeiten:
Zuschneiden und Einbinden von Druckerzeugnissen.

Die monatliche Brutto-Vergütung beträgt 4.500 DM.

Die Wirksamkeit des Änderungsvertrags ist davon abhängig, daß der Betriebsrat der Versetzung zustimmt. Als Zustimmung durch den Betriebsrat gilt auch die Ersetzung der Zustimmung des Betriebsrats durch das Arbeitsgericht. Wir verpflichten uns gegenüber Herrn Bodo D., unverzüglich die Zustimmung des Betriebsrats einzuholen und, wenn der Betriebsrat die Zustimmung verweigert, das Zustimmungsersetzungsverfahren nach § 99 Abs. 4 BetrVG einzuleiten.

Mönchengladbach, den .........

| | |
|---|---|
| *Karl-Heinz W.* | *Bodo D.* |
| Arbeitgeber | Arbeitnehmer |

# Vorsorgliche Änderungskündigung

## 1 Direktionsrecht

Als Arbeitgeber steht Ihnen das Direktionsrecht zu. Sie dürfen also die Arbeitspflicht nach Zeit, Ort, Inhalt und Art und Weise der zu leistenden Arbeit einseitig näher ausgestalten. Das gilt jedoch nicht für die Höhe der Vergütung.

Je konkreter die Arbeitsaufgabe im Arbeitsvertrag oder in der Stellenbeschreibung festgeschrieben ist, desto geringer ist Ihre Möglichkeit, Ihr Direktionsrecht auszuüben. Sind Sie nicht sicher, ob die beabsichtigte Maßnahme durch Ihr Direktionsrecht gedeckt ist, sollten Sie – sofern möglich – zugleich eine vorsorgliche Änderungskündigung aussprechen.

## 2 Vorsorgliche Änderungskündigung

Die Änderungskündigung bezweckt eine inhaltliche Änderung des Arbeitsverhältnisses. Sie können damit eine Änderung der vereinbarten Arbeitsbedingungen (beispielsweise Tätigkeit, Vergütung, Eingruppierung, Arbeitszeit oder -ort) herbeiführen, die Sie durch Ausübung Ihres Direktionsrechts nicht erreichen können.

In die Änderungskündigung ist ein Angebot für einen Arbeitsplatz zu geänderten Bedingungen aufzunehmen. Nimmt Ihr Mitarbeiter das Angebot nicht oder nicht rechtzeitig an, wird das Arbeitsverhältnis beendet, sofern die Kündigung wirksam ist. Dabei gelten die gleichen Grundsätze wie bei der Beendigungskündigung.

Sie können die Änderungskündigung als ordentliche oder als außerordentliche (fristlose) Kündigung aussprechen. Für eine ordentliche Änderungskündigung müssen personen-, verhaltens- oder betriebsbedingte Gründe vorliegen, sofern Ihre Mitarbeiter dem Kündigungsschutzgesetz unterliegen. Wollen Sie hingegen eine fristlose Änderungskündigung aussprechen, benötigen Sie einen wichtigen Grund im Sinn des § 626 BGB.

## 3 Begründung

Grundsätzlich ist die Angabe des Kündigungsgrundes nicht erforderlich. Während der ersten 6 Monate eines Arbeitsverhältnisses oder aber bei einem Kleinbetrieb (maximal 5 Mitarbeiter, wobei Ihre Auszubildenden nicht mitgerechnet werden) gilt das Kündigungsschutzgesetz ohnehin nicht, so daß Sie auch hier keine Kündigungsgründe benennen müssen. Allerdings sollten Sie in jedem Fall prüfen, ob ein für Ihren Betrieb geltender Tarifvertrag bestimmt, daß Sie den Kündigungsgrund angeben müssen. In einem etwaigen Kündigungsschutzprozeß vor dem Arbeitsgericht müssen Sie auf jeden Fall in der Lage sein, den Kündigungsgrund darzulegen und zu beweisen. Das Arbeitsgericht stellt bei der Änderungskündigung jedoch in erster Linie darauf ab, ob die Änderung der Arbeitsbedingungen sozial gerechtfertig ist oder nicht. Können Sie Ihren Mitarbeiter auf einem anderen Arbeitsplatz in Ihrem Betrieb zu den gleichen Bedingungen beschäftigen, wird das Arbeitsgericht die Änderungskündigung für unwirksam erklären.

## 4 Neues Angebot

In Ihrem Kündigungsschreiben müssen Sie die neuen, geänderten Arbeitsbedingungen genau bezeichnen. Erfolgt diese Bezeichnung nicht, ist die Änderungskündigung bereits aus diesem Grund unwirksam.

---

### Vorsorgliche Änderungskündigung

III. Änderungen im Arbeitsverhältnis

Ludwig H.u. Sohn Maschinenbau GmbH
Auf der Brücke 9
33334 Gütersloh                , den .........

Herrn
Toni U.
Bachallee 111
33335 Gütersloh

Sehr geehrter Herr U.,

1 in Ausübung unseres Direktions- und Weisungsrechts weisen wir Ihnen ab ......... einen Arbeitsplatz als Schreibkraft zu den bisherigen Arbeitsvertragsbedingungen zu.

2 Vorsorglich erklären wir hiermit die ordentliche

**Kündigung**

Ihres Arbeitsverhältnisses vom ......... fristgemäß zum .........

3 Die Kündigung erfolgt aus personenbedingten Gründen. Sie ist notwendig geworden, weil sich in Ihrem Arbeitsgebiet schwerwiegende Fehler eingestellt haben, die zu finanziellen Belastungen unseres Unternehmens geführt haben.

4 Zugleich bieten wir Ihnen aber an, Sie in unserem Betrieb als Schreibkraft zu beschäftigen. Die Vergütung hierfür beträgt 3.000 DM brutto. Es gelten folgende geänderte Arbeitsbedingungen:

Einsatz im Schreibbüro in der Zeit von 08.00 bis 16.00 Uhr,
Pausen von 09.00 bis 09.15 Uhr und von 12.00 bis 12.45 Uhr.

5 Der Betriebsrat ist ordnungsgemäß angehört worden. Er hat der Änderungskündigung ausdrücklich zugestimmt.

Soweit Sie sich mit den geänderten Arbeitsbedingungen nicht innerhalb der Kündigungsfrist, spätestens jedoch innerhalb von 3 Wochen nach Zugang der Kündigung einverstanden erklären, endet das Arbeitsverhältnis mit dem Ablauf der ordentlichen Kündigungsfrist.

Mit freundlichen Grüßen

*Ludwig H.*

(Geschäftsführer)

**Empfangsbestätigung:**

6 Das Original des obigen Kündigungsschreibens vom ......... habe ich am ......... erhalten.

*Toni U.*

Kopiervorlage

---

## 5 Betriebsrat

Auch bei der Änderungskündigung müssen Sie den Betriebsrat nach § 102 BetrVG anhören. Das gilt ebenfalls für das Änderungsangebot.

## 6 Empfangsbestätigung

Es gelten die üblichen Grundsätze. Der Zugang der Änderungskündigung sollte beweisbar sein.

# Vorsorgliche Änderungskündigung

Ludwig H. u. Sohn Maschinenbau GmbH
Auf der Brücke 9
33334 Gütersloh , den .........

Herrn
Toni U.
Bachallee 111
33335 Gütersloh

Sehr geehrter Herr U.,

in Ausübung unseres Direktions- und Weisungsrechts weisen wir Ihnen ab ......... einen Arbeitsplatz als Schreibkraft zu den bisherigen Arbeitsvertragsbedingungen zu.

Vorsorglich erklären wir hiermit die ordentliche

**Kündigung**

Ihres Arbeitsverhältnisses vom ......... fristgemäß zum .........

Die Kündigung erfolgt aus personenbedingten Gründen. Sie ist notwendig geworden, weil sich in Ihrem Arbeitsgebiet schwerwiegende Fehler eingestellt haben, die zu finanziellen Belastungen unseres Unternehmens geführt haben.

Zugleich bieten wir Ihnen aber an, Sie in unserem Betrieb als Schreibkraft zu beschäftigen. Die Vergütung hierfür beträgt 3.000 DM brutto. Es gelten folgende geänderte Arbeitsbedingungen:

Einsatz im Schreibbüro in der Zeit von 08.00 bis 16.00 Uhr,
Pausen von 09.00 bis 09.15 Uhr und von 12.00 bis 12.45 Uhr.

Der Betriebsrat ist ordnungsgemäß angehört worden. Er hat der Änderungskündigung ausdrücklich zugestimmt.

Soweit Sie sich mit den geänderten Arbeitsbedingungen nicht innerhalb der Kündigungsfrist, spätestens jedoch innerhalb von 3 Wochen nach Zugang der Kündigung einverstanden erklären, endet das Arbeitsverhältnis mit dem Ablauf der ordentlichen Kündigungsfrist.

Mit freundlichen Grüßen

*Ludwig H.*

(Geschäftsführer)

**Empfangsbestätigung:**

Das Original des obigen Kündigungsschreibens vom ......... habe ich am ......... erhalten.

*Toni U.*

# Umgruppierung

**1**

Eine Umgruppierung liegt dann vor, wenn der Arbeitnehmer in eine andere Lohn- oder Gehaltsgruppe eingestuft wird, weil dem Mitarbeiter eine andere Tätigkeit zugewiesen wird, die die Tätigkeitsmerkmale einer anderen Lohn- oder Gehaltsgruppe erfüllt (z. B. Beförderung) oder sich der Umfang der Tätigkeit des Mitarbeiters ändert (z. B. erweiterter Aufgabenbereich).

**2**

In Betrieben mit in der Regel mehr als 20 wahlberechtigten Arbeitnehmern hat der Betriebsrat nach § 99 Abs. 1 BetrVG (Mitbestimmung bei personellen Einzelmaßnahmen) u.a. bei Ein- und Umgruppierungen mitzubestimmen.

Zur Wahrung des Mitbestimmungsrechts hat der Arbeitgeber den Betriebsrat unter Vorlage der erforderlichen Unterlagen zu unterrichten. Der Betriebsrat kann die Zustimmung verweigern, wenn er einen gesetzlichen Zustimmungsverweigerungsgrund (§ 99 Abs. 2 BetrVG) geltend macht. Will der Arbeitgeber dennoch an der Maßnahme festhalten, muß er beim Arbeitsgericht beantragen, die Zustimmung des Betriebsrats zu ersetzen (§ 99 Abs. 4 BetrVG).

**3**

Hält der Arbeitnehmer seine Eingruppierung für unzutreffend, weil die Tätigkeitsmerkmale einer anderen (höheren) Lohn- oder Gehaltsgruppe erfüllt sind, kann er diese vom Arbeitsgericht überprüfen lassen.

## Umgruppierung

III. Änderungen im Arbeitsverhältnis

An Frau/Herrn

| Vorname: | Name: | Str.: | PLZ/Ort: |
|---|---|---|---|
| Abteilung: | Kostenstelle: | Vorgesetzter: | |

**1** **Zuordnung einer anderen Tarifgruppe / Versetzung an einen anderen Arbeitsplatz**

Sehr geehrte/r Frau/Herr

mit Wirkung zum .................... werden Sie an einen anderen Arbeitsplatz versetzt.

Bisherige Stellenbezeichnung: ..........................................

Bisherige Abteilung: ..........................................

Neue Stellenbezeichnung: ..........................................

Neue Abteilung: ..........................................

Mit gleichem Datum gehören Sie einer neuen Tarifgruppe an.

Bisherige Tarifgruppe: .......................... Neue Tarifgruppe: ....................

**2** Der Betriebsrat hat der Umgruppierung zugestimmt.

Eine Ausfertigung des Schreibens ist für Ihre persönlichen Unterlagen bestimmt.

Die zweite Ausfertigung geben Sie bitte an die Geschäftsleitung zurück. Diese wird Ihren Personalunterlagen beigefügt.

Ort, Datum ____________ Unterschrift ____________

**3** **Erklärung des Mitarbeiters**

Die Umgruppierung habe ich am .................... unterschrieben und an die Geschäftsleitung zurückgeschickt.
Eine Ausfertigung des Schreibens habe ich für meine persönlichen Unterlagen behalten.

Ort, Datum ____________ Mitarbeiter ____________

Kopiervorlage

# Umgruppierung

| |
|---|
| An Frau/Herrn |
| Vorname: Name: Str.: PLZ/Ort: |
| Abteilung: Kostenstelle: Vorgesetzter: |

**Zuordnung einer anderen Tarifgruppe / Versetzung an einen anderen Arbeitsplatz**

Sehr geehrte/r Frau/Herr

mit Wirkung zum .................... werden Sie an einen anderen Arbeitsplatz versetzt.

Bisherige Stellenbezeichnung: ..........................................................................................

Bisherige Abteilung: ..........................................................................................

Neue Stellenbezeichnung: ..........................................................................................

Neue Abteilung: ..........................................................................................

Mit gleichem Datum gehören Sie einer neuen Tarifgruppe an.

Bisherige Tarifgruppe: ........................................................... Neue Tarifgruppe: ....................

Der Betriebsrat hat der Umgruppierung zugestimmt.

Eine Ausfertigung des Schreibens ist für Ihre persönlichen Unterlagen bestimmt.

Die zweite Ausfertigung geben Sie bitte an die Geschäftsleitung zurück. Diese wird Ihren Personalunterlagen beigefügt.

Ort, Datum ______________________ Unterschrift ______________________

**Erklärung des Mitarbeiters**

Die Umgruppierung habe ich am .................... unterschrieben und an die Geschäftsleitung zurückgeschickt.
Eine Ausfertigung des Schreibens habe ich für meine persönlichen Unterlagen behalten.

Ort, Datum ______________________ Mitarbeiter ______________________

# Umgruppierung: Meldung an den Betriebsrat

**1**

In Betrieben mit in der Regel mehr als 20 wahlberechtigten Arbeitnehmern hat der Arbeitgeber den Betriebsrat vor jeder Einstellung, Eingruppierung, Umgruppierung und Versetzung zu unterrichten, ihm die erforderlichen Bewerbungsunterlagen vorzulegen und Auskunft über die Beteiligten zu geben; er hat dem Betriebsrat unter Vorlage der erforderlichen Unterlagen Auskunft über die Auswirkungen der geplanten Maßnahme zu geben und die Zustimmung des Betriebsrats zu der geplanten Maßnahme einzuholen. Bei Einstellungen und Versetzungen hat der Arbeitgeber insbesondere den in Aussicht genommenen Arbeitsplatz und die vorgesehene Eingruppierung mitzuteilen.

Der Betriebsrat kann die Zustimmung verweigern, wenn

a. die personelle Maßnahme gegen ein Gesetz, eine Verordnung, eine Unfallverhütungsvorschrift oder gegen eine Bestimmung in einem Tarifvertrag oder in einer Betriebsvereinbarung oder gegen eine gerichtliche Entscheidung oder eine behördliche Anordnung verstoßen würde,

b. die personelle Maßnahme gegen eine Richtlinie nach § 95 BetrVG verstoßen würde,

c. die durch Tatsachen begründete Besorgnis besteht, daß infolge der personellen Maßnahme im Betrieb beschäftigte Arbeitnehmer gekündigt werden oder sonstige Nachteile erleiden, ohne daß dies aus betrieblichen oder persönlichen Gründen gerechtfertigt ist,

d. der betroffene Arbeitnehmer durch die personelle Maßnahme benachteiligt wird, ohne daß dies aus betrieblichen oder in der Person des Arbeitnehmers liegenden Gründen gerechtfertigt ist,

e. eine nach § 93 BetrVG erforderliche Ausschreibung im Betrieb unterblieben ist oder

f. die durch Tatsachen begründete Besorgnis besteht, daß der für die personelle Maßnahme in Aussicht genommene Bewerber oder Arbeitnehmer den Betriebsfrieden durch gesetzwidriges Verhalten oder durch grobe Verletzung der in § 75 Abs. 1 BetrVG enthaltenen Grundsätze stören werde.

## Umgruppierung: Meldung an den Betriebsrat

III. Änderungen im Arbeitsverhältnis

An den Betriebsrat

1 **Mitbestimmung bei personellen Einzelmaßnahmen nach § 99 Abs. 1 BetrVG**

Sehr geehrte Betriebsratsangehörige,

wir planen für den nachfolgend genannten Mitarbeiter zum .................................................. die Umgruppierung

| | | | |
|---|---|---|---|
| Vorname: | Name: | Str.: | PLZ/Ort: |
| Geburtsdatum: | Familienstand: | Anzahl der Kinder: | |
| Abteilung: | Kostenstelle: | jetziger Vorgesetzter: | |
| Beschäftigungsverhältnis: | ❑ Vollzeit | ❑ Teilzeit | ❑ Aushilfe |

Bisherige Stellenbezeichnung: ..........................................................

Bisherige Abteilung: ..........................................................

Neue Stellenbezeichnung: ..........................................................

Neue Abteilung: ..........................................................

Bisherige Tarifgruppe: ..................... Neue Tarifgruppe: .....................

Bisheriges Gehalt: ..................... DM Neues Gehalt: ..................... DM

Gründe für die Umgruppierung: ..........................................................

Auswirkungen der Umgruppierung: ..........................................................

**Bitte geben Sie Ihre Entscheidung über die Umgruppierung des Mitarbeiters innerhalb einer Woche bekannt.**

Ort, Datum Unterschrift

**Stellungnahme des Betriebsrats (nur urschriftlich zurück)**

Stellungnahme des Betriebsrats zur Umgruppierung:

❑ Der Betriebsrat stimmt der Umgruppierung zu.
❑ Der Betriebsrat enthält sich.
❑ Der Betriebsrat stimmt der Umgruppierung nicht zu.

Gründe: ..........................................................

Ort, Datum für den Betriebsrat

Kopiervorlage

# Umgruppierung: Meldung an den Betriebsrat



An den Betriebsrat

**Mitbestimmung bei personellen Einzelmaßnahmen nach § 99 Abs. 1 BetrVG**

Sehr geehrte Betriebsratsangehörige,

wir planen für den nachfolgend genannten Mitarbeiter zum ................................................ die Umgruppierung

| | | | |
|---|---|---|---|
| Vorname: | Name: | Str.: | PLZ/Ort: |
| Geburtsdatum: | Familienstand: | Anzahl der Kinder: | |
| Abteilung: | Kostenstelle: | jetziger Vorgesetzter: | |
| Beschäftigungsverhältnis: | ❑ Vollzeit | ❑ Teilzeit | ❑ Aushilfe |

Bisherige Stellenbezeichnung: ..........................................................................................................

Bisherige Abteilung: ..........................................................................................................

Neue Stellenbezeichnung: ..........................................................................................................

Neue Abteilung: ..........................................................................................................

Bisherige Tarifgruppe: ..................... Neue Tarifgruppe: .....................

Bisheriges Gehalt: ..................... DM Neues Gehalt: ..................... DM

Gründe für die Umgruppierung: ..........................................................................................................

Auswirkungen der Umgruppierung: ..........................................................................................................

**Bitte geben Sie Ihre Entscheidung über die Umgruppierung des Mitarbeiters innerhalb einer Woche bekannt.**

____________________ ____________________

Ort, Datum Unterschrift

**Stellungnahme des Betriebsrats (nur urschriftlich zurück)**

Stellungnahme des Betriebsrats zur Umgruppierung:

❑ Der Betriebsrat stimmt der Umgruppierung zu.

❑ Der Betriebsrat enthält sich.

❑ Der Betriebsrat stimmt der Umgruppierung nicht zu.

Gründe: ..........................................................................................................

..........................................................................................................

..........................................................................................................

..........................................................................................................

..........................................................................................................

____________________ ____________________

Ort, Datum für den Betriebsrat

# Personenbedingte Kündigung

**1 Persönliche Daten Ihres Mitarbeiters**
Sie benötigen die persönlichen Daten Ihres Mitarbeiters für die Unterrichtung des Betriebsrats sowie bei der Abwägung im Rahmen einer Kündigung.

**2 Allgemeiner Kündigungsschutz nach dem Kündigungsschutzgesetz**
Beschäftigen Sie mehr als 5 Mitarbeiter, können sich Ihre Arbeitnehmer auf das Kündigungsschutzgesetz berufen. Das Kündigungsschutzgesetz findet Anwendung, wenn mehr als 5 Mitarbeiter für Sie tätig sind und der zu kündigende Mitarbeiter länger als 6 Monate in Ihrem Betrieb beschäftigt ist.

Bei der Zählung von Teilzeitbeschäftigten müssen Sie wie folgt rechnen:

Teilzeitbeschäftigte mit einer regelmäßigen Arbeitszeit von nicht mehr als 20 Stunden pro Woche sind mit einem Faktor von 0,5, Teilzeitbeschäftigte mit einer regelmäßigen Arbeitszeit von nicht mehr als 30 Stunden pro Woche sind mit einem Faktor von 0,75 zu berücksichtigen.

**3 Besonderer Kündigungsschutz**
Besteht ein besonderer Kündigungsschutz, können Sie nur in Ausnahmefällen kündigen.

**4 Kündigungsgrund**
Die personenbedingte Kündigung wird hauptsächlich wegen häufiger Kurzerkrankungen oder wegen einer lang andauernden Krankheit ausgesprochen. Nach der Rechtsprechung des Bundesarbeitsgerichts soll eine jährliche Fehlquote von 20 % der jährlichen Arbeitstage kündigungsrelevant sein.

**5 Häufige Kurzerkrankungen**
Vor Ausspruch der Kündigung wegen häufiger Kurzerkrankungen müssen Sie eine 3-Stufen-Prüfung vornehmen:

**1. Stufe:** Es muß eine sogenannte negative Gesundheitsprognose vorliegen. Auch für die Zukunft muß also zu befürchten sein, daß Ihr Mitarbeiter in einem für Sie nicht mehr tragbaren Ausmaß krankheitsbedingt fehlen wird.

**2. Stufe:** Ihre betrieblichen Interessen müssen erheblich beeinträchtigt sein. Diese Beeinträchtigungen können einerseits in Störungen des Betriebsablaufs liegen, andererseits aber auch in unzumutbar hohen Lohnfortzahlungskosten begründet sein.

**3. Stufe:** Eine umfassende Interessenabwägung zwischen Ihrem Interesse als Arbeitgeber an der Beendigung des Arbeitsverhältnisses und dem Interesse Ihres Mitarbeiters am Erhalt seines Arbeitsplatzes muß durchgeführt werden.

## Personenbedingte Kündigung (1/3)

IV. Beendigung des Arbeitsverhältnisses

| | | |
|---|---|---|
| 1 ■ **Persönliche Daten Ihres Mitarbeiters** | | |
| Name: | | |
| Alter: | | |
| Familienstand: | | |
| Anzahl der unterhaltspflichtigen Kinder: | | |
| Ist der Ehegatte berufstätig? | | |
| Dauer der Betriebszugehörigkeit (Arbeitsvertrag vom): | | |
| Abteilung: | | |
| Ausgeübte Tätigkeit: | | |
| Tarifbindung: | | |
| Besondere Betriebsvereinbarung: | | |
| 2 ■ **Allgemeiner Kündigungsschutz nach dem Kündigungsschutzgesetz** | | |
| | Ja | Nein |
| Beschäftigen Sie regelmäßig mehr als 5 Mitarbeiter? | ❏ | ❏ |
| Ist der zu kündigende Mitarbeiter länger als 6 Monate bei Ihnen beschäftigt? | ❏ | ❏ |
| Haben Sie die beiden Fragen mit **JA** beantwortet, findet das Kündigungsschutzgesetz Anwendung. Sie brauchen einen Kündigungsgrund. Haben Sie hingegen eine Frage mit **NEIN** beantwortet, gilt das Kündigungsschutzgesetz nicht. Sie sind also bei Ausspruch der Kündigung grundsätzlich frei. | | |
| 3 ■ **Besonderer Kündigungsschutz** | | |
| Besteht ein besonderer Kündigungsschutz nach dem Mutterschutzgesetz, Schwerbehindertengesetz, Arbeitsplatzschutzgesetz (für Wehrpflichtige) oder Kündigungsschutzgesetz für Betriebsratsmitglieder und Mitgliedern der Jugend- und Auszubildendenvertretung? | ❏ | ❏ |
| Falls **JA**: Liegen die erforderlichen Genehmigungen der für den Arbeitschutz zuständigen obersten Landesbehörde (Mutterschutz) oder der Hauptfürsorgestelle (Schwerbehinderter) vor? (Betriebsratsmitgliedern und Mitgliedern der Jugend- und Auszubildendenvertretung können Sie während der Amtszeit nicht ordentlich kündigen.) | ❏ | ❏ |
| Falls Sie beide Fragen mit **JA** beantwortet haben, brauchen Sie den besonderen Kündigungsschutz nicht zu fürchten. Falls Sie mit **NEIN** antworten konnten, besteht kein besonderer Kündigungsschutz. | | |
| 4 ■ **Kündigungsgrund** | | |
| **a. Häufige Kurzerkrankungen** 5 | | |
| Fehlzeiten der letzten 3 Jahre, nach Kalenderjahren geordnet: | | |
| Anzahl der Arbeitstage absolut: | | |
| prozentual: | | |
| Krankheitsquote im Betrieb insgesamt und bei Mitarbeitern mit vergleichbarer Tätigkeit: | | |
| Tendenz feststellbar? | ❏ | ❏ |
| Gespräch mit Mitarbeiter geführt? | ❏ | ❏ |
| Ergebnis: | | |
| Krankheitsursachen: | | |
| chronisch? | ❏ | ❏ |
| betriebsbedingt? | ❏ | ❏ |
| Prognose des Mitarbeiters: | | |
| Prognose des Arztes: | | |

Kopiervorlage

# Personenbedingte Kündigung (1/3)



| ■ Persönliche Daten Ihres Mitarbeiters |
|---|
| Name: |
| Alter: |
| Familienstand: |
| Anzahl der unterhaltspflichtigen Kinder: |
| Ist der Ehegatte berufstätig? |
| Dauer der Betriebszugehörigkeit (Arbeitsvertrag vom): |
| Abteilung: |
| Ausgeübte Tätigkeit: |
| Tarifbindung: |
| Besondere Betriebsvereinbarung: |

| ■ Allgemeiner Kündigungsschutz nach dem Kündigungsschutzgesetz | | |
|---|---|---|
| | Ja | Nein |
| Beschäftigen Sie regelmäßig mehr als 5 Mitarbeiter? | ❏ | ❏ |
| Ist der zu kündigende Mitarbeiter länger als 6 Monate bei Ihnen beschäftigt? | ❏ | ❏ |
| Haben Sie die beiden Fragen mit **JA** beantwortet, findet das Kündigungsschutzgesetz Anwendung. Sie brauchen einen Kündigungsgrund. Haben Sie hingegen eine Frage mit **NEIN** beantwortet, gilt das Kündigungsschutzgesetz nicht. Sie sind also bei Ausspruch der Kündigung grundsätzlich frei. | | |
| **■ Besonderer Kündigungsschutz** | | |
| Besteht ein besonderer Kündigungsschutz nach dem Mutterschutzgesetz, Schwerbehindertengesetz, Arbeitsplatzschutzgesetz (für Wehrpflichtige) oder Kündigungsschutzgesetz für Betriebsratsmitglieder und Mitgliedern der Jugend- und Auszubildendenvertretung? | ❏ | ❏ |
| Falls **JA**: Liegen die erforderlichen Genehmigungen der für den Arbeitschutz zuständigen obersten Landesbehörde (Mutterschutz) oder der Hauptfürsorgestelle (Schwerbehinderter) vor? (Betriebsratsmitgliedern und Mitgliedern der Jugend- und Auszubildendenvertretung können Sie während der Amtszeit nicht ordentlich kündigen.) | ❏ | ❏ |
| Falls Sie beide Fragen mit **JA** beantwortet haben, brauchen Sie den besonderen Kündigungsschutz nicht zu fürchten. Falls Sie mit **NEIN** antworten konnten, besteht kein besonderer Kündigungsschutz. | | |
| **■ Kündigungsgrund** | | |
| **a. Häufige Kurzerkrankungen** | | |
| Fehlzeiten der letzten 3 Jahre, nach Kalenderjahren geordnet: | | |
| Anzahl der Arbeitstage absolut: | | |
| prozentual: | | |
| Krankheitsquote im Betrieb insgesamt und bei Mitarbeitern mit vergleichbarer Tätigkeit: | | |
| Tendenz feststellbar? | ❏ | ❏ |
| Gespräch mit Mitarbeiter geführt? | ❏ | ❏ |
| Ergebnis: | | |
| Krankheitsursachen: | | |
| chronisch? | ❏ | ❏ |
| betriebsbedingt? | ❏ | ❏ |
| Prognose des Mitarbeiters: | | |
| Prognose des Arztes: | | |

# Personenbedingte Kündigung

## 6 Lang andauernde Krankheit

Eine Kündigung wegen einer lang andauernden Krankheit ist nur gerechtfertigt, wenn die Arbeitsunfähigkeit bei Zugang der Kündigung noch besteht. Desweiteren darf der Zeitpunkt der Wiederherstellung der Arbeitsfähigkeit objektiv nicht absehbar sein; gerade diese Ungewißheit muß betriebliche Auswirkungen haben, die für Sie als Arbeitgeber nicht hinnehmbar sind. Führt die Erkrankung zu einer Minderung der Leistungsfähigkeit Ihres Mitarbeiters, kann ebenfalls eine personenbedingte Kündigung gerechtfertigt sein. Die geminderte Leistungsfähigkeit muß allerdings zu einer erheblichen Beeinträchtigung der betrieblichen Interessen führen.

## 7 Sonstige personenbedingte Gründe

Auch aus sonstigen Gründen kann eine personenbedingte Kündigung in Betracht kommen. Das ist beispielsweise der Fall, wenn Ihr Mitarbeiter alkoholkrank ist oder ihm die Fahrerlaubnis entzogen wird. Auch eine fehlende Arbeitserlaubnis, die fehlende Eignung mangels fachlicher Qualifikation oder das Nichtbestehen von Prüfungen können einen personenbedingten Kündigungsgrund darstellen.

## 8 Milderes Mittel als eine Kündigung

Vor Ausspruch der Kündigung müssen Sie prüfen, ob ein milderes Mittel zur Verfügung steht, damit Ihr Mitarbeiter den Arbeitsplatz behalten kann. Dieses Mittel muß Ihnen als Arbeitgeber allerdings zumutbar sein.

## 9 Betriebsratsanhörung

Nach § 102 Betriebsverfassungsgesetz müssen Sie Ihren Betriebsrat bei einer Kündigung anhören, andernfalls ist die Kündigung bereits aus diesem Grund unwirksam.

## 10 Kündigungserklärung

Allein schon aus Beweisgründen sollte eine Kündigung immer schriftlich erfolgen.

### Personenbedingte Kündigung (2/3)

IV. Beendigung des Arbeitsverhältnisses

| | Ja | Nein |
|---|---|---|
| Heil- oder Kurmaßnahmen geplant? | ❑ | ❑ |
| Betriebliche Auswirkungen der Fehlzeiten: | | |
| Entgeltfortzahlungskosten nach Kalenderjahren geordnet: | | |
| Sofern Sie alle Fragen beantwortet haben, ist alles Wesentliche berücksichtigt worden. | | |
| 6 **b. Lang andauernde Krankheit** | | |
| Krank seit: | | |
| voraussichtlich bis: | | |
| Gespräch mit Mitarbeiter geführt? | ❑ | ❑ |
| Ergebnis: | | |
| Krankheitsursachen: | | |
| chronisch? | ❑ | ❑ |
| betriebsbedingt? | ❑ | ❑ |
| Prognose des Mitarbeiters: | | |
| Prognose des Arztes: | | |
| Heil- oder Kurmaßnahmen geplant? | ❑ | ❑ |
| Betriebliche Auswirkungen der Fehlzeiten: | | |
| Entgeltfortzahlungskosten nach Kalenderjahren geordnet: | | |
| Sofern Sie alle Fragen beantwortet haben, ist alles Wesentliche berücksichtigt worden. | | |
| 7 **c. Sonstige personenbedingte Kündigungsgründe** | | |
| Liegen sonstige personenbedingte Kündigungsgründe vor? | ❑ | ❑ |
| 8 **d. Kein milderes Mittel als eine Kündigung** | | |
| Sind Vertretungsmöglichkeiten vorhanden? | ❑ | ❑ |
| Sind befristete Aushilfskräfte möglich? | ❑ | ❑ |
| Können Sie Springer einsetzen? | ❑ | ❑ |
| Ist eine Versetzung auf einen anderen Arbeitsplatz möglich? | ❑ | ❑ |
| Ist eine Änderungskündigung für einen anderen Arbeitsplatz möglich? | ❑ | ❑ |
| Ist eine Fortbildung möglich? | ❑ | ❑ |
| Ist eine Umschulung möglich? | ❑ | ❑ |
| Konnten Sie nur eine Frage mit **JA** beantworten, dürfte eine personenbedingte Kündigung unwirksam sein. Konnten Sie hingegen alle Fragen mit **NEIN** beantworten, steht Ihnen keine andere Möglichkeit als die Kündigung des Mitarbeiters zur Verfügung. | | |
| 9 **■ Betriebsratsanhörung** | | |
| Mitteilung der Kündigungsabsicht ordnungsmäß? (Art der beabsichtigten Kündigung, Termin der ordentlichen Kündigung, Personalien des Mitarbeiters, Tätigkeit und Abteilung, Dauer der Betriebszugehörigkeit, Familienstand nebst Kindern und Unterhaltsverpflichtungen, besonderer Kündigungsschutz, Kündigungsgründe einschließlich Fehlverhalten und Abmahnungen) | ❑ | ❑ |
| Abschließende Stellungnahme vorhanden oder Äußerungsfristen abgelaufen? (Ordentliche Kündigung = 1 Woche/fristlose Kündigung = 3 Tage) | ❑ | ❑ |
| Sofern Sie die beiden Fragen mit **JA** beantworten konnten, brauchen Sie sich wegen des Betriebsrats keine Sorgen zu machen. Haben Sie nur eine Frage mit **NEIN** beantwortet, müssen Sie mit Schwierigkeiten bei der Kündigung rechnen. | | |
| 10 **■ Kündigungserklärung** | | |
| Haben Sie die Kündigung schriftlich erklärt? (Unter Umständen erforderlich nach Gesetz, Tarifvertrag, Betriebsvereinbarung oder Arbeitsvertrag) | ❑ | ❑ |

Kopiervorlage

# Personenbedingte Kündigung (2/3)

| | Ja | Nein |
|---|---|---|
| Heil- oder Kurmaßnahmen geplant? | ❏ | ❏ |
| Betriebliche Auswirkungen der Fehlzeiten: | | |
| Entgeltfortzahlungskosten nach Kalenderjahren geordnet: | | |
| Sofern Sie alle Fragen beantwortet haben, ist alles Wesentliche berücksichtigt worden. | | |
| **b. Lang andauernde Krankheit** | | |
| Krank seit: | | |
| voraussichtlich bis: | | |
| Gespräch mit Mitarbeiter geführt? | ❏ | ❏ |
| Ergebnis: | | |
| Krankheitsursachen: | | |
| chronisch? | ❏ | ❏ |
| betriebsbedingt? | ❏ | ❏ |
| Prognose des Mitarbeiters: | | |
| Prognose des Arztes: | | |
| Heil- oder Kurmaßnahmen geplant? | ❏ | ❏ |
| Betriebliche Auswirkungen der Fehlzeiten: | | |
| Entgeltfortzahlungskosten nach Kalenderjahren geordnet: | | |
| Sofern Sie alle Fragen beantwortet haben, ist alles Wesentliche berücksichtigt worden. | | |
| **c. Sonstige personenbedingte Kündigungsgründe** | | |
| Liegen sonstige personenbedingte Kündigungsgründe vor? | ❏ | ❏ |
| **d. Kein milderes Mittel als eine Kündigung** | | |
| Sind Vertretungsmöglichkeiten vorhanden? | ❏ | ❏ |
| Sind befristete Aushilfskräfte möglich? | ❏ | ❏ |
| Können Sie Springer einsetzen? | ❏ | ❏ |
| Ist eine Versetzung auf einen anderen Arbeitsplatz möglich? | ❏ | ❏ |
| Ist eine Änderungskündigung für einen anderen Arbeitsplatz möglich? | ❏ | ❏ |
| Ist eine Fortbildung möglich? | ❏ | ❏ |
| Ist eine Umschulung möglich? | ❏ | ❏ |
| Konnten Sie nur eine Frage mit **JA** beantworten, dürfte eine personenbedingte Kündigung unwirksam sein. Konnten Sie hingegegen alle Fragen mit **NEIN** beantworten, steht Ihnen keine andere Möglichkeit als die Kündigung des Mitarbeiters zur Verfügung. | | |
| **■ Betriebsratsanhörung** | | |
| Mitteilung der Kündigungsabsicht ordnungsmäß?<br>(Art der beabsichtigten Kündigung, Termin der ordentlichen Kündigung, Personalien des Mitarbeiters, Tätigkeit und Abteilung, Dauer der Betriebszugehörigkeit, Familienstand nebst Kindern und Unterhaltsverpflichtungen, besonderer Kündigungsschutz, Kündigungsgründe einschließlich Fehlverhalten und Abmahnungen) | ❏ | ❏ |
| Abschließende Stellungnahme vorhanden oder Äußerungsfristen abgelaufen?<br>(Ordentliche Kündigung = 1 Woche/fristlose Kündigung = 3 Tage) | ❏ | ❏ |
| Sofern Sie die beiden Fragen mit **JA** beantworten konnten, brauchen Sie sich wegen des Betriebsrats keine Sorgen zu machen. Haben Sie nur eine Frage mit **NEIN** beantwortet, müssen Sie mit Schwierigkeiten bei der Kündigung rechnen. | | |
| **■ Kündigungserklärung** | | |
| Haben Sie die Kündigung schriftlich erklärt?<br>(Unter Umständen erforderlich nach Gesetz, Tarifvertrag, Betriebsvereinbarung oder Arbeitsvertrag) | ❏ | ❏ |

# Personenbedingte Kündigung

## 11 Kündigungsfristen
Siehe dazu unter „Beendigung von Arbeitsverhältnissen – Kündigungsfristen".

## 12 Fristlose Kündigung
Eine fristlose Kündigung ohne Abmahnung können Sie beispielsweise aussprechen, wenn Ihr Mitarbeiter sich in Strafhaft befindet, keinen Freigängerstatus hat und dadurch für längere Zeit an der Arbeitsleistung verhindert ist.

## 13 Zugang der Kündigung
Auch der Zugang der Kündigung sollte aus Beweisgründen immer dokumentiert werden können.

## 14 Abwicklung des Arbeitsverhältnisses
Hier sind die Punkte zu berücksichtigen, aus denen sich noch gegenseitige Ansprüche ergeben könnten.

### Personenbedingte Kündigung (3/3)

IV. Beendigung des Arbeitsverhältnisses

| | Ja | Nein |
|---|---|---|
| Ist eine schriftliche Begründung enthalten? (Für Auszubildende erforderlich nach dem Berufsbildungsgesetz, unter Umständen erforderlich nach Tarifvertrag, Betriebsvereinbarung oder Arbeitsvertrag) | ☐ | ☐ |
| Ist der Kündigung eine Vollmacht beigefügt? (Fehlt diese, kann Ihr Mitarbeiter deswegen die Kündigung zurückweisen) | ☐ | ☐ |
| Wenn Sie alle Fragen mit **JA** beantwortet haben, sind die erforderlichen Formalien der Kündigung eingehalten. Haben Sie eine oder mehrere Fragen mit **NEIN** beantwortet, sollten Sie prüfen, ob Sie die Formalien nachholen können. | | |
| 11 ■ **Kündigungsfristen** | | |
| Haben Sie die erforderliche Kündigungsfrist eingehalten? (Fristlose Kündigung = Zustellung binnen 14 Tagen/Ordentliche Kündigung = § 622 BGB, Sonderregelungen im Tarifvertrag, Betriebsvereinbarung oder Einzelarbeitsvertrag) | ☐ | ☐ |
| Falls **JA**, brauchen Sie sich wegen der Fristen keine Gedanken zu machen. Mußten Sie mit **NEIN** antworten, sollten Sie von der Kündigung Abstand nehmen. | | |
| 12 ■ **Fristlose Kündigung** | | |
| Ist die 2-Wochen-Frist eingehalten worden? (Beginn ab Kenntnis des wichtigen Grundes, Zustellung innerhalb von 2 Wochen) | ☐ | ☐ |
| Falls **JA**, ist diese wichtige Voraussetzung erfüllt. Falls **NEIN**, sollten Sie prüfen, ob Sie fristgemäß (=ordentlich) kündigen können. | | |
| 13 ■ **Zugang der Kündigung** | | |
| Haben Sie sichergestellt, daß Ihr Mitarbeiter die Kündigung zu einem bestimmten Zeitpunkt nachweisbar erhalten hat? (Übergabe unterschreiben lassen oder im Beisein von Zeugen, sonst möglichst per Boten) | ☐ | ☐ |
| Falls **JA**, kann Ihr Mitarbeiter später nicht behaupten, er habe gar keine Kündigung oder keine Kündigung innerhalb der erforderlichen Fristen erhalten. Falls Sie mit **NEIN** geantwortet haben, können Sie in Beweisschwierigkeiten geraten. | | |
| 14 ■ **Abwicklung des Arbeitsverhältnisses** | | |
| Haben Sie Ihrem Mitarbeiter die Arbeitspapiere ausgehändigt? | ☐ | ☐ |
| Können Sie Weihnachtsgeld zurückfordern? (Unter Umständen möglich, wenn das Arbeitsverhältnis vor dem 01.04. endet.) | ☐ | ☐ |
| Können Sie Gehaltsvorschüsse zurückfordern? | ☐ | ☐ |
| Haben Sie noch Ansprüche aus einem Arbeitgeberdarlehen? | ☐ | ☐ |
| Hat Ihr Mitarbeiter noch Urlaubsansprüche? | ☐ | ☐ |
| Bei fristgemäßer Kündigung: Ist eine Freistellung Ihres Mitarbeiters sinnvoll? (Wichtiger Hinweis: Unbedingt Freistellung unter Anrechnung noch bestehender Urlaubsansprüche erklären.) | ☐ | ☐ |
| Haben Sie das Dienstfahrzeug oder sonstiges Firmeneigentum zurückerhalten? | ☐ | ☐ |
| Bei Vereinbarung eines nachvertraglichen Wettbewerbsverbots: Soll daran festgehalten werden? | ☐ | ☐ |
| Falls Sie eine oder mehrere Fragen mit **JA** beantwortet haben, sollten Sie schnellstmöglich das Nötige veranlassen. Konnten Sie alle Fragen mit **NEIN** beantworten, brauchen Sie keine finanziellen Nachteile zu befürchten. | | |

Kopiervorlage

# Personenbedingte Kündigung (3/3)

| | Ja | Nein |
|---|---|---|
| Ist eine schriftliche Begründung enthalten? (Für Auszubildende erforderlich nach dem Berufsbildungsgesetz, unter Umständen erforderlich nach Tarifvertrag, Betriebsvereinbarung oder Arbeitsvertrag) | ❏ | ❏ |
| Ist der Kündigung eine Vollmacht beigefügt? (Fehlt diese, kann Ihr Mitarbeiter deswegen die Kündigung zurückweisen) | ❏ | ❏ |
| Wenn Sie alle Fragen mit **JA** beantwortet haben, sind die erforderlichen Formalien der Kündigung eingehalten. Haben Sie eine oder mehrere Fragen mit **NEIN** beantwortet, sollten Sie prüfen, ob Sie die Formalien nachholen können. | | |
| **■ Kündigungsfristen** | | |
| Haben Sie die erforderliche Kündigungsfrist eingehalten? (Fristlose Kündigung = Zustellung binnen 14 Tagen/Ordentliche Kündigung = § 622 BGB, Sonderregelungen im Tarifvertrag, Betriebsvereinbarung oder Einzelarbeitsvertrag) | ❏ | ❏ |
| Falls **JA,** brauchen Sie sich wegen der Fristen keine Gedanken zu machen. Mußten Sie mit **NEIN** antworten, sollten Sie von der Kündigung Abstand nehmen. | | |
| **■ Fristlose Kündigung** | | |
| Ist die 2-Wochen-Frist eingehalten worden? (Beginn ab Kenntnis des wichtigen Grundes, Zustellung innerhalb von 2 Wochen) | ❏ | ❏ |
| Falls **JA,** ist diese wichtige Voraussetzung erfüllt. Falls **NEIN,** sollten Sie prüfen, ob Sie fristgemäß (=ordentlich) kündigen können. | | |
| **■ Zugang der Kündigung** | | |
| Haben Sie sichergestellt, daß Ihr Mitarbeiter die Kündigung zu einem bestimmten Zeitpunkt nachweisbar erhalten hat? (Übergabe unterschreiben lassen oder im Beisein von Zeugen, sonst möglichst per Boten) | ❏ | ❏ |
| Falls **JA,** kann Ihr Mitarbeiter später nicht behaupten, er habe gar keine Kündigung oder keine Kündigung innerhalb der erforderlichen Fristen erhalten. Falls Sie mit **NEIN** geantwortet haben, können Sie in Beweisschwierigkeiten geraten. | | |
| **■ Abwicklung des Arbeitsverhältnisses** | | |
| Haben Sie Ihrem Mitarbeiter die Arbeitspapiere ausgehändigt? | ❏ | ❏ |
| Können Sie Weihnachtsgeld zurückfordern? (Unter Umständen möglich, wenn das Arbeitsverhältnis vor dem 01.04. endet.) | ❏ | ❏ |
| Können Sie Gehaltsvorschüsse zurückfordern? | ❏ | ❏ |
| Haben Sie noch Ansprüche aus einem Arbeitgeberdarlehen? | ❏ | ❏ |
| Hat Ihr Mitarbeiter noch Urlaubsansprüche? | ❏ | ❏ |
| Bei fristgemäßer Kündigung: Ist eine Freistellung Ihres Mitarbeiters sinnvoll? (Wichtiger Hinweis: Unbedingt Freistellung unter Anrechnung noch bestehender Urlaubsansprüche erklären.) | ❏ | ❏ |
| Haben Sie das Dienstfahrzeug oder sonstiges Firmeneigentum zurückerhalten? | ❏ | ❏ |
| Bei Vereinbarung eines nachvertraglichen Wettbewerbsverbots: Soll daran festgehalten werden? | ❏ | ❏ |
| Falls Sie eine oder mehrere Fragen mit **JA** beantwortet haben, sollten Sie schnellstmöglich das Nötige veranlassen. Konnten Sie alle Fragen mit **NEIN** beantworten, brauchen Sie keine finanziellen Nachteile zu befürchten. | | |

# Personenbedingte Kündigung

## 1 Begriff „Kündigung“

Um etwaige Mißverständnisse zu vermeiden, sollte im Schreiben der Begriff „Kündigung“ genannt werden. Zudem sollten Sie deutlich machen, ob Sie das Arbeitsverhältnis – wie bei der fristlosen Kündigung – sofort oder unter Einhaltung der maßgeblichen Kündigungsfrist beenden wollen.

## 2 Angabe des Kündigungsgrundes

Grundsätzlich ist die Angabe des Kündigungsgrundes nicht erforderlich. Während der ersten 6 Monate eines Arbeitsverhältnisses oder aber bei einem Kleinbetrieb (maximal 5 Mitarbeiter, wobei Ihre Auszubildenden nicht mitgerechnet werden) gilt das Kündigungsschutzgesetz ohnehin nicht, so daß Sie auch hier keine Kündigungsgründe benennen müssen. Allerdings sollten Sie in jedem Fall prüfen, ob ein für Ihren Betrieb geltender Tarifvertrag bestimmt, daß Sie den Kündigungsgrund angeben müssen. In einem etwaigen Kündigungsschutzprozeß vor dem Arbeitsgericht müssen Sie auf jeden Fall in der Lage sein, den Kündigungsgrund darzulegen und zu beweisen.

In der Praxis wird bei personenbedingten Kündigungen wegen häufiger Kurzerkrankungen oder lang andauernder Erkrankung dieser Grund häufig mit in das Kündigungsschreiben aufgenommen.

## 3 Zustimmung des Betriebsrats

Sofern Sie einen Betriebsrat haben, ist er nach § 102 Absatz 1 Betriebsverfassungsgesetz (BetrVG) vor jeder Kündigung zu hören. Dabei sollten Sie dem Betriebsrat unbedingt die in der Checkliste genannten Angaben machen. Eine Kündigung ohne, oder ohne wirksame, Anhörung des Betriebsrats ist unwirksam. Der Betriebsrat hat Ihnen seine Bedenken gegen eine ordentliche Kündigung innerhalb einer Woche und gegen eine fristlose Kündigung innerhalb von 3 Tagen mitzuteilen. Äußert sich der Betriebsrat nicht innerhalb dieser Fristen, gilt seine Zustimmung zu der Kündigung als erteilt. Verweigert der Betriebsrat seine Zustimmung zu Ihrer beabsichtigten Kündigung, können Sie trotzdem kündigen. In diesem Fall müssen Sie aber Ihrem Mitarbeiter mit der Kündigung eine Stellungnahme des Betriebsrats zuleiten.

## 4 Resturlaub/Freizeitausgleich

Wenn Sie auf die Arbeitsleistung Ihres Mitarbeiters verzichten können, oder so der Betriebsfrieden gewahrt bleibt, sollten Sie Ihrem Mitarbeiter den Resturlaub oder Freizeitausgleich für Überstunden während der Kündigungsfrist erteilen.

## 5 Empfangsbestätigung

Ihr Mitarbeiter ist nicht verpflichtet, die Empfangsbestätigung zu unterzeichnen. Verweigert Ihr Mitarbeiter seine Unterschrift, sollten Sie die Kündigung nur im Beisein von Zeugen übergeben. Es empfiehlt sich, anschließend ein kurzes Protokoll über Ort und Zeit der Übergabe anzufertigen und dieses von den Zeugen unterzeichnen zu lassen. Können Sie Ihrem Mitarbeiter die Kündigung nicht persönlich übergeben, sollten Sie die Kündigung durch einen zuverlässigen Boten übermitteln lassen. Der Bote kann später bezeugen, daß er die Kündigung übergeben oder zumindest in den Briefkasten geworfen hat. Damit gilt die Kündigung als zugegangen.

---

### Personenbedingte Kündigung

IV. Beendigung des Arbeitsverhältnisses

Heiner T. GmbH
Gipfelweg 20
41812 Erkelenz

, den ............

Anton K.
Auf dem Weg 9
41812 Erkelenz

Sehr geehrter Herr K.,

1 hiermit erklären wir die ordentliche

**Kündigung**

Ihres Arbeitsverhältnisses fristgemäß zum ........ .

2 Wir sehen uns zu diesem Schritt veranlaßt, da Ihre krankheitsbedingten Fehlzeiten ein Ausmaß angenommen haben, das für uns nicht mehr tragbar ist. Die Entwicklung der Fehlzeiten deutet darauf hin, daß auch in Zukunft mit krankheitsbedingten Ausfällen Ihrerseits zu rechnen ist, die für uns nicht mehr hinnehmbar sind. Ein milderes Mittel als die Kündigung steht uns leider nicht zur Verfügung.

Wir bedauern diesen für uns unvermeidlichen Schritt, danken Ihnen für die bei uns geleistete Tätigkeit und wünschen Ihnen für Ihre berufliche und persönliche Zukunft alles Gute.

3 Der Betriebsrat ist gemäß § 102 BetrVG angehört worden und hat der Kündigung zugestimmt.

4 Bis zum Ablauf der Kündigungsfrist stehen Ihnen für das laufende Kalenderjahr insgesamt noch ............ Urlaubstage zu. Zudem steht Ihnen für Überstunden noch folgender Freizeitausgleich zu ............ Urlaub und Freizeitausgleich erteilen wir Ihnen während der Kündigungsfrist. Der ............ ist somit Ihr letzter Arbeitstag.

Mit freundlichen Grüßen

*Heiner T.*

(Geschäftsführer)

5 **Empfangsbestätigung:**

Das Original des obigen Kündigungsschreibens vom ............ habe ich am ............ erhalten.

*Anton K.*

Kopiervorlage

# Personenbedingte Kündigung

Heiner T. GmbH
Gipfelweg 20
41812 Erkelenz , den ............

Anton K.
Auf dem Weg 9
41812 Erkelenz

Sehr geehrter Herr K.,

hiermit erklären wir die ordentliche

**Kündigung**

Ihres Arbeitsverhältnisses fristgemäß zum ........ .

Wir sehen uns zu diesem Schritt veranlaßt, da Ihre krankheitsbedingten Fehlzeiten ein Ausmaß angenommen haben, das für uns nicht mehr tragbar ist. Die Entwicklung der Fehlzeiten deutet darauf hin, daß auch in Zukunft mit krankheitsbedingten Ausfällen Ihrerseits zu rechnen ist, die für uns nicht mehr hinnehmbar sind. Ein milderes Mittel als die Kündigung steht uns leider nicht zur Verfügung.

Wir bedauern diesen für uns unvermeidlichen Schritt, danken Ihnen für die bei uns geleistete Tätigkeit und wünschen Ihnen für Ihre berufliche und persönliche Zukunft alles Gute.

Der Betriebsrat ist gemäß § 102 BetrVG angehört worden und hat der Kündigung zugestimmt.

Bis zum Ablauf der Kündigungsfrist stehen Ihnen für das laufende Kalenderjahr insgesamt noch ............ Urlaubstage zu. Zudem steht Ihnen für Überstunden noch folgender Freizeitausgleich zu ............ Urlaub und Freizeitausgleich erteilen wir Ihnen während der Kündigungsfrist. Der ............ ist somit Ihr letzter Arbeitstag.

Mit freundlichen Grüßen

Heiner T.

(Geschäftsführer)

**Empfangsbestätigung:**

Das Original des obigen Kündigungsschreibens vom ............ habe ich am ............ erhalten.

Anton K.

# Verhaltensbedingte Kündigung

## 1 Persönliche Daten Ihres Mitarbeiters

Sie benötigen die persönlichen Daten Ihres Mitarbeiters für die Unterrichtung des Betriebsrats sowie bei der Abwägung im Rahmen einer Kündigung.

## 2 Allgemeiner Kündigungsschutz nach dem Kündigungsschutzgesetz

Beschäftigen Sie mehr als 5 Mitarbeiter, können sich Ihre Arbeitnehmer auf das Kündigungsschutzgesetz berufen. Das Kündigungsschutzgesetz findet Anwendung, wenn mehr als 5 Mitarbeiter für Sie tätig sind und der zu kündigende Mitarbeiter länger als 6 Monate in Ihrem Betrieb beschäftigt ist.

Bei der Zählung von Teilzeitbeschäftigten müssen Sie wie folgt rechnen:

Teilzeitbeschäftigte mit einer regelmäßigen Arbeitszeit von nicht mehr als 20 Stunden pro Woche sind mit einem Faktor von 0,5, Teilzeitbeschäftigte mit einer regelmäßigen Arbeitszeit von nicht mehr als 30 Stunden pro Woche sind mit einem Faktor von 0,75 zu berücksichtigen.

## 3 Besonderer Kündigungsschutz

Besteht ein besonderer Kündigungsschutz, können Sie nur in Ausnahmefällen kündigen.

## 4 Kündigungsgrund

Als verhaltensbedingte Kündigungsgründe kommen beispielsweise in Betracht:

- Beharrliche Arbeitsverweigerung
- Straftaten gegen Sie als Arbeitgeber
- Ständige Unpünktlichkeit
- Ständige unentschuldigte Fehlzeiten
- Wiederholtes unerlaubtes Verlassen des Arbeitsplatzes
- Selbstbeurlaubungen und Urlaubsüberschreitungen

Grundsätzlich verlangt die Rechtsprechung vor einer Kündigung die Erteilung einer Abmahnung wegen eines gleich gelagerten oder zumindest ähnlichen Fehlverhaltens. Eine Abmahnung ist allerdings entbehrlich

1. bei Pflichtverletzungen im Vertrauensbereich (zum Beispiel Straftaten),
2. wenn Ihr Mitarbeiter von vornherein damit rechnen mußte, daß Sie ihm wegen seines Fehlverhaltens kündigen würden, oder
3. wenn Ihr Mitarbeiter von vornherein bereits erklärt hat, er werde sein Verhalten nicht ändern, so daß eine Abmahnung überflüssig wäre.

## 5 Betriebsratsanhörung

Nach § 102 Betriebsverfassungsgesetz müssen Sie Ihren Betriebsrat bei einer Kündigung anhören, andernfalls ist die Kündigung bereits aus diesem Grund unwirksam.

### Verhaltensbedingte Kündigung (1/2)

IV. Beendigung des Arbeitsverhältnisses

| | | |
|---|---|---|
| 1 ■ **Persönliche Daten Ihres Mitarbeiters** | | |
| Name: | | |
| Alter: | | |
| Familienstand: | | |
| Anzahl der unterhaltspflichtigen Kinder: | | |
| Ist der Ehegatte berufstätig? | | |
| Dauer der Betriebszugehörigkeit (Arbeitsvertrag vom): | | |
| Abteilung: | | |
| Ausgeübte Tätigkeit: | | |
| Tarifbindung: | | |
| Besondere Betriebsvereinbarung: | | |
| 2 ■ **Allgemeiner Kündigungsschutz nach dem Kündigungsschutzgesetz** | | |
| | Ja | Nein |
| Beschäftigen Sie regelmäßig mehr als 5 Mitarbeiter? | ❑ | ❑ |
| Ist der zu kündigende Mitarbeiter länger als 6 Monate bei Ihnen beschäftigt? | ❑ | ❑ |
| Haben Sie die beiden Fragen mit **JA** beantwortet, findet das Kündigungsschutzgesetz Anwendung. Sie brauchen einen Kündigungsgrund. Haben Sie hingegen eine Frage mit **NEIN** beantwortet, gilt das Kündigungsschutzgesetz nicht. Sie sind also bei Ausspruch der Kündigung grundsätzlich frei. | | |
| 3 ■ **Besonderer Kündigungsschutz** | | |
| Besteht ein besonderer Kündigungsschutz nach dem Mutterschutzgesetz, Schwerbehindertengesetz, Arbeitsplatzschutzgesetz (für Wehrpflichtige) oder Kündigungsschutzgesetz für Betriebsratsmitglieder und Mitgliedern der Jugend- und Auszubildendenvertretung? | ❑ | ❑ |
| Falls **JA**: Liegen die erforderlichen Genehmigungen der für den Arbeitschutz zuständigen obersten Landesbehörde (Mutterschutz) oder der Hauptfürsorgestelle (Schwerbehinderter) vor? (Betriebsratsmitgliedern und Mitgliedern der Jugend- und Auszubildendenvertretung können Sie während der Amtszeit nicht ordentlich kündigen.) | ❑ | ❑ |
| Falls Sie beide Fragen mit **JA** beantwortet haben, brauchen Sie den besonderen Kündigungsschutz nicht zu fürchten. Falls Sie mit **NEIN** antworten konnten, besteht kein besonderer Kündigungsschutz. | | |
| 4 ■ **Kündigungsgrund** | | |
| Rechtfertigt das Fehlverhalten eine verhaltensbedingte Kündigung? | ❑ | ❑ |
| Wurden zuvor wegen eines gleich gelagerten Fehlverhaltens eine oder mehrere Abmahnungen ausgesprochen? | ❑ | ❑ |
| Falls **JA**: War/en die Abmahnung/en ordnungsgemäß? (Hinweis- und Warnfunktion, Zugang) | ❑ | ❑ |
| Falls **NEIN**: War eine Abmahnung entbehrlich? (Fehlverhalten im Vertrauensbereich, weiteres Fehlverhalten, bloße Förmelei) | ❑ | ❑ |
| Bei Verdachtskündigung: Haben Sie Ihren Mitarbeiter angehört? | ❑ | ❑ |
| Konnten Sie alle Fragen mit **JA** beantworten, dürfte ein Kündigungsgrund vorliegen. Haben Sie nur eine Frage mit **NEIN** beantwortet, sollten Sie keine Kündigung aussprechen. | | |
| 5 ■ **Betriebsratsanhörung** | | |
| Mitteilung der Kündigungsabsicht ordnungsmäß (Art der beabsichtigten Kündigung, Termin der ordentlichen Kündigung, Personalien des Mitarbeiters, Tätigkeit und Abteilung, Dauer der Betriebszugehörigkeit, Familienstand nebst Kindern und Unterhaltsverpflichtungen, besonderer Kündigungsschutz, Kündigungsgründe einschließlich Fehlverhalten und Abmahnungen) | ❑ | ❑ |
| Abschließende Stellungnahme vorhanden oder Äußerungsfristen abgelaufen? (Ordentliche Kündigung = 1 Woche/fristlose Kündigung = 3 Tage) | ❑ | ❑ |

Kopiervorlage

# Verhaltensbedingte Kündigung (1/2)

| ■ Persönliche Daten Ihres Mitarbeiters | | |
|---|---|---|
| Name: | | |
| Alter: | | |
| Familienstand: | | |
| Anzahl der unterhaltspflichtigen Kinder: | | |
| Ist der Ehegatte berufstätig? | | |
| Dauer der Betriebszugehörigkeit (Arbeitsvertrag vom): | | |
| Abteilung: | | |
| Ausgeübte Tätigkeit: | | |
| Tarifbindung: | | |
| Besondere Betriebsvereinbarung: | | |
| **■ Allgemeiner Kündigungsschutz nach dem Kündigungsschutzgesetz** | | |
| | Ja | Nein |
| Beschäftigen Sie regelmäßig mehr als 5 Mitarbeiter? | ❑ | ❑ |
| Ist der zu kündigende Mitarbeiter länger als 6 Monate bei Ihnen beschäftigt? | ❑ | ❑ |
| Haben Sie die beiden Fragen mit **JA** beantwortet, findet das Kündigungsschutzgesetz Anwendung. Sie brauchen einen Kündigungsgrund. Haben Sie hingegen eine Frage mit **NEIN** beantwortet, gilt das Kündigungsschutzgesetz nicht. Sie sind also bei Ausspruch der Kündigung grundsätzlich frei. | | |
| **■ Besonderer Kündigungsschutz** | | |
| Besteht ein besonderer Kündigungsschutz nach dem Mutterschutzgesetz, Schwerbehindertengesetz, Arbeitsplatzschutzgesetz (für Wehrpflichtige) oder Kündigungsschutzgesetz für Betriebsratsmitglieder und Mitgliedern der Jugend- und Auszubildendenvertretung? | ❑ | ❑ |
| Falls **JA**: Liegen die erforderlichen Genehmigungen der für den Arbeitschutz zuständigen obersten Landesbehörde (Mutterschutz) oder der Hauptfürsorgestelle (Schwerbehinderter) vor? (Betriebsratsmitgliedern und Mitgliedern der Jugend- und Auszubildendenvertretung können Sie während der Amtszeit nicht ordentlich kündigen.) | ❑ | ❑ |
| Falls Sie beide Fragen mit **JA** beantwortet haben, brauchen Sie den besonderen Kündigungsschutz nicht zu fürchten. Falls Sie mit **NEIN** antworten konnten, besteht kein besonderer Kündigungsschutz. | | |
| **■ Kündigungsgrund** | | |
| Rechtfertigt das Fehlverhalten eine verhaltensbedingte Kündigung? | ❑ | ❑ |
| Wurden zuvor wegen eines gleich gelagerten Fehlverhaltens eine oder mehrere Abmahnungen ausgesprochen? | ❑ | ❑ |
| Falls **JA**: War/en die Abmahnung/en ordnungsgemäß? (Hinweis- und Warnfunktion, Zugang) | ❑ | ❑ |
| Falls **NEIN**: War eine Abmahnung entbehrlich? (Fehlverhalten im Vertrauensbereich, weiteres Fehlverhalten, bloße Förmelei) | ❑ | ❑ |
| Bei Verdachtskündigung: Haben Sie Ihren Mitarbeiter angehört? | ❑ | ❑ |
| Konnten Sie alle Fragen mit **JA** beantworten, dürfte ein Kündigungsgrund vorliegen. Haben Sie nur eine Frage mit **NEIN** beantwortet, sollten Sie keine Kündigung aussprechen. | | |
| **■ Betriebsratsanhörung** | | |
| Mitteilung der Kündigungsabsicht ordnungsmäß (Art der beabsichtigten Kündigung, Termin der ordentlichen Kündigung, Personalien des Mitarbeiters, Tätigkeit und Abteilung, Dauer der Betriebszugehörigkeit, Familienstand nebst Kindern und Unterhaltsverpflichtungen, besonderer Kündigungsschutz, Kündigungsgründe einschließlich Fehlverhalten und Abmahnungen) | ❑ | ❑ |
| Abschließende Stellungnahme vorhanden oder Äußerungsfristen abgelaufen? (Ordentliche Kündigung = 1 Woche/fristlose Kündigung = 3 Tage)? | ❑ | ❑ |

# Verhaltensbedingte Kündigung

### 6 Kündigungserklärung
Allein schon aus Beweisgründen sollte eine Kündigung immer schriftlich erfolgen.

### 7 Kündigungsfristen
Siehe dazu unter „Beendigung von Arbeitsverhältnissen – Kündigungsfristen".

### 8 Fristlose Kündigung
Eine fristlose Kündigung ohne Abmahnung können Sie aussprechen, wenn das Fehlverhalten Ihres Mitarbeiters so gravierend war, daß Ihnen die Fortsetzung des Arbeitsverhältnisses nicht zugemutet werden kann.

### 9 Zugang der Kündigung
Auch der Zugang der Kündigung sollte aus Beweisgründen immer dokumentiert werden können.

### 10 Abwicklung des Arbeitsverhältnisses
Hier sind die Punkte zu berücksichtigen, aus denen sich noch gegenseitige Ansprüche ergeben könnten.

## Verhaltensbedingte Kündigung (2/2)

IV. Beendigung des Arbeitsverhältnisses

Sofern Sie die beiden Fragen mit **JA** beantworten konnten, brauchen Sie sich wegen des Betriebsrats keine Sorgen zu machen. Haben Sie nur eine Frage mit **NEIN** beantwortet, müssen Sie mit Schwierigkeiten bei der Kündigung rechnen.

| | Ja | Nein |
|---|---|---|
| 6 **■ Kündigungserklärung** | | |
| Haben Sie die Kündigung schriftlich erklärt? (Unter Umständen erforderlich nach Gesetz, Tarifvertrag, Betriebsvereinbarung oder Arbeitsvertrag) | ❏ | ❏ |
| Ist eine schriftliche Begründung enthalten? (Für Auszubildende erforderlich nach dem Berufsbildungsgesetz, unter Umständen erforderlich nach Tarifvertrag, Betriebsvereinbarung oder Arbeitsvertrag) | ❏ | ❏ |
| Ist der Kündigung eine Vollmacht beigefügt? (Fehlt diese, kann Ihr Mitarbeiter deswegen die Kündigung zurückweisen.) | ❏ | ❏ |
| Wenn Sie alle Fragen mit **JA** beantwortet haben, sind die erforderlichen Formalien der Kündigung eingehalten. Haben Sie eine oder mehrere Fragen mit **NEIN** beantwortet, sollten Sie prüfen, ob Sie die Formalien nachholen können. | | |
| 7 **■ Kündigungsfristen** | | |
| Haben Sie die erforderliche Kündigungsfrist eingehalten? (Fristlose Kündigung = Zustellung binnen 14 Tagen/Ordentliche Kündigung = § 622 BGB, Sonderregelungen im Tarifvertrag, Betriebsvereinbarung oder Einzelarbeitsvertrag) | ❏ | ❏ |
| Falls **JA**, brauchen Sie sich wegen der Fristen keine Gedanken zu machen. Mußten Sie mit **NEIN** antworten, sollten Sie von der Kündigung Abstand nehmen. | | |
| 8 **■ Fristlose Kündigung** | | |
| Ist die 2-Wochen-Frist eingehalten worden? (Beginn ab Kenntnis des wichtigen Grundes, Zustellung innerhalb von 2 Wochen) | ❏ | ❏ |
| Falls **JA**, ist diese wichtige Voraussetzung erfüllt. Falls **NEIN**, sollten Sie prüfen, ob Sie fristgemäß (=ordentlich) kündigen können. | | |
| 9 **■ Zugang der Kündigung** | | |
| Haben Sie sichergestellt, daß Ihr Mitarbeiter die Kündigung zu einem bestimmten Zeitpunkt nachweisbar erhalten hat? (Übergabe unterschreiben lassen oder im Beisein von Zeugen, sonst möglichst per Boten) | ❏ | ❏ |
| Falls **JA**, kann Ihr Mitarbeiter später nicht behaupten, er habe gar keine Kündigung oder keine Kündigung innerhalb der erforderlichen Fristen erhalten. Falls Sie mit **NEIN** geantwortet haben, können Sie in Beweisschwierigkeiten geraten. | | |
| 10 **■ Abwicklung des Arbeitsverhältnisses** | | |
| Haben Sie Ihrem Mitarbeiter die Arbeitspapiere ausgehändigt? | ❏ | ❏ |
| Können Sie Weihnachtsgeld zurückfordern? (Unter Umständen möglich, wenn Arbeitsverhältnis vor dem 01.04. endet.) | ❏ | ❏ |
| Können Sie Gehaltsvorschüsse zurückfordern? | ❏ | ❏ |
| Haben Sie noch Ansprüche aus einem Arbeitgeberdarlehen? | ❏ | ❏ |
| Hat Ihr Mitarbeiter noch Urlaubsansprüche? | ❏ | ❏ |
| Bei fristgemäßer Kündigung: Ist eine Freistellung Ihres Mitarbeiters sinnvoll? (Wichtiger Hinweis: Unbedingt Freistellung unter Anrechnung noch bestehender Urlaubsansprüche erklären.) | ❏ | ❏ |
| Haben Sie das Dienstfahrzeug oder sonstiges Firmeneigentum zurückerhalten? | ❏ | ❏ |
| Bei Vereinbarung eines nachvertraglichen Wettbewerbsverbots: Soll daran festgehalten werden? | ❏ | ❏ |
| Falls Sie eine oder mehrere Fragen mit **JA** beantwortet haben, sollten Sie schnellstmöglich das Nötige veranlassen. Konnten Sie alle Fragen mit **NEIN** beantworten, brauchen Sie keine finanziellen Nachteile zu befürchten. | | |

Kopiervorlage

# Verhaltensbedingte Kündigung (2/2)

Sofern Sie die beiden Fragen mit **JA** beantworten konnten, brauchen Sie sich wegen des Betriebsrats keine Sorgen zu machen. Haben Sie nur eine Frage mit **NEIN** beantwortet, müssen Sie mit Schwierigkeiten bei der Kündigung rechnen.

| | | |
|---|---|---|
| **■ Kündigungserklärung** | | |
| | Ja | Nein |
| Haben Sie die Kündigung schriftlich erklärt?<br>(Unter Umständen erforderlich nach Gesetz, Tarifvertrag, Betriebsvereinbarung oder Arbeitsvertrag) | ❑ | ❑ |
| Ist eine schriftliche Begründung enthalten?<br>(Für Auszubildende erforderlich nach dem Berufsbildungsgesetz, unter Umständen erforderlich nach Tarifvertrag, Betriebsvereinbarung oder Arbeitsvertrag) | ❑ | ❑ |
| Ist der Kündigung eine Vollmacht beigefügt?<br>(Fehlt diese, kann Ihr Mitarbeiter deswegen die Kündigung zurückweisen.) | ❑ | ❑ |
| Wenn Sie alle Fragen mit **JA** beantwortet haben, sind die erforderlichen Formalien der Kündigung eingehalten. Haben Sie eine oder mehrere Fragen mit **NEIN** beantwortet, sollten Sie prüfen, ob Sie die Formalien nachholen können. | | |
| **■ Kündigungsfristen** | | |
| Haben Sie die erforderliche Kündigungsfrist eingehalten? (Fristlose Kündigung = Zustellung binnen 14 Tagen/Ordentliche Kündigung = § 622 BGB, Sonderregelungen im Tarifvertrag, Betriebsvereinbarung oder Einzelarbeitsvertrag) | ❑ | ❑ |
| Falls **JA,** brauchen Sie sich wegen der Fristen keine Gedanken zu machen.<br>Mußten Sie mit **NEIN** antworten, sollten Sie von der Kündigung Abstand nehmen. | | |
| **■ Fristlose Kündigung** | | |
| Ist die 2-Wochen-Frist eingehalten worden?<br>(Beginn ab Kenntnis des wichtigen Grundes, Zustellung innerhalb von 2 Wochen) | ❑ | ❑ |
| Falls **JA,** ist diese wichtige Voraussetzung erfüllt.<br>Falls **NEIN,** sollten Sie prüfen, ob Sie fristgemäß (=ordentlich) kündigen können. | | |
| **■ Zugang der Kündigung** | | |
| Haben Sie sichergestellt, daß Ihr Mitarbeiter die Kündigung zu einem bestimmten Zeitpunkt nachweisbar erhalten hat?<br>(Übergabe unterschreiben lassen oder im Beisein von Zeugen, sonst möglichst per Boten) | ❑ | ❑ |
| Falls **JA,** kann Ihr Mitarbeiter später nicht behaupten, er habe gar keine Kündigung oder keine Kündigung innerhalb der erforderlichen Fristen erhalten. Falls Sie mit **NEIN** geantwortet haben, können Sie in Beweisschwierigkeiten geraten. | | |
| **■ Abwicklung des Arbeitsverhältnisses** | | |
| Haben Sie Ihrem Mitarbeiter die Arbeitspapiere ausgehändigt? | ❑ | ❑ |
| Können Sie Weihnachtsgeld zurückfordern?<br>(Unter Umständen möglich, wenn Arbeitsverhältnis vor dem 01.04. endet.) | ❑ | ❑ |
| Können Sie Gehaltsvorschüsse zurückfordern? | ❑ | ❑ |
| Haben Sie noch Ansprüche aus einem Arbeitgeberdarlehen? | ❑ | ❑ |
| Hat Ihr Mitarbeiter noch Urlaubsansprüche? | ❑ | ❑ |
| Bei fristgemäßer Kündigung: Ist eine Freistellung Ihres Mitarbeiters sinnvoll?<br>(Wichtiger Hinweis: Unbedingt Freistellung unter Anrechnung noch bestehender Urlaubsansprüche erklären.) | ❑ | ❑ |
| Haben Sie das Dienstfahrzeug oder sonstiges Firmeneigentum zurückerhalten? | ❑ | ❑ |
| Bei Vereinbarung eines nachvertraglichen Wettbewerbsverbots: Soll daran festgehalten werden? | ❑ | ❑ |
| Falls Sie eine oder mehrere Fragen mit **JA** beantwortet haben, sollten Sie schnellstmöglich das Nötige veranlassen. Konnten Sie alle Fragen mit **NEIN** beantworten, brauchen Sie keine finanziellen Nachteile zu befürchten. | | |

# Betriebsbedingte Kündigung

## 1 Persönliche Daten Ihres Mitarbeiters

Sie benötigen die persönlichen Daten Ihres Mitarbeiters für die Unterrichtung des Betriebsrats sowie bei der Abwägung im Rahmen einer Kündigung.

## 2 Allgemeiner Kündigungsschutz nach dem Kündigungsschutzgesetz

Beschäftigen Sie mehr als 5 Mitarbeiter, können sich Ihre Arbeitnehmer auf das Kündigungsschutzgesetz berufen. Das Kündigungsschutzgesetz findet Anwendung, wenn mehr als 5 Mitarbeiter für Sie tätig sind, und der zu kündigende Mitarbeiter länger als 6 Monate in Ihrem Betrieb beschäftigt ist.

Bei der Zählung von Teilzeitbeschäftigten müssen Sie wie folgt rechnen:

Teilzeitbeschäftigte mit einer regelmäßigen Arbeitszeit von nicht mehr als 20 Stunden pro Woche sind mit einem Faktor von 0,5, Teilzeitbeschäftigte mit einer regelmäßigen Arbeitszeit von nicht mehr als 30 Stunden pro Woche sind mit einem Faktor von 0,75 zu berücksichtigen.

## 3 Besonderer Kündigungsschutz

Besteht ein besonderer Kündigungsschutz, können Sie nur in Ausnahmefällen kündigen.

## 4 Kündigungsgrund

Entscheidend bei der betriebsbedingten Kündigung sind die Verhältnisse, die bei Ausspruch der Kündigung bestehen.

## 5 Allgemeines

Um überhaupt kündigen zu können, müssen Sie als Arbeitgeber auf inner- oder außerbetriebliche Umstände, die auf Ihren Betrieb einwirken, mit einer sogenannten unternehmerischen Entscheidung reagieren. Diese Entscheidung muß zu einem unvermeidbaren Wegfall von Arbeitsplätzen führen. Dabei müssen Sie allerdings prüfen, ob nicht mildere Mittel, wie beispielsweise eine Versetzung, Fortbildung oder Umschulung, die Arbeitsplätze erhalten können.

### Betriebsbedingte Kündigung (1/3)

IV. Beendigung des Arbeitsverhältnisses

**1 ■ Persönliche Daten Ihres Mitarbeiters**

| | |
|---|---|
| Name: | Alter: |
| Familienstand: | Anzahl der unterhaltspflichtigen Kinder: |
| Ist der Ehegatte berufstätig? | |
| Dauer der Betriebszugehörigkeit (Arbeitsvertrag vom): | |
| Abteilung: | Ausgeübte Tätigkeit: |
| Tarifbindung: | |
| Besondere Betriebsvereinbarung: | |

**2 ■ Allgemeiner Kündigungsschutz nach dem Kündigungsschutzgesetz**

| | Ja | Nein |
|---|---|---|
| Beschäftigen Sie regelmäßig mehr als 5 Mitarbeiter? | ❑ | ❑ |
| Ist der zu kündigende Mitarbeiter länger als 6 Monate bei Ihnen beschäftigt? | ❑ | ❑ |

Haben Sie die beiden Fragen mit **JA** beantwortet, findet das Kündigungsschutzgesetz Anwendung. Sie brauchen einen Kündigungsgrund. Haben Sie hingegen eine Frage mit **NEIN** beantwortet, gilt das Kündigungsschutzgesetz nicht. Sie sind also bei Ausspruch der Kündigung grundsätzlich frei.

**3 ■ Besonderer Kündigungsschutz**

| | Ja | Nein |
|---|---|---|
| Besteht ein besonderer Kündigungsschutz nach dem Mutterschutzgesetz, Schwerbehindertengesetz, Arbeitsplatzschutzgesetz (für Wehrpflichtige) oder Kündigungsschutzgesetz für Betriebsratsmitglieder und Mitgliedern der Jugend- und Auszubildendenvertretung? | ❑ | ❑ |
| Falls **JA**: Liegen die erforderlichen Genehmigungen der für den Arbeitschutz zuständigen obersten Landesbehörde (Mutterschutz) oder der Hauptfürsorgestelle (Schwerbehinderter) vor? (Betriebsratmitgliedern und Mitgliedern der Jugend- und Auszubildendenvertretung können Sie während der Amtszeit nicht ordentlich kündigen.) | ❑ | ❑ |

Falls Sie beide Fragen mit **JA** beantwortet haben, brauchen Sie den besonderen Kündigungsschutz nicht zu fürchten. Falls Sie mit **NEIN** antworten konnten, besteht kein besonderer Kündigungsschutz.

**4 ■ Kündigungsgrund**

**a. Allgemeines** 5

| | Ja | Nein |
|---|---|---|
| Liegen inner- oder außerbetriebliche Umstände vor, auf die Sie mit einer unternehmerischen Entscheidung reagiert haben? | ❑ | ❑ |
| Sind diese Umstände ein betriebsbedingter Kündigungsgrund? (Absatzschwierigkeiten, Auftragsmangel, Betriebs- oder Teilbetriebsstillegung, Fremdvergabe, Gewinnrückgang/fehlende Rentabilität/Lohneinsparungen, Rationalisierungsmaßnahmen, Umsatzrückgang, Wetter/Witterung; jeweils unter bestimmten Voraussetzungen) | ❑ | ❑ |
| Führt Ihre unternehmerische Entscheidung zum Wegfall eines Arbeitsplatzes? | ❑ | ❑ |
| Ist eine Versetzung Ihres Mitarbeiters an einen freien und vergleichbaren Arbeitsplatz in Ihrem Betrieb oder Unternehmen nicht möglich? (freier Arbeitsplatz auch, wenn in absehbarer Zeit nach Kündigung frei oder nach Umschulung/Fortbildung besetzbar) | ❑ | ❑ |
| Besteht kein schlechterer Arbeitsplatz in Ihrem Betrieb oder Unternehmen, den Sie Ihrem Mitarbeiter anbieten müssen? (Falls **NEIN**, und Mitarbeiter nimmt unter Vorbehalt oder unter anderen Bedingungen an: Änderungskündigung) | ❑ | ❑ |
| Trifft es zu, daß Sie keine Arbeitsabläufe umgestaltet haben, bei der die Arbeit gleich bleibt und wegen Umorganisation höher vergütet wird? | ❑ | ❑ |
| Trifft es zu, daß Sie bei bestehender Kurzarbeit keine Kündigung ausgesprochen haben, ohne daß weitere inner- oder außerbetriebliche Umstände hinzugetreten sind? | ❑ | ❑ |

Konnten Sie alle Fragen mit **JA** beantworten, liegen diese Voraussetzungen vor. Mußten Sie hingegen auch nur eine Frage mit **NEIN** ankreuzen, sollten Sie keine betriebsbedingte Kündigung aussprechen.

Kopiervorlage

# Betriebsbedingte Kündigung (1/3)

## ■ Persönliche Daten Ihres Mitarbeiters

| | |
|---|---|
| Name: | Alter: |
| Familienstand: | Anzahl der unterhaltspflichtigen Kinder: |
| Ist der Ehegatte berufstätig? | |
| Dauer der Betriebszugehörigkeit (Arbeitsvertrag vom): | |
| Abteilung: | Ausgeübte Tätigkeit: |
| Tarifbindung: | |
| Besondere Betriebsvereinbarung: | |

## ■ Allgemeiner Kündigungsschutz nach dem Kündigungsschutzgesetz

| | Ja | Nein |
|---|---|---|
| Beschäftigen Sie regelmäßig mehr als 5 Mitarbeiter? | ❑ | ❑ |
| Ist der zu kündigende Mitarbeiter länger als 6 Monate bei Ihnen beschäftigt? | ❑ | ❑ |

Haben Sie die beiden Fragen mit **JA** beantwortet, findet das Kündigungsschutzgesetz Anwendung. Sie brauchen einen Kündigungsgrund. Haben Sie hingegen eine Frage mit **NEIN** beantwortet, gilt das Kündigungsschutzgesetz nicht. Sie sind also bei Ausspruch der Kündigung grundsätzlich frei.

## ■ Besonderer Kündigungsschutz

| | | |
|---|---|---|
| Besteht ein besonderer Kündigungsschutz nach dem Mutterschutzgesetz, Schwerbehindertengesetz, Arbeitsplatzschutzgesetz (für Wehrpflichtige) oder Kündigungsschutzgesetz für Betriebsratsmitglieder und Mitgliedern der Jugend- und Auszubildendenvertretung? | ❑ | ❑ |
| Falls **JA**: Liegen die erforderlichen Genehmigungen der für den Arbeitschutz zuständigen obersten Landesbehörde (Mutterschutz) oder der Hauptfürsorgestelle (Schwerbehinderter) vor? (Betriebsratmitgliedern und Mitgliedern der Jugend- und Auszubildendenvertretung können Sie während der Amtszeit nicht ordentlich kündigen.) | ❑ | ❑ |

Falls Sie beide Fragen mit **JA** beantwortet haben, brauchen Sie den besonderen Kündigungsschutz nicht zu fürchten. Falls Sie mit **NEIN** antworten konnten, besteht kein besonderer Kündigungsschutz.

## ■ Kündigungsgrund

### a. Allgemeines

| | | |
|---|---|---|
| Liegen inner- oder außerbetriebliche Umstände vor, auf die Sie mit einer unternehmerischen Entscheidung reagiert haben? | ❑ | ❑ |
| Sind diese Umstände ein betriebsbedingter Kündigungsgrund? (Absatzschwierigkeiten, Auftragsmangel, Betriebs- oder Teilbetriebsstillegung, Fremdvergabe, Gewinnrückgang/fehlende Rentabilität/Lohneinsparungen, Rationalisierungsmaßnahmen, Umsatzrückgang, Wetter/Witterung; jeweils unter bestimmten Voraussetzungen) | ❑ | ❑ |
| Führt Ihre unternehmerische Entscheidung zum Wegfall eines Arbeitsplatzes? | ❑ | ❑ |
| Ist eine Versetzung Ihres Mitarbeiters an einen freien und vergleichbaren Arbeitsplatz in Ihrem Betrieb oder Unternehmen nicht möglich? (freier Arbeitsplatz auch, wenn in absehbarer Zeit nach Kündigung frei oder nach Umschulung/Fortbildung besetzbar) | ❑ | ❑ |
| Besteht kein schlechterer Arbeitsplatz in Ihrem Betrieb oder Unternehmen, den Sie Ihrem Mitarbeiter anbieten müssen? (Falls **NEIN**, und Mitarbeiter nimmt unter Vorbehalt oder unter anderen Bedingungen an: Änderungskündigung) | ❑ | ❑ |
| Trifft es zu, daß Sie keine Arbeitsabläufe umgestaltet haben, bei der die Arbeit gleich bleibt und wegen Umorganisation höher vergütet wird? | ❑ | ❑ |
| Trifft es zu, daß Sie bei bestehender Kurzarbeit keine Kündigung ausgesprochen haben, ohne daß weitere inner- oder außerbetriebliche Umstände hinzugetreten sind? | ❑ | ❑ |

Konnten Sie alle Fragen mit **JA** beantworten, liegen diese Voraussetzungen vor. Mußten Sie hingegen auch nur eine Frage mit **NEIN** ankreuzen, sollten Sie keine betriebsbedingte Kündigung aussprechen.

### 6 Vergleichbarkeit Ihrer Mitarbeiter im Rahmen der Sozialauswahl

Die in die Sozialauswahl einzubeziehenden Mitarbeiter müssen miteinander vergleichbar sein. Dieses Kriterium sieht das Bundesarbeitsgericht als gegeben an, wenn Sie Ihre Mitarbeiter austauschen können, ohne daß zuvor eine Änderungskündigung erfolgen muß.

### 7 Soziale Gesichtspunkte

Anhand der sozialen Gesichtspunkte ist der Mitarbeiter zu ermitteln, den die Kündigung am wenigsten hart trifft.

### 8 Herausnahme einzelner Mitarbeiter aus der Sozialauswahl

Sofern betriebstechnische, wirtschaftliche oder sonstige berechtigte betriebliche Interessen zwingend die Weiterbeschäftigung eines bestimmten Mitarbeiters erfordern, können Sie ihn aus der Sozialauswahl ausnehmen.

## Betriebsbedingte Kündigung (2/3)

IV. Beendigung des Arbeitsverhältnisses

6

| b. Vergleichbarkeit Ihrer Mitarbeiter im Rahmen der Sozialauswahl | Ja | Nein |
|---|---|---|
| Haben Sie die Mitarbeiter aus allen Abteilungen, aber nur innerhalb des Betriebs, in dem die Sozialauswahl stattfinden soll, einbezogen? | ❑ | ❑ |
| Haben Sie keine Mitarbeiter einbezogen, die | | |
| ■ befristet beschäftigt sind und nur fristlos nach § 626 BGB gekündigt werden können? | ❑ | ❑ |
| ■ Betriebsratsmitglieder sind? | ❑ | ❑ |
| ■ Erziehungsurlauber sind? | ❑ | ❑ |
| ■ dem Mutterschutz unterliegen und die Zustimmung der zuständigen Behörde zu Ihrer beabsichtigten Kündigung noch nicht vorliegt? | ❑ | ❑ |
| ■ schwerbehindert sind und die Zustimmung der Hauptfürsorgestelle zu Ihrer beabsichtigten Kündigung noch nicht vorliegt? | ❑ | ❑ |
| ■ einen tariflichen Sonderkündigungsschutz haben? | ❑ | ❑ |
| ■ Wehr- oder Zivildienst leisten? | ❑ | ❑ |
| Sind Ihre in die Sozialauswahl einbezogenen Mitarbeiter austauschbar, das heißt, können Sie Mitarbeiter 1 ohne weiteres auf dem Arbeitsplatz von Mitarbeiter 2 einsetzen und umgekehrt? | ❑ | ❑ |
| Sonderfall Teilzeitkräfte: Wollen Sie nur die Zahl der in Ihrem Betrieb geleisteten Arbeitsstunden abbauen? (Hier ist eine Vergleichbarkeit dann nicht gegeben, wenn Sie den Teil- und Vollzeitkräften bestimmte Arbeiten zugewiesen haben.) | ❑ | ❑ |
| Falls Sie alle Fragen mit **JA** beantworten konnten, ist die Vergleichbarkeit Ihrer Mitarbeiter gegeben. | | |

7

| c. Soziale Gesichtspunkte | Ja | Nein |
|---|---|---|
| Haben Sie eine Grobauswahl anhand der „Eckpfeiler" | | |
| ■ Dauer der Betriebszugehörigkeit, | ❑ | ❑ |
| ■ Lebensalter und | ❑ | ❑ |
| ■ Unterhaltspflichten durchgeführt? | ❑ | ❑ |
| Haben Sie eine Feinauswahl anhand folgender Kriterien | | |
| ■ Alleinerziehung von Kindern, | ❑ | ❑ |
| ■ Chancen auf dem Arbeitsmarkt, | ❑ | ❑ |
| ■ Familienstand (Doppelverdienerehe), | ❑ | ❑ |
| ■ Gesundheitszustand sowie Ursachen einer Gesundheitsbeeinträchtigung (Arbeitsunfall, Berufskrankheit), | ❑ | ❑ |
| ■ Pflege von Angehörigen, | ❑ | ❑ |
| ■ etwaige Schwerbehinderung durchgeführt? | ❑ | ❑ |
| Haben Sie bei der Anwendung eines Punkteschemas, das mit Ihrem Betriebsrat vereinbart wurde, beachtet, daß Sie noch eine Einzelfallabwägung durchführen müssen? | ❑ | ❑ |
| Falls Sie auch hier alle Fragen mit **JA** ankreuzen konnten, haben Sie die sozialen Gesichtspunkte berücksichtigt. | | |

8

| d. Herausnahme einzelner Mitarbeiter aus der Sozialauswahl | Ja | Nein |
|---|---|---|
| Handelt es sich bei Ihnen um einen der folgenden 5 Fälle: | | |
| ■ Zwangslage Ihres Betriebs? | ❑ | ❑ |
| ■ Aufrechterhaltung eines ordnungsgemäßen Betriebsablaufs/Erhaltung der Leistungsfähigkeit Ihres Betriebs? | ❑ | ❑ |
| ■ Ihr Mitarbeiter will ohnehin Ihren Betrieb verlassen? | ❑ | ❑ |
| ■ Ihr Mitarbeiter verfügt über persönliche Verbindungen zu Kunden und Lieferanten? | ❑ | ❑ |
| ■ Ihr Mitarbeiter hat besondere Qualifikationen und Kenntnisse? | ❑ | ❑ |
| Falls Sie eine der Fragen mit **JA** beantworten können, dürfen Sie grundsätzlich Ihren Mitarbeiter aus der Sozialauswahl ausnehmen. | | |

# Betriebsbedingte Kündigung (2/3)



| b. Vergleichbarkeit Ihrer Mitarbeiter im Rahmen der Sozialauswahl | | |
|---|---|---|
| | Ja | Nein |
| Haben Sie die Mitarbeiter aus allen Abteilungen, aber nur innerhalb des Betriebs, in dem die Sozialauswahl stattfinden soll, einbezogen? | ❑ | ❑ |
| Haben Sie keine Mitarbeiter einbezogen, die | | |
| ■ befristet beschäftigt sind und nur fristlos nach § 626 BGB gekündigt werden können? | ❑ | ❑ |
| ■ Betriebsratsmitglieder sind? | ❑ | ❑ |
| ■ Erziehungsurlauber sind? | ❑ | ❑ |
| ■ dem Mutterschutz unterliegen und die Zustimmung der zuständigen Behörde zu Ihrer beabsichtigten Kündigung noch nicht vorliegt? | ❑ | ❑ |
| ■ schwerbehindert sind und die Zustimmung der Hauptfürsorgestelle zu Ihrer beabsichtigten Kündigung noch nicht vorliegt? | ❑ | ❑ |
| ■ einen tariflichen Sonderkündigungsschutz haben? | ❑ | ❑ |
| ■ Wehr- oder Zivildienst leisten? | ❑ | ❑ |
| Sind Ihre in die Sozialauswahl einbezogenen Mitarbeiter austauschbar, das heißt, können Sie Mitarbeiter 1 ohne weiteres auf dem Arbeitsplatz von Mitarbeiter 2 einsetzen und umgekehrt? | ❑ | ❑ |
| Sonderfall Teilzeitkräfte: Wollen Sie nur die Zahl der in Ihrem Betrieb geleisteten Arbeitsstunden abbauen? (Hier ist eine Vergleichbarkeit dann nicht gegeben, wenn Sie den Teil- und Vollzeitkräften bestimmte Arbeiten zugewiesen haben.) | ❑ | ❑ |
| Falls Sie alle Fragen mit **JA** beantworten konnten, ist die Vergleichbarkeit Ihrer Mitarbeiter gegeben. | | |
| **c. Soziale Gesichtspunkte** | | |
| Haben Sie eine Grobauswahl anhand der „Eckpfeiler“ | | |
| ■ Dauer der Betriebszugehörigkeit, | ❑ | ❑ |
| ■ Lebensalter und | ❑ | ❑ |
| ■ Unterhaltspflichten durchgeführt? | ❑ | ❑ |
| Haben Sie eine Feinauswahl anhand folgender Kriterien | | |
| ■ Alleinerziehung von Kindern, | ❑ | ❑ |
| ■ Chancen auf dem Arbeitsmarkt, | ❑ | ❑ |
| ■ Familienstand (Doppelverdienerehe), | ❑ | ❑ |
| ■ Gesundheitszustand sowie Ursachen einer Gesundheitsbeeinträchtigung (Arbeitsunfall, Berufskrankheit), | ❑ | ❑ |
| ■ Pflege von Angehörigen, | ❑ | ❑ |
| ■ etwaige Schwerbehinderung durchgeführt? | ❑ | ❑ |
| Haben Sie bei der Anwendung eines Punkteschemas, das mit Ihrem Betriebsrat vereinbart wurde, beachtet, daß Sie noch eine Einzelfallabwägung durchführen müssen? | ❑ | ❑ |
| Falls Sie auch hier alle Fragen mit **JA** ankreuzen konnten, haben Sie die sozialen Gesichtspunkte berücksichtigt. | | |
| **d. Herausnahme einzelner Mitarbeiter aus der Sozialauswahl** | | |
| Handelt es sich bei Ihnen um einen der folgenden 5 Fälle: | | |
| ■ Zwangslage Ihres Betriebs? | ❑ | ❑ |
| ■ Aufrechterhaltung eines ordnungsgemäßen Betriebsablaufs/Erhaltung der Leistungsfähigkeit Ihres Betriebs? | ❑ | ❑ |
| ■ Ihr Mitarbeiter will ohnehin Ihren Betrieb verlassen? | ❑ | ❑ |
| ■ Ihr Mitarbeiter verfügt über persönliche Verbindungen zu Kunden und Lieferanten? | ❑ | ❑ |
| ■ Ihr Mitarbeiter hat besondere Qualifikationen und Kenntnisse? | ❑ | ❑ |
| Falls Sie eine der Fragen mit **JA** beantworten können, dürfen Sie grundsätzlich Ihren Mitarbeiter aus der Sozialauswahl ausnehmen. | | |

# Betriebsbedingte Kündigung

### 9 Betriebsratsanhörung
Nach § 102 Betriebsverfassungsgesetz müssen Sie Ihren Betriebsrat bei einer Kündigung anhören, andernfalls ist die Kündigung bereits aus diesem Grund unwirksam.

### 10 Kündigungserklärung
Allein schon aus Beweisgründen sollte eine Kündigung immer schriftlich erfolgen.

### 11 Kündigungsfristen
Siehe dazu unter „Beendigung von Arbeitsverhältnissen – Kündigungsfristen“.

### 12 Zugang der Kündigung
Auch der Zugang der Kündigung sollte aus Beweisgründen immer dokumentiert werden können.

### 13 Abwicklung des Arbeitsverhältnisses
Hier sind die Punkte zu berücksichtigen, aus denen sich noch gegenseitige Ansprüche ergeben könnten.

## Betriebsbedingte Kündigung (3/3)

IV. Beendigung des Arbeitsverhältnisses

| | | Ja | Nein |
|---|---|---|---|
| 9 | **■ Betriebsratsanhörung** | | |
| | Mitteilung der Maßnahme (Kündigung, Versetzung, Umgruppierung) ordnungsmäß? (Bei Anhörung nach § 102 BetrVG wegen Kündigung: Art der beabsichtigten Kündigung, Termin der ordentlichen Kündigung, Personalien des Mitarbeiters, Tätigkeit und Abteilung, Dauer der Betriebszugehörigkeit, Familienstand nebst Kindern und Unterhaltsverpflichtungen, besonderer Kündigungsschutz, Kündigungsgründe einschließlich Fehlverhalten und Abmahnungen, bei Mitbestimmung nach § 99 BetrVG – mehr als 20 wahlberechtigte Mitarbeiter – wegen Versetzung oder Umgruppierung: alle Informationen, die mit Arbeitsplatzwechsel zusammenhängen.) | ❑ | ❑ |
| | Abschließende Stellungnahme vorhanden oder Äußerungsfristen abgelaufen? (Ordentliche Kündigung = 1 Woche) | ❑ | ❑ |
| | Sofern Sie die beiden Fragen mit **JA** beantworten konnten, brauchen Sie sich wegen des Betriebsrats keine Sorgen zu machen. Haben Sie nur eine Frage mit **NEIN** beantwortet, müssen Sie mit Schwierigkeiten bei der Kündigung rechnen. | | |
| 10 | **■ Kündigungserklärung** | | |
| | Haben Sie die Kündigung schriftlich erklärt? (Unter Umständen erforderlich nach Gesetz, Tarifvertrag, Betriebsvereinbarung oder Arbeitsvertrag) | ❑ | ❑ |
| | Ist eine schriftliche Begründung enthalten? (Für Auszubildende erforderlich nach dem Berufsbildungsgesetz, unter Umständen erforderlich nach Tarifvertrag, Betriebsvereinbarung oder Arbeitsvertrag) | ❑ | ❑ |
| | Ist der Kündigung eine Vollmacht beigefügt? (Fehlt diese, kann Ihr Mitarbeiter deswegen die Kündigung zurückweisen.) | ❑ | ❑ |
| | Wenn Sie alle Fragen mit **JA** beantwortet haben, sind die erforderlichen Formalien der Kündigung eingehalten. Haben Sie eine oder mehrere Fragen mit **NEIN** beantwortet, sollten Sie prüfen, ob Sie die Formalien nachholen können. | | |
| 11 | **■ Kündigungsfristen** | | |
| | Haben Sie die erforderliche Kündigungsfrist eingehalten? (Fristlose Kündigung = Zustellung binnen 14 Tagen/Ordentliche Kündigung = § 622 BGB, Sonderregelungen im Tarifvertrag, Betriebsvereinbarung oder Einzelarbeitsvertrag?) | ❑ | ❑ |
| | Falls **JA**, brauchen Sie sich wegen der Fristen keine Gedanken zu machen. Mußten Sie mit **NEIN** antworten, sollten Sie von der Kündigung Abstand nehmen. | | |
| 12 | **■ Zugang der Kündigung** | | |
| | Haben Sie sichergestellt, daß Ihr Mitarbeiter die Kündigung zu einem bestimmten Zeitpunkt nachweisbar erhalten hat? (Übergabe unterschreiben lassen oder im Beisein von Zeugen, sonst per Boten) | ❑ | ❑ |
| | Falls **JA**, kann Ihr Mitarbeiter später nicht behaupten, er habe gar keine Kündigung oder keine Kündigung innerhalb der erforderlichen Fristen erhalten. Falls Sie mit **NEIN** geantwortet haben, können Sie in Beweisschwierigkeiten geraten. | | |
| 13 | **■ Abwicklung des Arbeitsverhältnisses** | | |
| | Haben Sie Ihrem Mitarbeiter die Arbeitspapiere ausgehändigt? | ❑ | ❑ |
| | Können Sie Weihnachtsgeld zurückfordern? (Unter Umständen möglich, wenn Arbeitsverhältnis vor dem 01.04. endet.) | ❑ | ❑ |
| | Können Sie Gehaltsvorschüsse zurückfordern? | ❑ | ❑ |
| | Haben Sie noch Ansprüche aus einem Arbeitgeberdarlehen? | ❑ | ❑ |
| | Hat Ihr Mitarbeiter noch Urlaubsansprüche? | ❑ | ❑ |
| | Bei fristgemäßer Kündigung: Ist eine Freistellung Ihres Mitarbeiters sinnvoll? (Wichtiger Hinweis: Unbedingt Freistellung unter Anrechnung noch bestehender Urlaubsansprüche erklären.) | ❑ | ❑ |
| | Haben Sie das Dienstfahrzeug oder sonstiges Firmeneigentum zurückerhalten? | ❑ | ❑ |
| | Bei Vereinbarung eines nachvertraglichen Wettbewerbsverbots: Soll daran festgehalten werden? | ❑ | ❑ |
| | Falls Sie eine oder mehrere Fragen mit **JA** beantwortet haben, sollten Sie schnellstmöglich das Nötige veranlassen. Konnten Sie alle Fragen mit **NEIN** beantworten, brauchen Sie keine finanziellen Nachteile zu befürchten. | | |

Kopiervorlage

# Betriebsbedingte Kündigung (3/3)

| ■ **Betriebsratsanhörung** | | |
|---|---|---|
| | Ja | Nein |
| Mitteilung der Maßnahme (Kündigung, Versetzung, Umgruppierung) ordnungsmäß? (Bei Anhörung nach § 102 BetrVG wegen Kündigung: Art der beabsichtigten Kündigung, Termin der ordentlichen Kündigung, Personalien des Mitarbeiters, Tätigkeit und Abteilung, Dauer der Betriebszugehörigkeit, Familienstand nebst Kindern und Unterhaltsverpflichtungen, besonderer Kündigungsschutz, Kündigungsgründe einschließlich Fehlverhalten und Abmahnungen, bei Mitbestimmung nach § 99 BetrVG – mehr als 20 wahlberechtigte Mitarbeiter – wegen Versetzung oder Umgruppierung: alle Informationen, die mit Arbeitsplatzwechsel zusammenhängen.) | ❑ | ❑ |
| Abschließende Stellungnahme vorhanden oder Äußerungsfristen abgelaufen? (Ordentliche Kündigung = 1 Woche) | ❑ | ❑ |
| Sofern Sie die beiden Fragen mit **JA** beantworten konnten, brauchen Sie sich wegen des Betriebsrats keine Sorgen zu machen. Haben Sie nur eine Frage mit **NEIN** beantwortet, müssen Sie mit Schwierigkeiten bei der Kündigung rechnen. | | |
| ■ **Kündigungserklärung** | | |
| Haben Sie die Kündigung schriftlich erklärt? (Unter Umständen erforderlich nach Gesetz, Tarifvertrag, Betriebsvereinbarung oder Arbeitsvertrag) | ❑ | ❑ |
| Ist eine schriftliche Begründung enthalten? (Für Auszubildende erforderlich nach dem Berufsbildungsgesetz, unter Umständen erforderlich nach Tarifvertrag, Betriebsvereinbarung oder Arbeitsvertrag) | ❑ | ❑ |
| Ist der Kündigung eine Vollmacht beigefügt? (Fehlt diese, kann Ihr Mitarbeiter deswegen die Kündigung zurückweisen.) | ❑ | ❑ |
| Wenn Sie alle Fragen mit **JA** beantwortet haben, sind die erforderlichen Formalien der Kündigung eingehalten. Haben Sie eine oder mehrere Fragen mit **NEIN** beantwortet, sollten Sie prüfen, ob Sie die Formalien nachholen können. | | |
| ■ **Kündigungsfristen** | | |
| Haben Sie die erforderliche Kündigungsfrist eingehalten? (Fristlose Kündigung = Zustellung binnen 14 Tagen/Ordentliche Kündigung = § 622 BGB, Sonderregelungen im Tarifvertrag, Betriebsvereinbarung oder Einzelarbeitsvertrag?) | ❑ | ❑ |
| Falls **JA,** brauchen Sie sich wegen der Fristen keine Gedanken zu machen. Mußten Sie mit **NEIN** antworten, sollten Sie von der Kündigung Abstand nehmen. | | |
| ■ **Zugang der Kündigung** | | |
| Haben Sie sichergestellt, daß Ihr Mitarbeiter die Kündigung zu einem bestimmten Zeitpunkt nachweisbar erhalten hat? (Übergabe unterschreiben lassen oder im Beisein von Zeugen, sonst per Boten) | ❑ | ❑ |
| Falls **JA,** kann Ihr Mitarbeiter später nicht behaupten, er habe gar keine Kündigung oder keine Kündigung innerhalb der erforderlichen Fristen erhalten. Falls Sie mit **NEIN** geantwortet haben, können Sie in Beweisschwierigkeiten geraten. | | |
| ■ **Abwicklung des Arbeitsverhältnisses** | | |
| Haben Sie Ihrem Mitarbeiter die Arbeitspapiere ausgehändigt? | ❑ | ❑ |
| Können Sie Weihnachtsgeld zurückfordern? (Unter Umständen möglich, wenn Arbeitsverhältnis vor dem 01.04. endet.) | ❑ | ❑ |
| Können Sie Gehaltsvorschüsse zurückfordern? | ❑ | ❑ |
| Haben Sie noch Ansprüche aus einem Arbeitgeberdarlehen? | ❑ | ❑ |
| Hat Ihr Mitarbeiter noch Urlaubsansprüche? | ❑ | ❑ |
| Bei fristgemäßer Kündigung: Ist eine Freistellung Ihres Mitarbeiters sinnvoll? (Wichtiger Hinweis: Unbedingt Freistellung unter Anrechnung noch bestehender Urlaubsansprüche erklären.) | ❑ | ❑ |
| Haben Sie das Dienstfahrzeug oder sonstiges Firmeneigentum zurückerhalten? | ❑ | ❑ |
| Bei Vereinbarung eines nachvertraglichen Wettbewerbsverbots: Soll daran festgehalten werden? | ❑ | ❑ |
| Falls Sie eine oder mehrere Fragen mit **JA** beantwortet haben, sollten Sie schnellstmöglich das Nötige veranlassen. Konnten Sie alle Fragen mit **NEIN** beantworten, brauchen Sie keine finanziellen Nachteile zu befürchten. | | |

# Betriebsbedingte Kündigung

## 1 Begriff „Kündigung“

Um etwaige Mißverständnisse zu vermeiden, sollte im Schreiben der Begriff „Kündigung“ genannt werden. Zudem sollten Sie deutlich machen, ob Sie das Arbeitsverhältnis – wie bei der fristlosen Kündigung – sofort oder unter Einhaltung der maßgeblichen Kündigungsfrist beenden wollen.

## 2 Angabe des Kündigungsgrundes

Grundsätzlich ist die Angabe des Kündigungsgrundes nicht erforderlich. Während der ersten 6 Monate eines Arbeitsverhältnisses oder aber bei einem Kleinbetrieb (maximal 5 Mitarbeiter, wobei Ihre Auszubildenden nicht mitgerechnet werden) gilt das Kündigungsschutzgesetz ohnehin nicht, so daß Sie auch hier keine Kündigungsgründe benennen müssen. Allerdings sollten Sie in jedem Fall prüfen, ob ein für Ihren Betrieb geltender Tarifvertrag bestimmt, daß Sie den Kündigungsgrund angeben müssen. In einem etwaigen Kündigungsschutzprozeß vor dem Arbeitsgericht müssen Sie auf jeden Fall in der Lage sein, den Kündigungsgrund darzulegen und zu beweisen.

In der Praxis wird bei betriebsbedingten Kündigungen dieser Grund häufig mit in das Kündigungsschreiben aufgenommen.

## 3 Zustimmung des Betriebsrats

Sofern Sie einen Betriebsrat haben, ist er nach § 102 Absatz 1 Betriebsverfassungsgesetz (BetrVG) vor jeder Kündigung zu hören. Dabei sollten Sie dem Betriebsrat unbedingt die in der Checkliste genannten Angaben machen. Eine Kündigung ohne, oder ohne wirksame, Anhörung des Betriebsrats ist unwirksam. Der Betriebsrat hat Ihnen seine Bedenken gegen eine ordentliche Kündigung innerhalb einer Woche und gegen eine fristlose Kündigung innerhalb von 3 Tagen mitzuteilen. Äußert sich der Betriebsrat nicht innerhalb dieser Fristen, gilt seine Zustimmung zu der Kündigung als erteilt. Verweigert der Betriebsrat seine Zustimmung zu Ihrer beabsichtigten Kündigung, können Sie trotzdem kündigen. In diesem Fall müssen Sie aber Ihrem Mitarbeiter mit der Kündigung eine Stellungnahme des Betriebsrats zuleiten.

## 4 Resturlaub/Freizeitausgleich

Wenn Sie auf die Arbeitsleistung Ihres Mitarbeiters verzichten können, oder so der Betriebsfrieden gewahrt bleibt, sollten Sie Ihrem Mitarbeiter den Resturlaub oder Freizeitausgleich für Überstunden während der Kündigungsfrist erteilen.

## 5 Empfangsbestätigung

Ihr Mitarbeiter ist nicht verpflichtet, die Empfangsbestätigung zu unterzeichnen. Verweigert Ihr Mitarbeiter seine Unterschrift, sollten Sie die Kündigung nur im Beisein von Zeugen übergeben. Es empfiehlt sich, anschließend ein kurzes Protokoll über Ort und Zeit der Übergabe anzufertigen und dieses von den Zeugen unterzeichnen zu lassen. Können Sie Ihrem Mitarbeiter die Kündigung nicht persönlich übergeben, sollten Sie die Kündigung durch einen zuverlässigen Boten übermitteln lassen. Der Bote kann später bezeugen, daß er die Kündigung übergeben oder zumindest in den Briefkasten geworfen hat. Damit gilt die Kündigung als zugegangen.

---

### Betriebsbedingte Kündigung

IV. Beendigung des Arbeitsverhältnisses

Schlosserei Anton S. & Sohn
Inhaber Konrad W.
Rheinallee 5
41844 Wegberg

, den ............

Herrn Toni F.
Marburger Weg 5
41844 Wegberg

Sehr geehrter Herr F.,

1 hiermit erklären wir die ordentliche

**Kündigung**

Ihres Arbeitsverhältnisses fristgemäß zum ............ .

2 Die Gießerei in unserem Betrieb, in der Sie bisher tätig waren, wird zum ............ geschlossen. Leider können wir mit den günstigen Preisen der spanischen Anbieter nicht mehr mithalten und erhalten deswegen keine Aufträge. Einen anderen freien Arbeitsplatz können wir Ihnen bedauerlicherweise nicht anbieten. Die anderen vergleichbaren und für eine Kündigung in Betracht kommenden Mitarbeiter sind in einer sozial schlechteren Lage als Sie, so daß wir uns von Ihnen trennen müssen.

3 Der Betriebsrat hat der Kündigung nach Anhörung gemäß § 102 Abs. 1 BetrVG zugestimmt.

4 Bis zum Ablauf der Kündigungsfrist stehen Ihnen für das laufende Kalenderjahr insgesamt noch ............ Urlaubstage zu. Zudem steht Ihnen für Überstunden noch folgender Freizeitausgleich zu ............ Urlaub und Freizeitausgleich erteilen wir Ihnen während der Kündigungsfrist. Der ............ ist somit Ihr letzter Arbeitstag.

Wir bedauern, Sie nicht weiter beschäftigen zu können und wünschen Ihnen für Ihren weiteren Lebensweg alles Gute.

Mit freundlichen Grüßen

*Konrad W.*

5 **Empfangsbestätigung:**

Das Original des obigen Kündigungsschreibens vom ............ habe ich am ............ erhalten.

*Toni F.*

Kopiervorlage

Schlosserei Anton S. & Sohn
Inhaber Konrad W.
Rheinallee 5
41844 Wegberg

, den ............

Herrn Toni F.
Marburger Weg 5
41844 Wegberg

Sehr geehrter Herr F.,

hiermit erklären wir die ordentliche

**Kündigung**

Ihres Arbeitsverhältnisses fristgemäß zum ............ .

Die Gießerei in unserem Betrieb, in der Sie bisher tätig waren, wird zum ............ geschlossen. Leider können wir mit den günstigen Preisen der spanischen Anbieter nicht mehr mithalten und erhalten deswegen keine Aufträge. Einen anderen freien Arbeitsplatz können wir Ihnen bedauerlicherweise nicht anbieten. Die anderen vergleichbaren und für eine Kündigung in Betracht kommenden Mitarbeiter sind in einer sozial schlechteren Lage als Sie, so daß wir uns von Ihnen trennen müssen.

Der Betriebsrat hat der Kündigung nach Anhörung gemäß § 102 Abs. 1 BetrVG zugestimmt.

Bis zum Ablauf der Kündigungsfrist stehen Ihnen für das laufende Kalenderjahr insgesamt noch ............ Urlaubstage zu. Zudem steht Ihnen für Überstunden noch folgender Freizeitausgleich zu ............ Urlaub und Freizeitausgleich erteilen wir Ihnen während der Kündigungsfrist. Der ............ ist somit Ihr letzter Arbeitstag.

Wir bedauern, Sie nicht weiter beschäftigen zu können und wünschen Ihnen für Ihren weiteren Lebensweg alles Gute.

Mit freundlichen Grüßen

*Konrad W.*

**Empfangsbestätigung:**

Das Original des obigen Kündigungsschreibens vom ............ habe ich am ............ erhalten.

*Toni F.*

# Ordentliche Kündigung

## 1 Begriff „Kündigung“

Um etwaige Mißverständnisse zu vermeiden, sollte im Schreiben der Begriff „Kündigung“ genannt werden. Zudem sollten Sie deutlich machen, ob Sie das Arbeitsverhältnis – wie bei der fristlosen Kündigung – sofort oder unter Einhaltung der maßgeblichen Kündigungsfrist beenden wollen.

## 2 Angabe des Kündigungsgrundes

Grundsätzlich ist die Angabe des Kündigungsgrundes nicht erforderlich. Während der ersten 6 Monate eines Arbeitsverhältnisses oder aber bei einem Kleinbetrieb (maximal 5 Mitarbeiter, wobei Ihre Auszubildenden nicht mitgerechnet werden) gilt das Kündigungsschutzgesetz ohnehin nicht, so daß Sie auch hier keine Kündigungsgründe benennen müssen. Allerdings sollten Sie in jedem Fall prüfen, ob ein für Ihren Betrieb geltender Tarifvertrag bestimmt, daß Sie den Kündigungsgrund angeben müssen. In einem etwaigen Kündigungsschutzprozeß vor dem Arbeitsgericht müssen Sie auf jeden Fall in der Lage sein, den Kündigungsgrund darzulegen und zu beweisen.

## 3 Zustimmung des Betriebsrats

Sofern Sie einen Betriebsrat haben, ist er nach § 102 Absatz 1 Betriebsverfassungsgesetz (BetrVG) vor jeder Kündigung zu hören. Dabei sollten Sie dem Betriebsrat unbedingt folgende Angaben machen: Art der beabsichtigten Kündigung, Termin der ordentlichen Kündigung, Personalien des Mitarbeiters, Tätigkeit und Abteilung, Dauer der Betriebszugehörigkeit, Familienstand nebst Kinder und Unterhaltsverpflichtungen, besonderer Kündigungsschutz, Kündigungsgründe einschließlich Fehlverhalten und Abmahnungen. Eine Kündigung ohne, oder ohne wirksame, Anhörung des Betriebsrats ist unwirksam. Der Betriebsrat hat Ihnen seine Bedenken gegen eine ordentliche Kündigung innerhalb einer Woche und gegen eine fristlose Kündigung innerhalb von 3 Tagen mitzuteilen. Äußert sich der Betriebsrat nicht innerhalb dieser Fristen, gilt seine Zustimmung zu der Kündigung als erteilt. Verweigert der Betriebsrat seine Zustimmung zu Ihrer beabsichtigten Kündigung, können Sie trotzdem kündigen. In diesem Fall müssen Sie aber Ihrem Mitarbeiter mit der Kündigung eine Stellungnahme des Betriebsrats zuleiten.

## 4 Resturlaub/Freizeitausgleich

Wenn Sie auf die Arbeitsleistung Ihres Mitarbeiters verzichten können oder so der Betriebsfrieden gewahrt bleibt, sollten Sie Ihrem Mitarbeiter den Resturlaub oder Freizeitausgleich für Überstunden während der Kündigungsfrist erteilen.

## 5 Empfangsbestätigung

Ihr Mitarbeiter ist nicht verpflichtet, die Empfangsbestätigung zu unterzeichnen. Verweigert Ihr Mitarbeiter seine Unterschrift, sollten Sie die Kündigung nur im Beisein von Zeugen übergeben. Es empfiehlt sich, anschließend ein kurzes Protokoll über Ort und Zeit der Übergabe anzufertigen und dieses von den Zeugen unterzeichnen zu lassen. Können Sie Ihrem Mitarbeiter die Kündigung nicht persönlich übergeben, sollten Sie die Kündigung durch einen zuverlässigen Boten übermitteln lassen. Der Bote kann später bezeugen, daß er die Kündigung übergeben hat oder zumindest in den Briefkasten geworfen hat. Damit gilt die Kündigung als zugegangen.

---

### Ordentliche Kündigung

IV. Beendigung des Arbeitsverhältnisses

Karl B.
Bachallee 9
52525 Heinsberg

, den ............

Herrn
Carlos H.
Ruwerstr. 5
52525 Heinsberg

Sehr geehrter Herr Carlos H.,

1 hiermit kündige ich Ihr Arbeitsverhältnis unter Einhaltung der Kündigungsfrist zum 31.03 ............ .

2

3 Der Betriebsrat hat der Kündigung nach Anhörung gemäß § 102 Abs. 1 BetrVG zugestimmt.

4 Bis zum Ablauf der Kündigungsfrist stehen Ihnen für das laufende Kalenderjahr insgesamt noch ............ Urlaubstage zu. Zudem steht Ihnen für Überstunden noch folgender Freizeitausgleich zu ............ Urlaub und Freizeitausgleich erteilen wir Ihnen während der Kündigungsfrist. Der ............ ist somit Ihr letzter Arbeitstag.

Mit freundlichem Grüßen

Karl B.

5 **Empfangsbestätigung:**

Das Original des obigen Kündigungsschreibens vom ............ habe ich am ............ erhalten.

Carlos H.

Kopiervorlage

# Ordentliche Kündigung



Karl B.
Bachallee 9
52525 Heinsberg , den ............

Herrn
Carlos H.
Ruwerstr. 5
52525 Heinsberg

Sehr geehrter Herr Carlos H.,

hiermit kündige ich Ihr Arbeitsverhältnis unter Einhaltung der Kündigungsfrist zum 31.03 ............ .

Der Betriebsrat hat der Kündigung nach Anhörung gemäß § 102 Abs. 1 BetrVG zugestimmt.

Bis zum Ablauf der Kündigungsfrist stehen Ihnen für das laufende Kalenderjahr insgesamt noch ............ Urlaubstage zu. Zudem steht Ihnen für Überstunden noch folgender Freizeitausgleich zu ............ Urlaub und Freizeitausgleich erteilen wir Ihnen während der Kündigungsfrist. Der ............ ist somit Ihr letzter Arbeitstag.

Mit freundlichem Grüßen

Karl B.

**Empfangsbestätigung:**

Das Original des obigen Kündigungsschreibens vom ............ habe ich am ............ erhalten.

Carlos H.

# Außerordentliche (fristlose) Kündigung

## 1 Fristlose Kündigung

Die außerordentliche oder fristlose Kündigung führt grundsätzlich zur sofortigen Beendigung des Arbeitsverhältnisses. Zulässig ist aber auch die Vereinbarung einer sogenannten Auslauffrist, wonach das Arbeitsverhältnis noch bis zu der an sich geltenden Kündigungsfrist oder bis zu einem kürzeren Zeitpunkt fortdauert. Wollen Sie eine fristlose Kündigung aussprechen, müssen Sie ab Kenntnis des Kündigungsgrundes Ihrem Mitarbeiter die Kündigung innerhalb von 2 Wochen zustellen, § 626 Absatz 2 BGB. Versäumen Sie die 2-Wochen-Frist, können Sie nur noch ordentlich kündigen.

## 2 Angabe des Kündigungsgrundes

Die fristlose Kündigung ist nur zulässig, wenn ein wichtiger Grund vorliegt, wonach Ihnen als Arbeitgeber unter Berücksichtigung aller Umstände und nach Abwägung der Interessen beider Parteien nicht zugemutet werden kann, das Arbeitsverhältnis mit Ihrem Mitarbeiter fortzusetzen. Grundsätzlich ist auch bei der fristlosen Kündigung die Angabe des Kündigungsgrundes nicht erforderlich. Ihr Mitarbeiter kann jedoch nach § 626 Absatz 2 Satz 3 BGB verlangen, daß ihm die Kündigungsgründe schriftlich mitgeteilt werden.

## 3 Hilfsweise fristgemäße Kündigung

Vorsorglich sollten Sie immer zugleich mit der fristlosen Kündigung hilfsweise eine ordentliche Kündigung aussprechen. Ist die fristlose Kündigung unwirksam, liegt zumindest eine ordentliche Kündigung vor.

## 4 Zustimmung des Betriebsrats

Sofern Sie einen Betriebsrat haben, ist er nach § 102 Absatz 1 BetrVG vor jeder Kündigung zu hören. Dabei sollten Sie dem Betriebsrat unbedingt folgende Angaben machen: Art der beabsichtigten Kündigung, Termin der ordentlichen Kündigung, Personalien des Mitarbeiters, Tätigkeit und Abteilung, Dauer der Betriebszugehörigkeit, Familienstand nebst Kindern und Unterhaltsverpflichtungen, besonderer Kündigungsschutz, Kündigungsgründe einschließlich Fehlverhalten und Abmahnungen. Eine Kündigung ohne, oder ohne wirksame, Anhörung des Betriebsrats ist unwirksam. Der Betriebsrat hat Ihnen seine Bedenken gegen die fristlose Kündigung innerhalb von 3 Tagen mitzuteilen. Äußert sich der Betriebsrat nicht innerhalb dieser Frist, gilt seine Zustimmung zu der Kündigung als erteilt. Verweigert der Betriebsrat seine Zustimmung zu Ihrer beabsichtigten Kündigung, können Sie trotzdem kündigen. In diesem Fall müssen Sie aber Ihrem Mitarbeiter mit der Kündigung eine Stellungnahme des Betriebsrats zuleiten. Wenn Sie mit der fristlosen Kündigung zugleich eine hilfsweise ordentliche Kündigung aussprechen wollen, sollten Sie vorsorglich den Betriebsrat auch zu der ordentlichen Kündigung anhören.

## 5 Empfangsbestätigung

Ihr Mitarbeiter ist nicht verpflichtet, die Empfangsbestätigung zu unterzeichnen. Verweigert Ihr Mitarbeiter seine Unterschrift, sollten Sie die Kündigung nur im Beisein von Zeugen übergeben. Es empfiehlt sich, anschließend ein kurzes Protokoll über Ort und Zeit der Übergabe anzufertigen und dieses von den Zeugen unterzeichnen zu lassen. Können Sie Ihrem Mitarbeiter die Kündigung nicht persönlich übergeben, sollten Sie die Kündigung durch einen zuverlässigen Boten übermitteln lassen. Der Bote kann später bezeugen, daß er die Kündigung übergeben oder zumindest in den Briefkasten geworfen hat. Damit gilt die Kündigung als zugegangen.

---

### Außerordentliche (fristlose) Kündigung

IV. Beendigung des Arbeitsverhältnisses

Heiner J.
Schlosserstr. 100
41061 Mönchengladbach

, den ............

Herrn
Willi G.
Drehweg 9
41239 Mönchengladbach

Sehr geehrter Herr G.,

1 hiermit kündige ich Ihr Arbeitsverhältnis fristlos zum ............ .

2 Hilfsweise kündige ich Ihr Arbeitsverhältnis unter Einhaltung der Kündigungsfrist zum ............ .

Die fristlose Kündigung erfolgt aus folgenden Gründen: 3

Am ............ brachen Sie die Ihnen anvertraute Stahlkassette auf, in der die Bargeldkasse verwahrt wird und entwendeten 2.000 DM. Eine Fortsetzung des Arbeitsverhältnisses ist mir unter diesen Umständen nicht zuzumuten.

4 Der Betriebsrat ist zu der fristlosen Kündigung und der hilfsweisen ordentlichen Kündigung angehört worden (§ 102 Abs. 1 BetrVG). Er hat den Kündigungen zugestimmt.

Mit freundlichem Grüßen

*Heiner J.*

5 **Empfangsbestätigung:**

Das Original des obigen Kündigungsschreibens vom ............ habe ich am ............ erhalten.

*Willi G.*

Kopiervorlage

# Außerordentliche (fristlose) Kündigung



Heiner J.
Schlosserstr. 100
41061 Mönchengladbach , den ............

Herrn
Willi G.
Drehweg 9
41239 Mönchengladbach

Sehr geehrter Herr G.,

hiermit kündige ich Ihr Arbeitsverhältnis fristlos zum ............ .

Hilfsweise kündige ich Ihr Arbeitsverhältnis unter Einhaltung der Kündigungsfrist zum ............ .

Die fristlose Kündigung erfolgt aus folgenden Gründen:

Am ............ brachen Sie die Ihnen anvertraute Stahlkassette auf, in der die Bargeldkasse verwahrt wird und entwendeten 2.000 DM. Eine Fortsetzung des Arbeitsverhältnisses ist mir unter diesen Umständen nicht zuzumuten.

Der Betriebsrat ist zu der fristlosen Kündigung und der hilfsweisen ordentlichen Kündigung angehört worden (§ 102 Abs. 1 BetrVG). Er hat den Kündigungen zugestimmt.

Mit freundlichem Grüßen

Heiner J.

**Empfangsbestätigung:**

Das Original des obigen Kündigungsschreibens vom ............ habe ich am ............ erhalten.

Willi G.

## 1 Probezeit

Während einer vereinbarten Probezeit (maximal 6 Wochen) beträgt die Kündigungsfrist 14 Tage.

## 2 Grundkündigungsfrist

Die Grundkündigungsfrist beträgt 4 Wochen zum 15. des Folgemonats oder zum Monatsende (§ 622 Absatz 1 BGB).

## 3 Verlängerte Fristen für Arbeitgeberkündigung

Ist Ihr Mitarbeiter länger als 2 Jahre bei Ihnen beschäftigt, verlängern sich für Sie als Arbeitgeber die Kündigungsfristen entsprechend der Staffelung in § 622 Absatz 2 BGB. Bei dieser Berechnung werden jedoch die Zeiten, die Ihr Mitarbeiter vor der Vollendung seines 25. Lebensjahres bei Ihnen beschäftigt war, nicht mitgerechnet.

Für Ihren Mitarbeiter verbleibt es hingegen auch bei einer längeren Dauer der Betriebszugehörigkeit als 2 Jahre bei der Grundkündigungsfrist. Es bleibt Ihnen jedoch unbenommen, mit Ihrem Mitarbeiter im Arbeitsvertrag längere Kündigungsfristen zu vereinbaren. Dabei darf die Kündigungsfrist für Ihren Mitarbeiter allerdings nicht länger sein als Ihre Fristen (§ 622 Absatz 6 BGB).

## 4 Einzelvertragliche Kürzung der Grundkündigungsfrist

Beschäftigen Sie eine Aushilfe vorübergehend bis zu 3 Monaten, können Sie eine kürzere Frist als die Grundkündigungsfrist von 4 Wochen zum 15. des Folgemonats oder zum Monatsende vereinbaren. Auch bei einer über 2 Jahre hinausgehenden Dauer der Betriebszugehörigkeit Ihrer Mitarbeiter können Sie ausnahmsweise kürzere Kündigungsfristen vereinbaren. Voraussetzung dazu ist, daß Sie in der Regel – ohne Ihre Auszubildenden – nicht mehr als 20 Mitarbeiter beschäftigen und eine Kündigungsfrist von 4 Wochen nicht unterschritten wird.

Dabei sind Teilzeitbeschäftigte mit einer regelmäßigen wöchentlichen Arbeitszeit von nicht mehr als 20 Stunden mit dem Faktor 0,5 und mit einer regelmäßigen wöchentlichen Arbeitszeit von nicht mehr als 30 Stunden mit dem Faktor 0,75 zu zählen.

## 5 Tarifvertragliche Regelungen

Abweichungen in Tarifverträgen von den gesetzlichen Vorschriften sind zulässig.

### Kündigungsfristen

IV. Beendigung des Arbeitsverhältnisses

| | | |
|---|---|---|
| 1 | Kündigungsfrist während der Probezeit (bis 6 Monate) | 2 Wochen zu jedem beliebigen Zeitpunkt |
| 2 | Grundkündigungsfrist bis zu einer Dauer der Betriebszugehörigkeit von 2 Jahren und/oder bei Arbeitnehmern bis 27 Jahren | 4 Wochen zum 15. des Folgemonats oder zum Monatsende |
| 3 | Verlängerte Fristen für Arbeitgeberkündigung (Berechnung der Dauer der Betriebszugehörigkeit erst ab vollendetem 25. Lebensjahr; vor vollendetem 25. Lebensjahr gilt auch bei längerer Dauer der Betriebszugehörigkeit die Grundkündigungsfrist.) | bei einer Dauer der Betriebszugehörigkeit ab:<br>2 Jahren – 1 Monat zum Monatsende<br>5 Jahren – 2 Monate zum Monatsende<br>8 Jahren – 3 Monate zum Monatsende<br>10 Jahren – 4 Monate zum Monatsende<br>12 Jahren – 5 Monate zum Monatsende<br>15 Jahren – 6 Monate zum Monatsende<br>20 Jahren – 7 Monate zum Monatsende |
| 4 | Einzelvertragliche Kürzung der Grundkündigungsfrist | zulässig bei:<br>■ Aushilfen bis zu 3 Monaten<br>■ Arbeitgebern mit weniger als 20 Arbeitnehmern (Auszubildende zählen nicht mit.) Bei der Feststellung der Arbeitnehmerzahl sind Teilzeitkräfte nach ihrem Arbeitsumfang wie folgt anzurechnen:<br>■ Mit einer regelmäßigen wöchentlichen Arbeitszeit von nicht mehr als 20 Stunden mit dem Faktor 0,5,<br>■ mit nicht mehr als 30 Stunden mit dem Faktor 0,75,<br>■ und über 30 Stunden als Vollzeitkraft; die Mindestfrist für die Kündigung muß jedoch 4 Wochen betragen. |
| 5 | Tarifvertragliche Kürzung der Grundkündigungsfrist | zulässig |
| 6 | Tarifvertragliche Kürzung der verlängerten Kündigungsfrist | zulässig |
| 7 | Tarifvertragliche Kürzung der Frist während der Probezeit | zulässig |

# Kündigungsfristen



| | |
|---|---|
| Kündigungsfrist während der Probezeit<br>(bis 6 Monate) | 2 Wochen<br>zu jedem beliebigen Zeitpunkt |
| Grundkündigungsfrist<br>bis zu einer Dauer der Betriebszugehörigkeit<br>von 2 Jahren und/oder bei Arbeitnehmern bis 27 Jahren | 4 Wochen zum<br>15. des Folgemonats oder zum Monatsende |
| Verlängerte Fristen für Arbeitgeberkündigung<br>(Berechnung der Dauer der Betriebszugehörigkeit erst ab vollendetem 25. Lebensjahr; vor vollendetem 25. Lebensjahr gilt auch bei längerer Dauer der Betriebszugehörigkeit die Grundkündigungsfrist.) | bei einer Dauer der Betriebszugehörigkeit ab:<br>2 Jahren 1 Monat zum Monatsende<br>5 Jahren 2 Monate zum Monatsende<br>8 Jahren 3 Monate zum Monatsende<br>10 Jahren 4 Monate zum Monatsende<br>12 Jahren 5 Monate zum Monatsende<br>15 Jahren 6 Monate zum Monatsende<br>20 Jahren 7 Monate zum Monatsende |
| Einzelvertragliche Kürzung der<br>Grundkündigungsfrist | zulässig bei :<br>■ Aushilfen bis zu 3 Monaten<br>■ Arbeitgebern mit weniger als 20 Arbeitnehmern (Auszubildende zählen nicht mit.)<br>Bei der Feststellung der Arbeitnehmerzahl sind Teilzeitkräfte nach ihrem Arbeitsumfang wie folgt anzurechnen:<br>■ Mit einer regelmäßigen wöchentlichen Arbeitszeit von nicht mehr als 20 Stunden mit dem Faktor 0,5,<br>■ mit nicht mehr als 30 Stunden mit dem Faktor 0,75,<br>■ und über 30 Stunden als Vollzeitkraft;<br>die Mindestfrist für die Kündigung muß jedoch 4 Wochen betragen. |
| Tarifvertragliche Kürzung der<br>Grundkündigungsfrist | zulässig |
| Tarifvertragliche Kürzung der<br>verlängerten Kündigungsfrist | zulässig |
| Tarifvertragliche Kürzung der Frist<br>während der Probezeit | zulässig |

# Kündigung: Anhörung des Betriebsrats

## 1 Anhörung des Betriebsrats

Sofern Sie einen Betriebsrat haben, ist er nach § 102 Absatz 1 Betriebsverfassungsgesetz (BetrVG) vor jeder Kündigung zu hören. Eine Kündigung ohne, oder ohne wirksame, Anhörung des Betriebsrats ist unwirksam.

## 2 Erforderliche Angaben

Sie müssen dem Betriebsrat unbedingt folgende Angaben machen:

- Art der beabsichtigten Kündigung,
- Termin der ordentlichen Kündigung,
- Personalien des Mitarbeiters,
- Tätigkeit und Abteilung,
- Dauer der Betriebszugehörigkeit,
- Familienstand nebst Kindern und Unterhaltsverpflichtungen,
- besonderer Kündigungsschutz,
- Kündigungsgründe einschließlich Fehlverhalten und Abmahnungen.

## 3 Stellungnahme des Betriebsrats

Der Betriebsrat hat Ihnen seine Bedenken gegen eine ordentliche Kündigung innerhalb von einer Woche und gegen eine fristlose Kündigung innerhalb von 3 Tagen mitzuteilen. Dabei sind immer Kalendertage und nicht Arbeits- oder Werktage gemeint. Wochenenden und Feiertage, die innerhalb der Frist liegen, zählen mit. Der Tag, an dem der Betriebsrat die Information erhält, zählt bei der Fristberechnung nicht mit. Fällt der letzte Tag der Frist auf einen Samstag, Sonntag oder gesetzlichen Feiertag, endet die Frist erst am Ende des darauffolgenden Werktags.

Äußert sich der Betriebsrat nicht innerhalb dieser Fristen, gilt seine Zustimmung zu der Kündigung als erteilt. Verweigert der Betriebsrat seine Zustimmung zu Ihrer beabsichtigten Kündigung, können Sie trotzdem kündigen. In diesem Fall müssen Sie aber Ihrem Mitarbeiter mit der Kündigung eine Stellungnahme des Betriebsrats zuleiten.

### Kündigung: Anhörung des Betriebsrats

IV. Beendigung des Arbeitsverhältnisses

Pinneberg, 25.11. ....

An den Betriebsrat der Firma A.
z. Hd. des Betriebsratsvorsitzenden Herrn Uwe J.

1 **Anhörung gem. § 102 BetrVG**

2 Wir beabsichtigen, dem Arbeitnehmer Peter K. fristgemäß zum 31.12. .... aus verhaltensbedingten Gründen zu kündigen. Herr K., geboren am 11.04.1957, ist als Schlosser seit dem 01.02. .... in unserem Betrieb tätig und erhält 3.900 DM Lohn (Lohngruppe 3). Er ist verheiratet und hat ein schulpflichtiges Kind. Seine Frau ist nicht berufstätig.

**Kündigungsgründe:**

Herr K. ist mehrfach verspätet zur Arbeit erschienen. So kam er am 11.09. .... um 20, am 14.11. .... um 30, am 20.11. .... um 15 und am 25.11. .... um 45 Minuten zu spät. Darüber hinaus hat er am 22.11. .... das Betriebsgelände schon eine Stunde vor Ende seiner Arbeitszeit verlassen. Er wurde am 12.09. und 15.11. .... vom zuständigen Meister Siggi Z. deswegen abgemahnt. Die Abmahnungen sind diesem Schreiben in Kopie beigefügt.

Da Herr K. Frau und Kind zu versorgen hat, wollen wir ihm nicht fristlos, sondern fristgemäß kündigen.

3 Wir bitten um Ihre Stellungnahme.

Michael R.
(Geschäftsleitung)

Kopiervorlage

Pinneberg, 25.11. ....

An den Betriebsrat der Firma A.
z. Hd. des Betriebsratsvorsitzenden Herrn Uwe J.

**Anhörung gem. § 102 BetrVG**

Wir beabsichtigen, dem Arbeitnehmer Peter K. fristgemäß zum 31.12. .... aus verhaltensbedingten Gründen zu kündigen. Herr K., geboren am 11.04.1957, ist als Schlosser seit dem 01.02. .... in unserem Betrieb tätig und erhält 3.900 DM Lohn (Lohngruppe 3). Er ist verheiratet und hat ein schulpflichtiges Kind. Seine Frau ist nicht berufstätig.

**Kündigungsgründe:**

Herr K. ist mehrfach verspätet zur Arbeit erschienen. So kam er am 11.09. .... um 20, am 14.11. .... um 30, am 20.11. .... um 15 und am 25.11. .... um 45 Minuten zu spät. Darüber hinaus hat er am 22.11. .... das Betriebsgelände schon eine Stunde vor Ende seiner Arbeitszeit verlassen. Er wurde am 12.09. und 15.11. .... vom zuständigen Meister Siggi Z. deswegen abgemahnt. Die Abmahnungen sind diesem Schreiben in Kopie beigefügt.

Da Herr K. Frau und Kind zu versorgen hat, wollen wir ihm nicht fristlos, sondern fristgemäß kündigen.

Wir bitten um Ihre Stellungnahme.

Michael R.
(Geschäftsleitung)

## 1 Beendigung des Arbeitsverhältnisses

Soweit nicht aufgrund besonderer einzel- oder kollektivvertraglicher Regelungen die Schriftform vorgesehen ist, sollte der Aufhebungsvertrag allein schon aus Beweisgründen schriftlich verfaßt sein. Das Arbeitsverhältnis kann „in beiderseitigem Einvernehmen", „auf Veranlassung des Arbeitgebers oder Arbeitnehmers" oder auch „zur Vermeidung einer betriebs-/personalbedingten Kündigung" beendet werden. Aus der Art der Formulierung können sich jedoch für Ihren Mitarbeiter Nachteile beim Bezug des Arbeitslosengeldes ergeben. Nach § 144 Sozialgesetzbuch III tritt eine Sperrzeit ein, wenn der Mitarbeiter das Beschäftigungsverhältnis löst oder durch ein arbeitsvertragswidriges Verhalten Anlaß für die Lösung des Beschäftigungsverhältnisses gegeben hat, und er dadurch vorsätzlich oder zumindest grob fahrlässig die Arbeitslosigkeit herbeigeführt hat.

## 2 Abfindung

Seit dem 01.04.1999 gilt wieder einmal ein neues Recht für Abfindungen. Kurz gesagt, sinkt der Ertrag Ihrer Mitarbeiter aus den Abfindungen immer weiter. In erster Linie ist das auf

- die Anrechnungs- und Kürzungsvorschriften für das Arbeitslosengeld und
- die Verschlechterungen der steuerlichen Rahmenbedingungen bei Abfindungen

zurückzuführen. Darüber hinaus ist für Sie als Arbeitgeber besonders wichtig, daß der unselige § 128 AFG – jetzt in Form des § 147 a Sozialgesetzbuch III (SGB III) – wiederbelebt wurde. Das bedeutet für Sie als Arbeitgeber:

Beenden Sie das Arbeitsverhältnis mit einem langjährigen, älteren Mitarbeiter, müssen Sie der Bundesanstalt für Arbeit das an diesen Mitarbeiter gezahlte Arbeitslosengeld oder die Arbeitslosenhilfe wieder bis zu einer Dauer von 2 Jahren erstatten.

Seit dem 01.04.1999 findet die Anrechnung der Abfindung auf das Arbeitslosengeld Ihres Mitarbeiters nicht mehr statt. § 140 SGB III, der diese Anrechnung vorsah, wurde gestrichen. Es gilt damit wieder die aus der Zeit vor dem 01.04.1997 bekannte Rechtslage. Der Anspruch Ihres Mitarbeiters auf Arbeitslosengeld ruht, wenn Sie als Arbeitgeber die für Ihren Mitarbeiter maßgebliche Kündigungsfrist nicht eingehalten haben. Das gilt auch, wenn Sie keine Abfindung zahlen.

Auch im Steuerrecht gibt es gravierende Eingriffe des Gesetzgebers. Durch die Verabschiedung des „Steuerentlastungsgesetzes 1999/2000/2002" ist der Nettoertrag Ihres Mitarbeiters aus seiner Abfindung noch weiter entwertet worden. Im einzelnen gilt rückwirkend seit dem 01.01.1999 folgendes im Bereich der Abfindungen:

- Die bislang gültigen Freibeträge gemäß § 3 Nr. 9 Einkommenssteuergesetz in Höhe von 24.000, 30.000 und maximal 36.000 DM werden auf 2/3 ihrer bis dato gültigen Höhe abgesenkt. Die neuen Freibeträge betragen danach
  - 16.000 DM bei einem Mitarbeiter mit einem Lebensalter von unter 50 Jahren oder einer Beschäftigungsdauer von weniger als 15 Jahren,
  - 20.000 DM bei einem Mitarbeiter, der das 50. Lebensjahr vollendet hat und mindestens 15 Jahre beschäftigt war,

### Aufhebungsvertrag (1/2)

IV. Beendigung des Arbeitsverhältnisses

Zwischen ........................
(im folgenden „Firma")

und Herrn ........................
(im folgenden „Arbeitnehmer")

wird folgender Aufhebungsvertrag geschlossen:

1 **§ 1 Beendigung des Arbeitsverhältnisses**

Die Firma und der Mitarbeiter sind sich einig, daß das am .......... geschlossene Arbeitsverhältnis zum .......... einvernehmlich beendet wird.

2 **§ 2 Abfindung**

Für den Verlust seines Arbeitsplatzes und des sozialen Besitzstandes erhält der Arbeitnehmer eine Abfindung in entsprechender Anwendung der §§ 9, 10 Kündigungsschutzgesetz in Höhe von DM ............ brutto. Die Abfindung wird mit dem letzten Monatsgehalt ausgezahlt. Der Arbeitnehmer ist darauf hingewiesen worden, daß er sich wegen einer möglichen Anrechnung der Abfindung auf Leistungen der Arbeitsverwaltung mit dem zuständigen Arbeitsamt in Verbindung zu setzen hat.

3 **§ 3 Vergütung**

Bis zum Vertragsende werden dem Arbeitnehmer die vertraglich vereinbarten Bezüge in voller Höhe fortgezahlt.

4 **§ 4 Freistellung**

Der Arbeitnehmer wird ab sofort bis zum Vertragsende von seiner Verpflichtung zur Arbeit unwiderruflich freigestellt. Die Freistellung erfolgt unter Anrechnung noch vorhandener Resturlaubsansprüche in Höhe von ......... Arbeitstagen. Der Arbeitnehmer ist während der Dauer seiner Freistellung verpflichtet, der Firma unverzüglich die Aufnahme einer anderweitigen Beschäftigung, aus der ihm Vergütungsansprüche erwachsen, anzuzeigen. Sofern der Arbeitnehmer während der Dauer seiner Freistellung anderweitige Bezüge erhält, werden diese auf den Vergütungsanspruch in voller Höhe angerechnet.

5 **§ 5 Sonderzahlungen**

Der Arbeitnehmer erhält trotz seines Ausscheidens ein Urlaubsgeld in Höhe von 1.500 DM.

6 **§ 6 Vorschüsse und Darlehen**

Zwischen den Parteien besteht Einigkeit darüber, daß das noch ausstehende Darlehen in Höhe von 8.500 DM zzgl. 4 % Zinsen mit der letzten Vergütungszahlung im September aufgerechnet wird.

7 **§ 7 Unterlagen, Gegenstände und Dienstwagen**

Der Arbeitnehmer verpflichtet sich, folgende Unterlagen zu Händen der Geschäftsleitung bis zum ..... zurückzugeben:

- Schulungsunterlagen,
- Kundenlisten,
- Werbeunterlagen,
- Laptop incl. Zubehör,
- Verkaufssoftware.

Der überlassene Dienstwagen wird vom Mitarbeiter spätestens am ..... zurückgegeben. Hierüber wird ein gesondertes Übergabeprotokoll erstellt.

Kopiervorlage

  - 24.000 DM bei einem Mitarbeiter, der das 55. Lebensjahr vollendet hat und mindestens 20 Jahre beschäftigt war.
- Der bisher gültige halbe Steuersatz für Abfindungen ist entfallen.
- Der Abfindungsbetrag wird jetzt fiktiv auf 5 Veranlagungszeiträume (Fünftelungs-Regelung) verteilt. Aus dem im Veranlagungszeitraum ohne die Abfindung zu zahlenden Steuerbetrag und dem mit der Abfindung zu zahlenden Steuerbetrag wird ein Mittelwert gebildet, der mit dem Faktor 5 multipliziert wird.
- Für die Zeit vom 01.01.1999 bis 31.03.1999 wurde eine Übergangsregelung getroffen. Davon erfaßt sind
  - Aufhebungsverträge, die eine Abfindung vorsehen und noch vor dem 01.01.1999 geschlossen wurden, und
  - Gerichtsentscheidungen, wonach die Auszahlung einer Abfindung bis zum 31.03.1999 vorgesehen ist.

Im übrigen sollte im Aufhebungsvertrag festgehalten werden, wann die Abfindung auszuzahlen ist.

## 3 Vergütung

Üblicherweise wird dem ausscheidenden Mitarbeiter die Vergütung bis zum Ende des Arbeitsverhältnisses fortgezahlt.

# Aufhebungsvertrag (1/2)



Zwischen ........................
(im folgenden „Firma")

und Herrn ........................
(im folgenden „Arbeitnehmer")

wird folgender Aufhebungsvertrag geschlossen:

**§ 1 Beendigung des Arbeitsverhältnisses**

Die Firma und der Mitarbeiter sind sich einig, daß das am .......... geschlossene Arbeitsverhältnis zum .......... einvernehmlich beendet wird.

**§ 2 Abfindung**

Für den Verlust seines Arbeitsplatzes und des sozialen Besitzstandes erhält der Arbeitnehmer eine Abfindung in entsprechender Anwendung der §§ 9, 10 Kündigungsschutzgesetz in Höhe von DM ............ brutto. Die Abfindung wird mit dem letzten Monatsgehalt ausgezahlt. Der Arbeitnehmer ist darauf hingewiesen worden, daß er sich wegen einer möglichen Anrechnung der Abfindung auf Leistungen der Arbeitsverwaltung mit dem zuständigen Arbeitsamt in Verbindung zu setzen hat.

**§ 3 Vergütung**

Bis zum Vertragsende werden dem Arbeitnehmer die vertraglich vereinbarten Bezüge in voller Höhe fortgezahlt.

**§ 4 Freistellung**

Der Arbeitnehmer wird ab sofort bis zum Vertragsende von seiner Verpflichtung zur Arbeit unwiderruflich freigestellt. Die Freistellung erfolgt unter Anrechnung noch vorhandener Resturlaubsansprüche in Höhe von ......... Arbeitstagen. Der Arbeitnehmer ist während der Dauer seiner Freistellung verpflichtet, der Firma unverzüglich die Aufnahme einer anderweitigen Beschäftigung, aus der ihm Vergütungsansprüche erwachsen, anzuzeigen. Sofern der Arbeitnehmer während der Dauer seiner Freistellung anderweitige Bezüge erhält, werden diese auf den Vergütungsanspruch in voller Höhe angerechnet.

**§ 5 Sonderzahlungen**

Der Arbeitnehmer erhält trotz seines Ausscheidens ein Urlaubsgeld in Höhe von 1.500 DM.

**§ 6 Vorschüsse und Darlehen**

Zwischen den Parteien besteht Einigkeit darüber, daß das noch ausstehende Darlehen in Höhe von 8.500 DM zzgl. 4 % Zinsen mit der letzten Vergütungszahlung im September aufgerechnet wird.

**§ 7 Unterlagen, Gegenstände und Dienstwagen**

Der Arbeitnehmer verpflichtet sich, folgende Unterlagen zu Händen der Geschäftsleitung bis zum ..... zurückzugeben:

- Schulungsunterlagen,
- Kundenlisten,
- Werbeunterlagen,
- Laptop incl. Zubehör,
- Verkaufssoftware.

Der überlassene Dienstwagen wird vom Mitarbeiter spätestens am ..... zurückgegeben. Hierüber wird ein gesondertes Übergabeprotokoll erstellt.

### 4 Freistellung

Je nach Einzelfall sollten Sie überlegen, ob Sie Ihren Mitarbeiter von der Arbeit freistellen. Wenn Sie auf die Arbeitsleistung Ihres Mitarbeiters verzichten können, oder so der Betriebsfrieden gewahrt bleibt, sollten Sie Ihrem Mitarbeiter – unter Anrechnung des Resturlaubs oder Freizeitausgleichs für Überstunden – von der Arbeitsleistung freistellen. Es kann jedoch auch sinnvoll sein, daß Ihr Mitarbeiter seinen Nachfolger noch einarbeiten soll.

### 5 Sonderzahlungen

Es bleibt Ihnen im Rahmen der Vertragsverhandlungen überlassen, ob noch Sonderzahlungen geleistet werden sollen.

### 6 Vorschüsse und Darlehen

Sofern Sie Ihrem Mitarbeiter Vorschüsse oder Darlehen gezahlt haben, sollten Sie diese zurückfordern.

### 7 Unterlagen, Gegenstände und Dienstwagen

Es empfiehlt sich, die von Ihrem Mitarbeiter herauszugebenden Dinge genau aufzulisten.

### 8 Versicherungen

Es ist üblich, daß der ausscheidende Mitarbeiter ihn betreffende Versicherungen übernehmen und fortführen kann.

### 9 Verschwiegenheitspflicht

Auch den ausscheidenden Mitarbeiter trifft eine Verschwiegenheitspflicht über betriebliche Belange.

### 10 Hinweis- und Aufklärungspflichten

Verlangt Ihr Mitarbeiter von Ihnen bestimmte Auskünfte, müssen Sie diese richtig erteilen oder Ihren Mitarbeiter an die zuständige Stelle verweisen. In Zweifelsfällen sollten Sie Ihren Mitarbeiter mit seinen Fragestellungen an das Arbeitsamt verweisen.

### 11 Zeugnis

Ihr Mitarbeiter hat Anspruch auf ein Zeugnis. Ihr Mitarbeiter kann auch ein sogenanntes qualifiziertes Zeugnis verlangen, das sich auf die Beurteilung von Führung und Leistung erstreckt. Zu den Formulierungen siehe Musterzeugnisse.

### 12 Schlußbestimmungen

Mit Abschluß des Vertrags sind grundsätzlich alle gegenseitigen Ansprüche erledigt. Eine Ausnahme gilt für tarifvertragliche Ansprüche oder Ansprüche aus einer Betriebsvereinbarung. Darauf kann nur verzichtet werden, wenn die Tarifvertragsparteien beziehungsweise der Betriebsrat zustimmen. Nicht möglich ist ein Verzicht auf gesetzliche Urlaubs- bzw. Urlaubsabgeltungsansprüche oder auf den Lohnfortzahlungsanspruch. Auch auf die Ausstellung eines qualifizierten Arbeitszeugnisses kann erst nach Beendigung des Arbeitsverhältnisses verzichtet werden.

## Aufhebungsvertrag (2/2)

IV. Beendigung des Arbeitsverhältnisses

8 **§ 8 Versicherungen**

Dem Arbeitnehmer wird das Recht eingeräumt, die für ihn unterhaltene Lebensversicherung bei der ........................ (Versicherung/Versicherungsnummer) im eigenen Namen und auf eigene Rechnung fortzuführen. Der Arbeitnehmer wird sich hierzu mit der ........................ Versicherung unter Vorlage dieser Vereinbarung in Verbindung setzen.

9 **§ 9 Verschwiegenheitspflicht**

Der Arbeitnehmer verpflichtet sich, auch nach der Beendigung des Arbeitsverhältnisses über alle ihm während der Tätigkeit bekannt gewordenen betriebsinternen Angelegenheiten – insbesondere Betriebs- und Geschäftsgeheimnisse – Stillschweigen zu bewahren.

10 **§ 10 Hinweis- und Aufklärungspflichten**

Der Arbeitnehmer wurde über die Konsequenzen der Auflösung des Arbeitsverhältnisses informiert und bestätigt, seine Erklärung freiwillig und ohne Zwang abgegeben zu haben. Er erklärt ausdrücklich, vor der Unterzeichnung des Aufhebungsvertrages ausreichende Bedenkzeit gehabt zu haben.

Der Arbeitnehmer bestätigt ferner, daß er belehrt wurde über

- etwaige Nachteile beim Bezug von Arbeitslosengeld,
- die Tatsache, daß über den Bezug von Arbeitslosengeld das Arbeitsamt verbindlich entscheidet,
- seine Auskunftspflicht gegenüber dem Arbeitsamt.

Der Arbeitnehmer bestätigt weiterhin, belehrt worden zu sein über die Zuständigkeit

- des Finanzamts in lohnsteuerrechtlichen Fragen und

der Krankenkasse in sozialversicherungsrechtlichen Fragen.

11 **§ 11 Zeugnis**

Die Firma wird dem Arbeitnehmer bis spätestens ........... ein qualifiziertes Zeugnis erstellen, das sich auf seine Führung und Leistung erstreckt.

12 **§ 12 Schlußbestimmungen**

Mit dem Abschluß dieser Vereinbarung sind alle wechselseitigen Ansprüche aus dem Arbeitsverhältnis des Arbeitnehmers und dessen Beendigung erledigt.

Sollte eine Bestimmung dieser Aufhebungsvereinbarung unwirksam sein, wird die Wirksamkeit der übrigen Bestimmungen hiervon nicht berührt.

______________________
Ort, Datum

______________________ ______________________
Firma Arbeitnehmer

Kopiervorlage

# Aufhebungsvertrag (2/2)

**§ 8 Versicherungen**

Dem Arbeitnehmer wird das Recht eingeräumt, die für ihn unterhaltene Lebensversicherung bei der ........................ (Versicherung/Versicherungsnummer) im eigenen Namen und auf eigene Rechnung fortzuführen. Der Arbeitnehmer wird sich hierzu mit der ........................ Versicherung unter Vorlage dieser Vereinbarung in Verbindung setzen.

**§ 9 Verschwiegenheitspflicht**

Der Arbeitnehmer verpflichtet sich, auch nach der Beendigung des Arbeitsverhältnisses über alle ihm während der Tätigkeit bekannt gewordenen betriebsinternen Angelegenheiten – insbesondere Betriebs- und Geschäftsgeheimnisse – Stillschweigen zu bewahren.

**§ 10 Hinweis- und Aufklärungspflichten**

Der Arbeitnehmer wurde über die Konsequenzen der Auflösung des Arbeitsverhältnisses informiert und bestätigt, seine Erklärung freiwillig und ohne Zwang abgegeben zu haben. Er erklärt ausdrücklich, vor der Unterzeichnung des Aufhebungsvertrages ausreichende Bedenkzeit gehabt zu haben.

Der Arbeitnehmer bestätigt ferner, daß er belehrt wurde über

- etwaige Nachteile beim Bezug von Arbeitslosengeld,
- die Tatsache, daß über den Bezug von Arbeitslosengeld das Arbeitsamt verbindlich entscheidet,
- seine Auskunftspflicht gegenüber dem Arbeitsamt.

Der Arbeitnehmer bestätigt weiterhin, belehrt worden zu sein über die Zuständigkeit

- des Finanzamts in lohnsteuerrechtlichen Fragen und

der Krankenkasse in sozialversicherungsrechtlichen Fragen.

**§ 11 Zeugnis**

Die Firma wird dem Arbeitnehmer bis spätestens ............ ein qualifiziertes Zeugnis erstellen, das sich auf seine Führung und Leistung erstreckt.

**§ 12 Schlußbestimmungen**

Mit dem Abschluß dieser Vereinbarung sind alle wechselseitigen Ansprüche aus dem Arbeitsverhältnis des Arbeitnehmers und dessen Beendigung erledigt.

Sollte eine Bestimmung dieser Aufhebungsvereinbarung unwirksam sein, wird die Wirksamkeit der übrigen Bestimmungen hiervon nicht berührt.

______________________________
Ort, Datum

______________________________ ______________________________
Firma Arbeitnehmer

## 1. Die richtige äußere Form

Verwenden Sie einen DIN-A4-Firmenbogen. Der Bogen muß sauber und unbeschädigt sein. Er darf nicht geknickt werden. Das Arbeitszeugnis muß in Maschinenschrift fehlerlos geschrieben sein. Es darf keine Einfügungen, Streichungen oder Geheimzeichen enthalten.

## 2. Die Überschrift

Zum formalen Standard gehört die Überschrift, also zum Beispiel „Arbeitszeugnis" oder „Zwischenzeugnis".

## 3. Die Einleitung

Sie beginnen die Einleitung, indem Sie den Vornamen, den Nachnamen, den Geburtsnamen, das Geburtsdatum, die Berufs- und Positionsbeschreibung, akademische Titel sowie Anfangs- und Enddatum der Beschäftigung genau bezeichnen.

## 4. Die Tätigkeitsbeschreibung

Beschreiben Sie:

- Den Arbeitsplatz Ihres Arbeitnehmers,
- Seine Funktion,
- Seinen Aufgaben- und Verantwortungsbereich,
- Seine Kompetenzen,
- Seine Aufgabenschwerpunkte,
- Jeden Aufgabenwechsel,
- Seine berufliche Entwicklung im Unternehmen,
- Zusätzliche Aufgaben und
- Spezialaufgaben.

Diesen Katalog müssen Sie abarbeiten. Selbstverständlich beschreiben Sie nur die Tätigkeiten, zu denen Sie auch etwas schreiben können. Lag zum Beispiel kein Aufgabenwechsel vor, oder hat der Mitarbeiter keine Spezialaufgaben übernommen, müssen Sie zu diesen Punkten auch nichts festhalten.

## 5. Die Leistungsbeurteilung (fällt beim einfachen Arbeitszeugnis weg)

Die Leistungsbeurteilung ist nur beim qualifizierten, nicht jedoch beim einfachen Arbeitszeugnis erforderlich. Bei der Leistungsbeurteilung geht es um:

- Die Leistungsbereitschaft
- Die Arbeitsbefähigung
- Die Arbeitsweise
- Das Arbeitsergebnis
- Die besonderen Arbeitserfolge
- Die Mitarbeiter-Führungskompetenz
- Die zusammenfassende Leistungsbeurteilung

Auch hier gilt, daß Sie nur Aussagen über diejenigen Punkte machen, zu denen Sie auch aussagen können. Hatte ein Mitarbeiter zum Beispiel keine Führungskompetenz oder keine besonderen Arbeitserfolge aufzuweisen, fallen diese Punkte heraus. Eine zusammenfassende Leistungsbeurteilung sollte jedoch in jedem Zeugnis stehen. Erläuterungen zur Leistungsbeurteilung (Punkt 5) siehe im Anhang Seite 158.

## 6. Die Führungsbeurteilung (fällt beim einfachen Arbeitszeugnis weg)

An dieser Stelle müssen Sie eine Aussage zum Sozialverhalten Ihres Mitarbeiters am Arbeitsplatz und zu seiner Beziehung zu Vorgesetzten, Kollegen und Dritten treffen. Ohne eine Aussage zum Sozialverhalten ist ein Arbeitszeugnis nicht aussagekräftig. Je nachdem, ob Sie einem Mitarbeiter ein positives oder negatives Führungsverhalten bescheinigen wollen, kommt es auf die Reihenfolge, das Weglassen oder das Umstellen der genannten Personengruppen an. Verwenden Sie bei Ihrer Aussage über die Führungsbeurteilung die allgemein anerkannte Notenskala (Anhang Seite 158).

---

**Arbeitszeugnis** | IV. Beendigung des Arbeitsverhältnisses

1 Keramik H. GmbH
Blumenstr. 18 - 22
60318 Frankfurt a. M.

2 **Arbeitszeugnis**

3 Frau Angelika J., geborene F., geboren am 27. März 1962 in Bochum, war in der Zeit vom 1. Mai .... bis 30. September .... als kaufmännische Angestellte in unserem Unternehmen tätig.

4 Zu den Aufgaben von Frau J. als Verkaufssachbearbeiterin gehörte der telefonische Kontakt zu unserer Kundschaft, die selbständige Bearbeitung der eingehenden Interessentenanfragen, das Erstellen von Angeboten auf der Grundlage unserer Rahmenkonditionen, die Auftragsannahme und -bearbeitung, sowie die Kartei- und Kassenführung, die Ablage und allgemeine Büroarbeiten.

5 Frau J. zeigte stets Initiative, Fleiß und Eifer. Neue Arbeitssituationen bewältigte sie stets gut. Ihre Aufgaben erledigte sie stets selbständig und mit großer Sorgfalt und Genauigkeit. Ihre Arbeitsqualität war stets gut, wobei die vereinbarten Ziele von ihr auch unter schwierigen Bedingungen stets erreicht, oft auch übertroffen wurden. Ihre Leistungen waren voll und ganz zufriedenstellend.

6 Ihr Verhalten zu Vorgesetzten, Arbeitskollegen und Kunden war einwandfrei.

7 Frau J. scheidet auf eigenen Wunsch aus unserer Firma aus.

8 Wir bedanken uns für die stets gute Zusammenarbeit und bedauern, eine gute Fachkraft zu verlieren. Wir wünschen Frau J. für ihren weiteren Berufs- und Lebensweg alles Gute.

9 Frankfurt a. M., den 30. September ....

10 *Fritz S.*
(Geschäftsführer)

Kopiervorlage

---

Achten Sie jedoch darauf, daß sich die Führungsbeurteilung bei langjährigen und qualifizierten Arbeitnehmern nicht auf die allgemeine Notenskala bei der Führungsbeurteilung beschränkt. Dann ist sie nämlich ausschließlich negativ zu bewerten.

## 7. Die Aussage zur Beendigung des Arbeitsverhältnisses

Hier treffen Sie eine Aussage über die Beendigung des Arbeitsverhältnisses.

## 8. Die Dankes-Bedauern-Zukunfts-Formel

Nun führen Sie die Dankes-Bedauern-Zukunfts-Formel auf.

## 9. Das Ausstellungsdatum

Das Ausstellungsdatum für das Arbeitszeugnis soll mit dem Datum der Beendigung des Arbeitsverhältnisses übereinstimmen. Nur dann ist das Zeugnis ordnungsgemäß ausgestellt und hat keine späteren Nachteile für Ihren Mitarbeiter. Hinnehmbar sind Abweichungen bis zu maximal 2 Wochen. Abweichungen von mehreren Wochen oder gar Monaten deuten auf Schwierigkeiten bei der Beendigung hin und sind für Ihren Mitarbeiter nachteilig.

## 10. Die Unterschrift

Das Arbeitszeugnis sollte von Ihnen als Arbeitgeber oder Ihrem Stellvertreter unterschrieben sein. In größeren Firmen können auch der Personalchef und der Fachvorgesetzte unterschreiben. Bei leitenden Angestellten sollte immer ein Mitglied der Firmenleitung unterschreiben.

Für Ausbildungszeugnisse gilt: Haben Sie als Arbeitgeber die Ausbildung nicht selbst durchgeführt, dann sollte zusätzlich der Ausbilder das Zeugnis unterschreiben.

Keramik H. GmbH
Blumenstr. 18 - 22
60318 Frankfurt a. M.

## Arbeitszeugnis

Frau Angelika J., geborene F., geboren am 27. März 1962 in Bochum, war in der Zeit vom 1. Mai .... bis 30. September .... als kaufmännische Angestellte in unserem Unternehmen tätig.

Zu den Aufgaben von Frau J. als Verkaufssachbearbeiterin gehörte der telefonische Kontakt zu unserer Kundschaft, die selbständige Bearbeitung der eingehenden Interessentenanfragen, das Erstellen von Angeboten auf der Grundlage unserer Rahmenkonditionen, die Auftragsannahme und -bearbeitung, sowie die Kartei- und Kassenführung, die Ablage und allgemeine Büroarbeiten.

Frau J. zeigte stets Initiative, Fleiß und Eifer. Neue Arbeitssituationen bewältigte sie stets gut. Ihre Aufgaben erledigte sie stets selbständig und mit großer Sorgfalt und Genauigkeit. Ihre Arbeitsqualität war stets gut, wobei die vereinbarten Ziele von ihr auch unter schwierigen Bedingungen stets erreicht, oft auch übertroffen wurden. Ihre Leistungen waren voll und ganz zufriedenstellend.

Ihr Verhalten zu Vorgesetzten, Arbeitskollegen und Kunden war einwandfrei.

Frau J. scheidet auf eigenen Wunsch aus unserer Firma aus.

Wir bedanken uns für die stets gute Zusammenarbeit und bedauern, eine gute Fachkraft zu verlieren. Wir wünschen Frau J. für ihren weiteren Berufs- und Lebensweg alles Gute.

Frankfurt a. M., den 30. September ....

Fritz S.
(Geschäftsführer)

# Ausgleichsquittung

## 1 Beendigung des Arbeitsverhältnisses

Die Ausgleichsquittung soll bei Beendigung des Arbeitsverhältnisses klare Verhältnisse schaffen. Die Auflistung der Ihrem Mitarbeiter ausgehändigten Papiere ist sinnvoll und sollte zugleich mit einer Erklärung des Mitarbeiters verbunden werden, daß er aus dem Arbeitsverhältnis keine Ansprüche mehr geltend macht.

Mit Unterzeichnung der Ausgleichsquittung sind grundsätzlich alle gegenseitigen Ansprüche erledigt. Eine Ausnahme gilt für tarifvertragliche Ansprüche oder Ansprüche aus einer Betriebsvereinbarung. Darauf kann nur verzichtet werden, wenn die Tarifvertragsparteien beziehungsweise der Betriebsrat zustimmen. Nicht möglich ist ein Verzicht auf gesetzliche Urlaubs- bzw. Urlaubsabgeltungsansprüche oder auf den Lohnfortzahlungsanspruch. Auch auf die Ausstellung eines qualifizierten Arbeitszeugnisses kann erst nach Beendigung des Arbeitsverhältnisses verzichtet werden.

## 2 Empfangsbestätigung

Ihr Mitarbeiter kann die von ihm unterzeichnete Ausgleichsquittung anfechten. Das ist der Fall, wenn er der Auffassung war, er habe nur eine bloße Empfangsquittung unterschrieben, oder wenn er sich bei anderen Umständen geirrt hat (§ 119 BGB). Ein Anfechtungsrecht besteht auch, wenn er bei Unterzeichnung der Ausgleichsquittung arglistig getäuscht oder dazu mit einer widerrechtlichen Drohung durch Sie als Arbeitgeber veranlaßt wurde (§ 123 BGB). Eine solche Drohung liegt vor, wenn Sie Ihrem Mitarbeiter beispielsweise die Auszahlung des Restlohns verweigern wollen, sofern er nicht unterschreibt.

Hat Ihr Mitarbeiter die Ausgleichsquittung wirksam angefochten, ist sie von Anfang an nichtig (§ 142 BGB).

Ausländischen Mitarbeitern sollten Sie vorsorglich unter Zeugen eine schriftliche Übersetzung aushändigen.

## 3 Unterschrift

Eine Verpflichtung Ihres Mitarbeiters, die Ausgleichsquittung zu unterzeichnen, besteht nicht. Ihr Mitarbeiter hat nur die Höhe des empfangenen Lohns zu bestätigen (§ 368 BGB). In der Praxis ist die Unterzeichnung einer Ausgleichsquittung allerdings üblich.

---

### Ausgleichsquittung

IV. Beendigung des Arbeitsverhältnisses

| | | |
|---|---|---|
| Name: | Vorname: | geb. am: |
| beschäftigt von: | bis: | |
| Personal-Nr.: | Kst.: | |

1 ▶ Das Arbeitsverhältnis wurde am ........................ beendet.

Ich bestätige den Erhalt folgender, ausgefüllter Unterlagen am ........................ .

1. Lohnsteuerkarte für das Jahr ........................ /Ersatzbescheinigung,
2. Sozialversicherungs-Nachweisheft einschließlich Versicherungskarte und Sozialversicherungsausweis,
3. Urlaubsbescheinigung,
4. Arbeitsbescheinigung für das Arbeitsamt,
5. Lohn-/Gehaltsabrechnung,
6. Zeugnis,
7. ................................................ .

Ich bestätige ausdrücklich, daß keine weitergehenden Ansprüche aus und in Verbindung mit dem Arbeitsverhältnis und seiner Beendigung gegen die Firma bestehen. Eine Klage vor dem Arbeitsgericht werde ich nicht erheben.

Ferner bestätige ich, daß ich keine Ansprüche auf betriebliche Altersversorgung habe.

Das mir überlassene Firmeneigentum (z. B. Werkzeuge, Unterlagen) habe ich vollständig zurückgegeben.

Von den mir überlassenen Unterlagen habe ich keine Abschriften und Vervielfältigungen zurückbehalten.

2 ▶ Diese Erklärung habe ich sorgfältig gelesen und verstanden, sowie eine Durchschrift erhalten.

____________________

Ort, Datum

____________________ 3 ▶ ____________________

Unterschrift + Stempel des Arbeitgebers | Unterschrift des Arbeitnehmers

Kopiervorlage

# Ausgleichsquittung



| Name: | Vorname: | geb. am: |
|---|---|---|
| beschäftigt von: | bis: | |
| Personal-Nr.: | Kst.: | |

Das Arbeitsverhältnis wurde am ........................ beendet.

Ich bestätige den Erhalt folgender, ausgefüllter Unterlagen am ........................ .

1. Lohnsteuerkarte für das Jahr ........................ /Ersatzbescheinigung,
2. Sozialversicherungs-Nachweisheft einschließlich Versicherungskarte und Sozialversicherungsausweis,
3. Urlaubsbescheinigung,
4. Arbeitsbescheinigung für das Arbeitsamt,
5. Lohn-/Gehaltsabrechnung,
6. Zeugnis,
7. ................................................ .

Ich bestätige ausdrücklich, daß keine weitergehenden Ansprüche aus und in Verbindung mit dem Arbeitsverhältnis und seiner Beendigung gegen die Firma bestehen. Eine Klage vor dem Arbeitsgericht werde ich nicht erheben.

Ferner bestätige ich, daß ich keine Ansprüche auf betriebliche Altersversorgung habe.

Das mir überlassene Firmeneigentum (z. B. Werkzeuge, Unterlagen) habe ich vollständig zurückgegeben.

Von den mir überlassenen Unterlagen habe ich keine Abschriften und Vervielfältigungen zurückbehalten.

Diese Erklärung habe ich sorgfältig gelesen und verstanden, sowie eine Durchschrift erhalten.

______________________________
Ort, Datum

______________________________ ______________________________
Unterschrift + Stempel des Arbeitgebers Unterschrift des Arbeitnehmers

## Effiziente Besprechungen durchführen

Effizient durchgeführte Besprechungen sind ein sehr wirksames Instrument, schnell zu fundierten Entscheidungen und Ergebnissen zu gelangen. Aber wer kennt sie nicht, die schier endlosen Sitzungen, wo nichts vorwärts ging, viel Zeit verstrich und letztlich kein greifbares Ergebnis erarbeitet war. Unzufriedene Teilnehmer, ein Stocken in der Entwicklung von Produkten, etc. waren die Folge.

Eine gute Vorbereitung sowie eine gezielte Nachbereitung sind das A und O einer effizienten Besprechung.

Für den Erfolg des Unternehmens und die Motivation der Teilnehmer einer Besprechung ist es extrem wichtig, daß Beschlüsse, die in Besprechungen getroffen wurden, durchgeführt werden und nicht im Nachhinein alles im Sande verrinnt.

Führen Sie daher ein Ergebnis-Protokoll.

Bei regelmäßig wiederkehrenden Besprechungen, wie zum Beispiel wöchentlichen Teambesprechungen, hat es sich auch sehr bewährt, das Protokoll rollierend von den Teammitgliedern anfertigen zu lassen.

Zum einen entlasten Sie sich von dem ständigen Protokollschreiben, zum anderen können Sie auf diese Weise, Ihre Mitarbeiter im learning-by-doing-Verfahren mit der Aufgabe vertraut machen, gute Protokolle zu erstellen.

Das Formular kann dann in der Besprechung ausgefüllt werden und gleich im Anschluß verteilt werden.

Dann hat das Warten auf das Protokoll ein Ende, und jeder Betroffene kann gleich mit der Umsetzung der Beschlüsse beginnen.

Das Ergebnis-Protokoll der vergangenen Besprechung sollte bei der nächsten Besprechung gleich zu Beginn durchgegangen werden. Auf diese Weise können Sie dann sehr einfach die vereinbarten Beschlüsse, den Status von Projekten, die Einhaltung der Termine überprüfen sowie eventuell notwendige Terminanpassungen vornehmen.

Am besten machen Sie von diesem Formular Kopien und verteilen Sie das Leerformular am besten auch elektronisch.

### 1 Kopfzeile

In dieser Zeile geben Sie die genauen Daten der jeweiligen Besprechung ein (Bezeichnung, Zeitpunkt, Teilnehmer), an wen das Protokoll verteilt werden soll, und wieviele Seiten das Protokoll umfaßt.

### 2 Hauptteil

Die Ergebnisse sollten kurz und präzise festgehalten und mit Hilfe von Buchstaben kategorisiert werden. Bewährt haben sich die Buchstaben A für Aufforderung, B für Beschluß, E für Empfehlung und F für Feststellung.

So erkennen die zuständigen Personen sehr schnell, ob und in welcher Art sie tätig werden müssen.

Achten Sie darauf, daß jede vereinbarte Tätigkeit terminiert ist und ein Verantwortlicher für ihre Erledigung festgelegt ist.

**Effiziente Besprechungen** | V. Selbstmanagement

1

| Teambesprechung | Ergebnisse Nr. 1 bis<br>der Besprechung<br>vom: | Teilnehmer:<br><br>Verteiler: | Blatt 1<br>von |
|---|---|---|---|

2

| Lfd. Nr. | Zuständig | Ergebnisse | Termin/Anmerkungen |
|---|---|---|---|
| | | | |
| | | | |
| | | | |

Ergebnisse (A = Aufforderung; B = Beschluß; E = Empfehlung; F =Feststellung)

Kopiervorlage

# Effiziente Besprechungen



| **Teambesprechung** | Ergebnisse Nr. 1 bis<br><br>der Besprechung<br><br>vom: | Teilnehmer:<br><br><br><br>Verteiler: | Blatt 1<br><br>von |
|---|---|---|---|

| Lfd. Nr. | Zuständig | Ergebnisse | Termin/Anmerkungen |
|---|---|---|---|
| | | | |
| | | | |
| | | | |
| | | | |
| | | | |
| | | | |
| | | | |
| | | | |
| | | | |
| | | | |
| | | | |
| | | | |
| | | | |
| | | | |
| | | | |
| | | | |
| | | | |
| | | | |
| | | | |
| | | | |
| | | | |
| | | | |
| | | | |
| | | | |
| | | | |
| | | | |
| | | | |
| | | | |
| | | | |
| | | | |
| | | | |
| | | | |
| | | | |
| | | | |
| | | | |
| | | | |

Ergebnisse (A = Aufforderung; B = Beschluß; E = Empfehlung; F =Feststellung)

# Autorität

Autorität stammt aus dem lateinischen „auctoritas“ und bedeutet „angesehene, maßgebliche Persönlichkeit“, „die zwingende Macht des Überlegenen“, oder schlicht „Ansehen“. Die Weisungsautorität war früher identisch mit der Autorität schlechthin. Aber erst, wenn weitere Eigenschaften hinzu kommen, spricht man heutzutage jemandem reale Autorität zu. Sie können Menschenführung nur praktizieren auf der Basis der Autorität des Führenden. Autorität ist jedoch nicht mit autoritärer Unduldsamkeit und Herrschsucht zu verwechseln. Unterscheiden Sie zwischen Autorität der Führungspersönlichkeit und der Autorität von Amts wegen. Die Führungsautorität kommt aus der Substanz, die eine Führungskraft auszeichnet. Diese Substanz baut sich zum einen auf aus den Talenten, die dem Betreffenden mitgegeben worden sind. Zum anderen entwickelt sie sich aus den Kenntnissen und Fertigkeiten, die sich jemand in der Auseinandersetzung mit seiner Umwelt und mit seinen Aufgaben erworben hat. Wer über seine funktionale Autorität hinaus seinen Mitarbeitern als Mensch glaubwürdig erscheint, gilt seinen Mitarbeitern als Vorbild. Sie schenken ihm Vertrauen und erkennen ihn als Autorität an. Wenn Sie als Autoritätsperson Ihre Mitarbeiter zu mehr Leistung anspornen, dann können Sie sicher sein, daß diese Optimales leisten werden.

## Checkliste: Haben Sie einen autoritären Führungsstil?

**1**

Für den autoritär führenden Vorgesetzten ist es typisch, daß er auf allen Ebenen eingreift und seine Anweisungen erteilt. Der mitarbeiterorientierte Vorgesetzte wird die Aufgabenbereiche mit den entsprechenden Handlungskompetenzen seiner Mitarbeiter achten. Er läßt seine Mitarbeiter selbständig handeln und entscheiden. Er selbst beschränkt sich auf die Führung der Mitarbeiter und nimmt keine willkürlichen Eingriffe in deren Aufgabenbereiche vor. Geben Sie daher als Führungspersönlichkeit Ihren Mitarbeitern Entscheidungsspielräume. Delegieren Sie also Aufgaben und Verantwortung. Ihre Mannschaft schätzt das.

**2**

In Firmen mit einem schlechten Betriebsklima, in dem Mißtrauen vorherrscht, zeichnen sich Autoritätsprobleme besonders stark ab. Die Leute kämpfen um Befugnisse, sie beklagen sich und murren, wenn sie keine bekommen. Die Manager glauben dann oft, daß zusätzliche formale Autorität ihnen zu mehr Glaubwürdigkeit verhilft, ihr Ansehen in den Augen anderer hebt und ihnen mehr Macht über andere verleiht. Die Jagd nach Macht wird auf diese Weise Selbstzweck zur persönlichen Befriedigung. Statt dem Interesse der Firma und dem ihrer Mitarbeiter zu dienen, streben diese Vorgesetzten nach ihrer eigenen Macht und nach eigenen Vorteilen. Verantwortliche Führungskräfte beanspruchen für sich dagegen nur so viel formale Autorität, wie sie brauchen, um ihre Aufgaben wirksam zu erfüllen, nicht mehr.

### 3 Urteilen ohne Vorurteile

Ein Kritiker ist normalerweise nicht gegen Sie. Manche „Befehle“ sollten wirklich besser nicht ausgeführt werden. Setzen Sie sich mit Kritik auseinander. „Kofferträger“ sind zwar einfacher im Umgang, aber bringen sie durch ihr Denken Ihre Abteilung weiter?

### Ausgewogenes Führungsverhalten bringt Sie am ehesten zum Ziel

Erfolgreiche Führungskräfte erwerben sich Autorität durch Konsens. Sie erreichen in Kooperation, Partnerschaft und Vertrauen die Ziele mit ihren Mitarbeitern. Sie sind aber sehr wohl in der Lage, in Ausnahmefällen, Krisen, oder wenn Mitarbeiter versuchen, ihnen auf der Nase herumzutanzen, tätig zu werden und setzen dann ihre Autorität „qua Amt“ ein: Sie signalisieren so ihrer Umgebung, daß „das Ende der Fahnenstange“ erreicht ist und setzen durch, was im Interesse des Unternehmens nötig ist. Konsens streben sie in einem derartigen Fall nicht an.

**Kopiervorlage**

Autorität — V. Selbstmanagement

| Haben Sie einen autoritären Führungsstil? | |
|---|---|
| **1** Leiten Sie Ihre Autorität immer noch zu häufig aus Ihrem Amt ab? Haben Sie recht, weil Sie der Chef, der Vorgesetzte, der Vater oder die Mutter sind? Ist Ihre Meinung deshalb richtig und darf damit auch nicht mehr hinterfragt werden? Lautet Ihre Anweisung an die Mitarbeiter „Sie sollen nicht denken, sondern das tun, was ich Ihnen gesagt habe?“ | ❑ |
| Informieren Sie häufig gerade die im Betrieb, denen Ihre besondere Zuneigung gilt? Halten Sie diese für die Säulen des Unternehmens, mit denen eine vertrauensvolle Zusammenarbeit möglich ist? Oder ist das der Personenkreis, mit dem Sie Informationen, und damit Macht zu teilen bereit sind? | ❑ |
| **2** Kontrollieren Sie vorwiegend nach Vertrauens- oder Mißtrauenskategorien? Teilen Sie Ihre Mitarbeiter nach guten und schlechten ein? Während Sie die ersten „unbehelligt“ lassen, verfolgen Sie die zweiten mit mehr oder weniger Argwohn. | ❑ |
| **3** Bewerten Sie Ihre Mitarbeiter nach dem Grad ihrer Befehlserfüllung? Gilt derjenige als Leistungsträger, der Ihren Anweisungen unverzüglich und exakt folgt? | ❑ |
| Motivieren Sie Ihre Untergebenen vor allem durch Drohungen, Druck oder Angst? Führen Sie ihnen deutlich die Konsequenzen vor Augen, die Dummheit, Faulheit oder Leistungsmangel unweigerlich nach sich ziehen? | ❑ |
| Malen Sie die gesellschaftlichen Folgen, die mit Freistellungen unabdingbar verbunden sind, in düsteren Farben? | ❑ |

### So werten Sie den Test aus!

Je mehr Kästchen Sie angekreuzt haben, um so stärker ist Ihr autoritärer Führungsstil. Autorität ist etwas Gutes – autoritäres Verhalten meistens nicht. Wenn Sie viele Kreuzchen gesammelt haben, sollten Sie daran arbeiten.

### 11 Verhaltensweisen, die aus einem Vorgesetzten eine Führungspersönlichkeit machen:

1. Schaffen Sie Spielräume
2. Stehen Sie zu Ihren Fehlern
3. Steigern Sie Ihr Durchsetzungsvermögen
4. Begeistern Sie Ihr Team
5. Seien Sie offen und ehrlich
6. Objektivität trotz Freundschaft
7. Mitmachen ist Dabeisein
8. Urteilen ohne Vorurteile
9. 20 % Ihrer Zeit für aktive Interessen
10. Behalten Sie den vollen Durchblick
11. Übernehmen Sie die volle Verantwortung

| Haben Sie einen autoritären Führungsstil? | |
|---|---|
| Leiten Sie Ihre Autorität immer noch zu häufig aus Ihrem Amt ab? Haben Sie recht, weil Sie der Chef, der Vorgesetzte, der Vater oder die Mutter sind? Ist Ihre Meinung deshalb richtig und darf damit auch nicht mehr hinterfragt werden? Lautet Ihre Anweisung an die Mitarbeiter „Sie sollen nicht denken, sondern das tun, was ich Ihnen gesagt habe?" | ❏ |
| Informieren Sie häufig gerade die im Betrieb, denen Ihre besondere Zuneigung gilt? Halten Sie diese für die Säulen des Unternehmens, mit denen eine vertrauensvolle Zusammenarbeit möglich ist? Oder ist das der Personenkreis, mit dem Sie Informationen, und damit Macht zu teilen bereit sind? | ❏ |
| Kontrollieren Sie vorwiegend nach Vertrauens- oder Mißtrauenskategorien? Teilen Sie Ihre Mitarbeiter nach guten und schlechten ein? Während Sie die ersten „unbehelligt" lassen, verfolgen Sie die zweiten mit mehr oder weniger Argwohn. | ❏ |
| Bewerten Sie Ihre Mitarbeiter nach dem Grad ihrer Befehlserfüllung? Gilt derjenige als Leistungsträger, der Ihren Anweisungen unverzüglich und exakt folgt? | ❏ |
| Motivieren Sie Ihre Untergebenen vor allem durch Drohungen, Druck oder Angst? Führen Sie ihnen deutlich die Konsequenzen vor Augen, die Dummheit, Faulheit oder Leistungsmangel unweigerlich nach sich ziehen? | ❏ |
| Malen Sie die gesellschaftlichen Folgen, die mit Freistellungen unabdingbar verbunden sind, in düsteren Farben? | ❏ |

# Streß und Streßbewältigung

Zu den Grundvoraussetzungen, den Anforderungen des Berufs- und des normalen Lebens gewachsen zu sein, gehören auch Techniken des Abschaltens vom Alltagsbetrieb, der Zurückweisung vermeidbarer Überlastungen, vorbeugender Schutz vor Überforderungen (Streßimmunisierung) und Möglichkeiten, starken Streß abzubauen bzw. sich abzureagieren (etwa durch Bewegung, wie Dauerlauf, Radfahren, usw.).

Haben Sie es nötig, Streß abzubauen? – Machen Sie den Praxistest:

### 1 Tip: Streßabbau

Denken Sie positiv: Versuchen Sie nicht immer nur das halb leere Glas, sondern auch das halb volle Glas zu sehen.

Geben Sie sich positive Selbstinstruktionen. Formulieren Sie in Gedanken, losgelöst von Ihrer Streßreaktion, Ihre Einstellungen, die Sie in diesem Moment gern hätten. Beispiele dafür könnten sein:

„Das bringt mich nicht aus der Ruhe."
„Das berührt mich überhaupt nicht."
„Kein Grund zur Panik, das schaffe ich noch in der zur Verfügung stehenden Zeit."

### 2 Tip: Streßabbau

Bauen Sie mit regelmäßiger Bewegung ungesunden Streß ab: Belastbarkeit und Anpassungsfähigkeit von Herz und Kreislauf erreichen Sie nicht durch Schonung, sondern nur durch dosiertes körperliches Training. Wer den positiven Effekt für die psychische Stimmungslage noch beschleunigen will, wählt eine sportliche Betätigung in der freien Natur, bei der er die Bewegung und gleichzeitig Landschaft und Natureindrücke in vollen (Atem-)Zügen genießen kann.

### 3 Tip: Streßabbau

Trainieren Sie Entspannung: Die Einflußnahme auf das vegetative Nervensystem (und wahrscheinlich auch auf das Immunsystem) ist die gezielte mentale Ausrichtung, sozusagen in Form einer Selbsthypnose, das Grundprinzip vieler bekannter Entspannungsverfahren.

### 4 Tip: Streßabbau

Lernen Sie wieder zu genießen: Zur Grundausstattung einer persönlich richtigen Ernährung gehören die dem Alter und Geschlecht entsprechenden Mengen an Vitaminen, Mineralstoffen und Spurenelementen. Darüber hinaus sind die den beruflichen und außerberuflichen Tätigkeiten entsprechenden Mengen an Eiweiß und Kohlenhydraten bei insgesamt reduziertem Fettanteil in der Nahrung wichtig. Ballaststoffe gelten insgesamt als unverzichtbarer und notwendiger Bestandteil der täglichen Nahrung. Den „Verdauungsnerv" (Vagus), der auch der Ruhe- und Entspannungsnerv ist, zu fördern und zu aktivieren, gelingt am besten, wenn auch die Sinneswahrnehmungen wie Sehen und Riechen stimuliert werden. Das Auge ißt sozusagen mit. Wichtig sind aber auch die entsprechend sorgfältige Essenszubereitung und die Gestaltung der äußeren Bedingungen für die Einnahme von Mahlzeiten (schönes, ruhiges Ambiente, keine Hast).

### 5 Tip: Streßabbau

Nutzen Sie ein effektives Zeitmanagement für den Streßabbau: Zu wenig Zeit zu haben bzw. der zeitliche Druck sind das Schlimmste. Zeitmanagement ist wahrscheinlich das effektivste Mittel zur Streßvorbeugung und zur Streßbewältigung. Den „Zeitdieben" gegenüber ist eine konsequente Haltung zu zeigen. Bestimmte Gespräche sollten Sie daraufhin prüfen, ob sie überhaupt wichtig sind und ob sie jetzt gerade im

## Streß und Streßbewältigung

V. Selbstmanagement

| Tip | | häufig | manchmal | nie |
|---|---|---|---|---|
| | 1. Ich bin schnell ungeduldig. | ❑ 2 | ❑ 1 | ❑ 0 |
| | 2. Kollegen bezeichnen mich als ehrgeizig. | ❑ 2 | ❑ 1 | ❑ 0 |
| 1 | 3. Ich versuche, mehrere Dinge zur gleichen Zeit zu erledigen. | ❑ 2 | ❑ 1 | ❑ 0 |
| | 4. Ich muß anderen mein Können beweisen. | ❑ 2 | ❑ 1 | ❑ 0 |
| 2 | 5. Ich bin leicht erregbar. | ❑ 2 | ❑ 1 | ❑ 0 |
| | 6. Ich fühle mich leicht in die Enge getrieben. | ❑ 2 | ❑ 1 | ❑ 0 |
| | 7. Ich kann schwer „nein" sagen. | ❑ 2 | ❑ 1 | ❑ 0 |
| 3 | 8. Am Feierabend kann ich keine Ruhe finden. | ❑ 2 | ❑ 1 | ❑ 0 |
| | 9. Freunde sagen mir, daß ich zuviel arbeite. | ❑ 2 | ❑ 1 | ❑ 0 |
| | 10. Mein Lebensstandard ist mir wichtig. | ❑ 2 | ❑ 1 | ❑ 0 |
| | 11. Es ist mir wichtig, was andere von mir denken. | ❑ 2 | ❑ 1 | ❑ 0 |
| | 12. Vorwürfe verkrafte ich schwer. | ❑ 2 | ❑ 1 | ❑ 0 |
| | 13. In Gegenwart eines Vorgesetzten bin ich unsicher. | ❑ 2 | ❑ 1 | ❑ 0 |
| | 14. Ich habe Angst, Fehler zu machen. | ❑ 2 | ❑ 1 | ❑ 0 |
| | 15. Ich arbeite in Wechselschicht. | ❑ 2 | ❑ 1 | ❑ 0 |
| | 16. Ich bin geräuschempfindlich. | ❑ 2 | ❑ 1 | ❑ 0 |
| | 17. Mein Tatendrang ist schwer zu bremsen. | ❑ 2 | ❑ 1 | ❑ 0 |
| 4 | 18. Ich fühle mich überlastet. | ❑ 2 | ❑ 1 | ❑ 0 |
| 5 | 19. Ich fühle mich wie ausgelaugt. | ❑ 2 | ❑ 1 | ❑ 0 |
| 6 | 20. Mein Lebensrhythmus ist gestört. | ❑ 2 | ❑ 1 | ❑ 0 |
| | 21. Über meine Gesundheit mache ich mir Sorgen. | ❑ 2 | ❑ 1 | ❑ 0 |
| 7 | 22. Es fällt mir schwer, Ruhe zu genießen. | ❑ 2 | ❑ 1 | ❑ 0 |
| | 23. Familiäre Schwierigkeiten belasten mich. | ❑ 2 | ❑ 1 | ❑ 0 |
| | 24. Trennungserlebnisse belasten mich. | ❑ 2 | ❑ 1 | ❑ 0 |
| | 25. Folgende weitere Streßsituationen belasten mich: | | | |
| | | ❑ 2 | ❑ 1 | ❑ 0 |
| | | ❑ 2 | ❑ 1 | ❑ 0 |
| | | ❑ 2 | ❑ 1 | ❑ 0 |

Kopiervorlage

Moment wichtig sind. Das „Nein sagen können" stellt beim Zeitmanagement eine wichtige Maßnahme dar, um „in der Zeit" zu bleiben.

### 6 Tip: Streßabbau

Bringen Sie Ihre Streß-Waage ins Gleichgewicht: Die Streß-Waage ist ein dynamisches Modell. Auf der einen Seite liegen all die Dinge, die uns belasten, auf der anderen die Dinge, die uns Freude bereiten und zur Entspannung beitragen. Es kann durchaus sein, daß eine Zeitlang die Belastungsseite überwiegt, wenn der Ausgleich oder sogar das Überwiegen der Entspannung absehbar folgen. Genaue Kenntnisse darüber, was Sie selbst dazu tun können, um die Entspannung wieder überwiegend zu erleben, sind allerdings Voraussetzung hierfür. Hierbei hilft das Streß-Tagebuch.

### 7 Tip: Streßabbau

Führen Sie ein Streß-Tagebuch: Notieren Sie sich eine Zeitlang alle Ihre Einschätzungen Ihrer individuellen Streßbelastungssituationen.

Schlüsselfragen hierzu sind:

Was belastet mich negativ?
Welche körperlichen Reaktionen spüre ich?
Warum empfinde ich diese Situation gerade jetzt als negativ?
Aber auch das positive Erleben von Entspannung, Lebensfreude und Ausgeglichenheit kann erfaßt werden:
Was verschafft mir ein positives Gefühl und Ausgeglichenheit?
Warum kann ich gerade jetzt gelassen sein?
Welche Kräfte setzt diese positiv erlebte Situation bei mir frei?

# Streß und Streßbewältigung



| | häufig | manchmal | nie |
|---|---|---|---|
| 1. Ich bin schnell ungeduldig. | ❑ 2 | ❑ 1 | ❑ 0 |
| 2. Kollegen bezeichnen mich als ehrgeizig. | ❑ 2 | ❑ 1 | ❑ 0 |
| 3. Ich versuche, mehrere Dinge zur gleichen Zeit zu erledigen. | ❑ 2 | ❑ 1 | ❑ 0 |
| 4. Ich muß anderen mein Können beweisen. | ❑ 2 | ❑ 1 | ❑ 0 |
| 5. Ich bin leicht erregbar. | ❑ 2 | ❑ 1 | ❑ 0 |
| 6. Ich fühle mich leicht in die Enge getrieben. | ❑ 2 | ❑ 1 | ❑ 0 |
| 7. Ich kann schwer „nein" sagen. | ❑ 2 | ❑ 1 | ❑ 0 |
| 8. Am Feierabend kann ich keine Ruhe finden. | ❑ 2 | ❑ 1 | ❑ 0 |
| 9. Freunde sagen mir, daß ich zuviel arbeite. | ❑ 2 | ❑ 1 | ❑ 0 |
| 10. Mein Lebensstandard ist mir wichtig. | ❑ 2 | ❑ 1 | ❑ 0 |
| 11. Es ist mir wichtig, was andere von mir denken. | ❑ 2 | ❑ 1 | ❑ 0 |
| 12. Vorwürfe verkrafte ich schwer. | ❑ 2 | ❑ 1 | ❑ 0 |
| 13. In Gegenwart eines Vorgesetzten bin ich unsicher. | ❑ 2 | ❑ 1 | ❑ 0 |
| 14. Ich habe Angst, Fehler zu machen. | ❑ 2 | ❑ 1 | ❑ 0 |
| 15. Ich arbeite in Wechselschicht. | ❑ 2 | ❑ 1 | ❑ 0 |
| 16. Ich bin geräuschempfindlich. | ❑ 2 | ❑ 1 | ❑ 0 |
| 17. Mein Tatendrang ist schwer zu bremsen. | ❑ 2 | ❑ 1 | ❑ 0 |
| 18. Ich fühle mich überlastet. | ❑ 2 | ❑ 1 | ❑ 0 |
| 19. Ich fühle mich wie ausgelaugt. | ❑ 2 | ❑ 1 | ❑ 0 |
| 20. Mein Lebensrhythmus ist gestört. | ❑ 2 | ❑ 1 | ❑ 0 |
| 21. Über meine Gesundheit mache ich mir Sorgen. | ❑ 2 | ❑ 1 | ❑ 0 |
| 22. Es fällt mir schwer, Ruhe zu genießen. | ❑ 2 | ❑ 1 | ❑ 0 |
| 23. Familiäre Schwierigkeiten belasten mich. | ❑ 2 | ❑ 1 | ❑ 0 |
| 24. Trennungserlebnisse belasten mich. | ❑ 2 | ❑ 1 | ❑ 0 |
| 25. Folgende weitere Streßsituationen belasten mich: | | | |
| | ❑ 2 | ❑ 1 | ❑ 0 |
| | ❑ 2 | ❑ 1 | ❑ 0 |
| | ❑ 2 | ❑ 1 | ❑ 0 |

# Zeitmanagement

Meist wird immer viel zuviel Zeit und Energie für Nebensächliches geopfert. Der italienische Wirtschaftswissenschaftler Vilfredo Pareto hat schon im 19. Jahrhundert das nach ihm benannte Pareto-Prinzip beschrieben, die sogenannte 80:20-Regel: Danach werden mit nur 20 % des Zeitaufwands schon 80 % der Ergebnisse erreicht, mit den restlichen 80 % der Zeit aber nur noch 20 % der Ergebnisse. Wenn es Ihnen gelingt, diese Relationen zurechtzurücken, können Sie sowohl Zeit gewinnen als auch Ihre Arbeitsergebnisse wesentlich verbessern.

Wie schaut es mit Ihrer Zeiteinteilung aus? Kommen Sie auch immer viel zu spät nach Hause? Machen Sie den Praxistest und prüfen Sie Ihr Zeitmanagement mit dieser Checkliste:

## Checkliste: Zeitmanagement – mit 5 Tips, die Ihnen zu mehr Freiraum verhelfen

### 1 Tip: Ordnen Sie Ihre Aufgaben nach Prioritäten

Das richtige Instrument, um die Aufgaben entsprechend ihrer Wichtigkeit zu ordnen und die Arbeitszeit angemessen auf sie zu verteilen, ist die ABC-Analyse:

- A-Aufgaben = sehr wichtige Aufgaben
- B-Aufgaben = wichtige Aufgaben
- C-Aufgaben = weniger wichtige Aufgaben

A-Aufgaben sind die Aufgaben, auf die Sie sich voll konzentrieren müssen und die Sie nicht delegieren können. Für diese Aufgaben müssen Sie die meiste Zeit einplanen.

Für B-Aufgaben dürfen Sie nicht soviel Zeit verbrauchen. Sie können sie auch delegieren.

C-Aufgaben machen meistens die Masse der Aufgaben aus. Davon dürfen Sie sich nicht irritieren lassen. Diese Aufgaben müssen Sie (wenn überhaupt) in kürzester Zeit erledigen.

Reservieren Sie 65 % der täglichen Arbeitszeit für A-Aufgaben.

Setzen Sie 20 % der Arbeitszeit für B-Aufgaben an.

Verwenden Sie auf keinen Fall mehr als 15 % der Zeit für C-Aufgaben.

### 2 Tip: Planen Sie Ihre Zeit

Als Faustregel gilt im allgemeinen:

- Verplanen Sie nur 60 % Ihrer Arbeitszeit für die Ihnen bekannten Aufgaben und Aktivitäten.
- Reservieren Sie 40 % Ihrer Arbeitszeit als Pufferzeit für Unvorhergesehenes.
- Berücksichtigen Sie bei der Einordnung der Aufgaben auf der Zeitschiene auch Ihre Tagesleistungskurve.

Diese kann zwar individuell unterschiedlich verlaufen, aber in der Regel liegt das Leistungshoch am Vormittag; am frühen Nachmittag geht die Kurve deutlich runter, und am späteren Nachmittag steigt sie wieder an, aber nicht so hoch wie am Vormittag. Es bietet sich deshalb an, A-Aufgaben während des vormittäglichen Leistungshochs anzugehen. Legen Sie B- und C-Aufgaben nach Möglichkeit in Ihr Nachmittagstief. Fassen Sie sie zu Arbeitsblöcken zusammen. Erledigen Sie also Telefonate oder kleinere Diktate serienweise.

### 3 Tip: Delegieren Sie so viel wie möglich

Die Hauptvorteile der richtigen Delegation sind: Sie werden von B- und C-Aufgaben entlastet und können Ihre Kräfte voll auf die Erledigung der A-Aufgaben konzentrieren.

**Zeitmanagement** — V. Selbstmanagement

| | Wie ist es um Ihr Zeitmanagement bestellt? | Stimmt | | | |
|---|---|---|---|---|---|
| | | fast immer | häufig | manch-mal | fast nie |
| | 1. Das Telefon stört mich laufend, und die Gespräche sind meistens unnötig lang. | ❑ | ❑ | ❑ | ❑ |
| 1 ▶ | 2. Durch die vielen Besucher von außen oder aus dem Haus komme ich oft nicht zu meiner eigentlichen Arbeit. | ❑ | ❑ | ❑ | ❑ |
| | 3. Besprechungen dauern häufig viel zu lange, und oft ist das Ergebnis von Sitzungen für mich unbefriedigend. | ❑ | ❑ | ❑ | ❑ |
| 2 ▶ | 4. Zeitintensive und unangenehme Aufgaben schiebe ich meistens vor mir her, oder ich habe Schwierigkeiten, sie zu Ende zu führen, da ich nie zur Ruhe komme („Aufschieberitis"). | ❑ | ❑ | ❑ | ❑ |
| | 5. Oft fehlen klare Prioritäten, und ich versuche, zu viele Aufgaben auf einmal zu erledigen. Ich mache zuviel Kleinkram und kann mich zuwenig auf die wichtigen Aufgaben konzentrieren. | ❑ | ❑ | ❑ | ❑ |
| | 6. Meine Zeitpläne und Fristen halte ich oft nur unter Termindruck ein, da immer etwas Unvorhergesehenes dazwischen kommt oder ich mir zuviel vorgenommen habe. | ❑ | ❑ | ❑ | ❑ |
| | 7. Ich habe zuviel Papierkram auf meinem Schreibtisch; Korrespondenz und Lesen brauchen zuviel Zeit. Die Übersicht und Ordnung auf meinem Schreibtisch sind nicht gerade vorbildlich. | ❑ | ❑ | ❑ | ❑ |
| | 8. Die Kommunikation mit anderen ist häufig mangelhaft. Der verspätete Austausch von Informationen gehört bei uns zur Tagesordnung. | ❑ | ❑ | ❑ | ❑ |
| 3 ▶ | 9. Die Delegation von Aufgaben klappt nur selten richtig, und oft muß ich Dinge erledigen, die auch andere hätten tun können. | ❑ | ❑ | ❑ | ❑ |
| 4 ▶ | 10. Das Neinsagen fällt mir schwer, wenn andere etwas von mir wollen und ich eigentlich meine eigenen Arbeiten erledigen müßte. | ❑ | ❑ | ❑ | ❑ |
| 5 ▶ | 11. Eine klare Zielsetzung, sowohl beruflich wie privat, fehlt mir. Oft vermag ich keinen Sinn in dem zu sehen, was ich so den ganzen Tag tue. | ❑ | ❑ | ❑ | ❑ |
| | 12. Manchmal fehlt mir die notwendige Selbstdisziplin, um das, was ich mir vorgenommen habe, auch durchzuführen. | ❑ | ❑ | ❑ | ❑ |
| | Zählen Sie nun die Kreuzchen spaltenweise zusammen, und ermitteln Sie Ihre Gesamtpunktzahl. | x 0 | x 1 | x 2 | x 3 |
| | | | | | = ........................................ Punkte |

Kopiervorlage

Sie geben Ihren Mitarbeitern die Chance, ihre Fähigkeiten unter Beweis zu stellen und weiterzuentwickeln, und Sie schaffen damit eine der Grundvoraussetzungen für motivierte Mitarbeiter.

### 4 Tip: Üben Sie sich in der Kunst des Neinsagens!

Lernen Sie, nein zu sagen, ohne jemanden zu verletzen!

Einige Möglichkeiten dazu sind: Hat ein Besucher ein konkretes Sachanliegen, delegieren Sie das Gespräch an den kompetenten Fachmann in Ihrer Abteilung. Bieten Sie Alternativ-Termine an. Argumentieren Sie mit Ihren wichtigen Aufgaben und Prioritäten. Verwenden Sie das argumentative Nein!

### 5 Tip: Gehen Sie für Ihre wichtigsten Aufgaben in Klausur

Für die Erledigung der wichtigsten Aufgaben sollten Sie sich zurückziehen: Stellen Sie das Telefon um. Lassen Sie unangemeldete Besucher von Ihren Mitarbeitern abwimmeln.

Aber Vorsicht! Machen Sie nicht zu ausgedehnten Gebrauch von der „stillen Stunde". Es darf nicht soweit kommen, daß Ihre Mitarbeiter sich auf eine Anmeldeliste setzen lassen müssen, um Sie sprechen zu können. Ihre Hauptaufgabe ist es, für Ihre Mitarbeiter da zu sein. Sie müssen ansprechbar bleiben. Reservieren Sie eine „stille Stunde" deshalb wirklich nur für besonders wichtige Aufgaben. Wenn Sie dauernd „stille Stunden" brauchen, deutet das darauf hin, daß Sie Ihre Delegationsmöglichkeiten nicht genügend nutzen.

| Wie ist es um Ihr Zeitmanagement bestellt? | | | | |
|---|---|---|---|---|
| | Stimmt | | | |
| | fast immer | häufig | manch-mal | fast nie |
| 1. Das Telefon stört mich laufend, und die Gespräche sind meistens unnötig lang. | ❑ | ❑ | ❑ | ❑ |
| 2. Durch die vielen Besucher von außen oder aus dem Haus komme ich oft nicht zu meiner eigentlichen Arbeit. | ❑ | ❑ | ❑ | ❑ |
| 3. Besprechungen dauern häufig viel zu lange, und oft ist das Ergebnis von Sitzungen für mich unbefriedigend. | ❑ | ❑ | ❑ | ❑ |
| 4. Zeitintensive und unangenehme Aufgaben schiebe ich meistens vor mir her, oder ich habe Schwierigkeiten, sie zu Ende zu führen, da ich nie zur Ruhe komme („Aufschieberitis"). | ❑ | ❑ | ❑ | ❑ |
| 5. Oft fehlen klare Prioritäten, und ich versuche, zu viele Aufgaben auf einmal zu erledigen. Ich mache zuviel Kleinkram und kann mich zuwenig auf die wichtigen Aufgaben konzentrieren. | ❑ | ❑ | ❑ | ❑ |
| 6. Meine Zeitpläne und Fristen halte ich oft nur unter Termindruck ein, da immer etwas Unvorhergesehenes dazwischen kommt oder ich mir zuviel vorgenommen habe. | ❑ | ❑ | ❑ | ❑ |
| 7. Ich habe zuviel Papierkram auf meinem Schreibtisch; Korrespondenz und Lesen brauchen zuviel Zeit. Die Übersicht und Ordnung auf meinem Schreibtisch sind nicht gerade vorbildlich. | ❑ | ❑ | ❑ | ❑ |
| 8. Die Kommunikation mit anderen ist häufig mangelhaft. Der verspätete Austausch von Informationen gehört bei uns zur Tagesordnung. | ❑ | ❑ | ❑ | ❑ |
| 9. Die Delegation von Aufgaben klappt nur selten richtig, und oft muß ich Dinge erledigen, die auch andere hätten tun können. | ❑ | ❑ | ❑ | ❑ |
| 10. Das Neinsagen fällt mir schwer, wenn andere etwas von mir wollen und ich eigentlich meine eigenen Arbeiten erledigen müßte. | ❑ | ❑ | ❑ | ❑ |
| 11. Eine klare Zielsetzung, sowohl beruflich wie privat, fehlt mir. Oft vermag ich keinen Sinn in dem zu sehen, was ich so den ganzen Tag tue. | ❑ | ❑ | ❑ | ❑ |
| 12. Manchmal fehlt mir die notwendige Selbstdisziplin, um das, was ich mir vorgenommen habe, auch durchzuführen. | ❑ | ❑ | ❑ | ❑ |
| Zählen Sie nun die Kreuzchen spaltenweise zusammen, und ermitteln Sie Ihre Gesamtpunktzahl. | x 0 | x 1 | x 2 | x 3 |
| = ...................................... Punkte | | | | |

# Werte in Ihrem Unternehmen (Shared Values®)

Vergleichen Sie Ihren Wertespannungsindex (VTI) mit 17 Millionen Mitarbeitern und Mitarbeiterinnen weltweit. Welche Werte sind Ihnen in Ihrem Arbeitsumfeld wichtig?

Beurteilen Sie mit Hilfe von 16 Aussagen Ihre eigenen Werte und die Werte der Menschen, die in Ihrer Organisation die Entscheidungsträger sind, die Spielregeln aufstellen und das Geschäftsgebaren festlegen. Durch den Wertespannungsindex können Sie Ihr Umfeld und Ihre eigenen Erwartungen evaluieren.

**1**

Kreuzen Sie an dieser Stelle an, wie wichtig Ihnen persönlich die abgefragten Werte sind.

Die Werteskala geht von 0 (nicht wichtig) bis 10 (sehr wichtig).

- Zählen Sie Ihre gekennzeichneten Zahlen zusammen: ___________
- Teilen Sie die Summe durch 8.
- Ihr Ergebnis bei „Persönliche Werte“ ist: ____ (A)

**2**

An dieser Stelle geht es um die Werte Ihrer Firma/Ihres Unternehmens oder Organisation.

Überprüfen Sie bitte, inwieweit die abgefragten Werte in Ihrem Unternehmen wirklich gelebt werden und kennzeichnen Sie die Werte entsprechend der Werteskala von 0 (nicht wichtig) bis 10 (sehr wichtig).

- Zählen Sie Ihre gekennzeichneten Zahlen zusammen: ___________
- Teilen Sie die Summe durch 8.
- Ihr Ergebnis bei „Werte der Organisation“ ist: ____ (B)

## Wertespannungsindex

Nehmen Sie Ihre „Persönliche Werte“-Punktzahl: _______ (A). Ziehen Sie hiervon die Punkte „Werte der Organisation“ ab: _______ (B) = _______ (C). Multiplizieren Sie (C) mit 8 = _______ . Dies ist Ihr Wertespannungsindex (VTI).

**Lesen Sie die Auswertung des Tests bitte erst, nachdem Sie ihn ausgeführt haben!**

### Werte in Ihrem Unternehmen (Shared Values®)

V. Selbstmanagement

**1 ■ Persönliche Werte**

Wie wichtig sind die folgenden Werte für Sie persönlich. Bitte kennzeichnen Sie auf der Skala von 0 bis 10 Ihre Wahl (10=sehr wichtig).

Nicht wichtig | wenig wichtig | wichtig | Sehr wichtig

| | 0 | 1 | 2 | 3 | 4 | 5 | 6 | 7 | 8 | 9 | 10 |
|---|---|---|---|---|---|---|---|---|---|---|---|
| Ehrlichkeit: Ehrlichkeit der Mitarbeiter in Wort und Tat | 0 | 1 | 2 | 3 | 4 | 5 | 6 | 7 | 8 | 9 | 10 |
| Integrität: Im Unternehmen immer die Wahrheit aussprechen | 0 | 1 | 2 | 3 | 4 | 5 | 6 | 7 | 8 | 9 | 10 |
| Vertrauen: Den Mitarbeitern vertrauen | 0 | 1 | 2 | 3 | 4 | 5 | 6 | 7 | 8 | 9 | 10 |
| Offenheit: Bereitschaft zur Annahme neuer Ideen und Vorschläge | 0 | 1 | 2 | 3 | 4 | 5 | 6 | 7 | 8 | 9 | 10 |
| Risikobereitschaft: Mut, auch unpopuläre Entscheidungen zu treffen | 0 | 1 | 2 | 3 | 4 | 5 | 6 | 7 | 8 | 9 | 10 |
| Anerkennung: Anerkennung geben, wo sie angebracht ist | 0 | 1 | 2 | 3 | 4 | 5 | 6 | 7 | 8 | 9 | 10 |
| Selbstlosigkeit: Die Interessen der anderen an die erste Stelle setzen | 0 | 1 | 2 | 3 | 4 | 5 | 6 | 7 | 8 | 9 | 10 |
| Mentor sein: Sich ausreichend Zeit nehmen, um anderen zu helfen/sie anzuleiten | 0 | 1 | 2 | 3 | 4 | 5 | 6 | 7 | 8 | 9 | 10 |

**2 ■ Werte der Organisation**

Inwiefern werden in Ihrem Unternehmen die folgenden Werte gelebt? Bitte kennzeichnen Sie auf der Skala von 0 bis 10 Ihre Wahl (10=sehr wichtig).

Nicht wichtig | wenig wichtig | wichtig | Sehr wichtig

| | 0 | 1 | 2 | 3 | 4 | 5 | 6 | 7 | 8 | 9 | 10 |
|---|---|---|---|---|---|---|---|---|---|---|---|
| Ehrlichkeit: Ehrlichkeit der Mitarbeiter in Wort und Tat | 0 | 1 | 2 | 3 | 4 | 5 | 6 | 7 | 8 | 9 | 10 |
| Integrität: Im Unternehmen immer die Wahrheit aussprechen | 0 | 1 | 2 | 3 | 4 | 5 | 6 | 7 | 8 | 9 | 10 |
| Vertrauen: Den Mitarbeitern vertrauen | 0 | 1 | 2 | 3 | 4 | 5 | 6 | 7 | 8 | 9 | 10 |
| Offenheit: Bereitschaft zur Annahme neuer Ideen und Vorschläge | 0 | 1 | 2 | 3 | 4 | 5 | 6 | 7 | 8 | 9 | 10 |
| Risikobereitschaft: Mut, auch unpopuläre Entscheidungen zu treffen | 0 | 1 | 2 | 3 | 4 | 5 | 6 | 7 | 8 | 9 | 10 |
| Anerkennung: Anerkennung geben, wo sie angebracht ist | 0 | 1 | 2 | 3 | 4 | 5 | 6 | 7 | 8 | 9 | 10 |
| Selbstlosigkeit: Die Interessen der anderen an die erste Stelle setzen | 0 | 1 | 2 | 3 | 4 | 5 | 6 | 7 | 8 | 9 | 10 |
| Mentor sein: Sich ausreichend Zeit nehmen, um anderen zu helfen/sie anzuleiten | 0 | 1 | 2 | 3 | 4 | 5 | 6 | 7 | 8 | 9 | 10 |

Kopiervorlage

## Wertespannungsindex (VTI)

### Überdurchschnittliche VTI-Punktzahl

**6-11:** Eine Punktzahl in dieser Höhe besagt, daß es Spaß macht, in diesem Unternehmen zu arbeiten. Die Vielfalt der Menschen wird respektiert. Die Mitarbeiter Ihrer Gruppe haben gemeinsame Wertevorstellungen. Eine hohe Produktivität wird erreicht. Man hört den Mitarbeitern zu, es gibt eine gemeinsame Führung, Kreativität gedeiht.

**12-16:** Sie haben einen angenehmen Arbeitsplatz. Einige Ihrer Werte werden nicht immer geteilt. Aus offenen und ehrlichen Gesprächen über die 8 Werte ergeben sich gute Chancen, Verbesserungen bei der Umsetzung zu erzielen. Um die VTI-Punktzahl in Zukunft zu verringern, ist es besser, Wünsche zu äußern, anstatt Klagen vorzubringen. Große Fortschritte in bezug auf Produktivität und Teamgeist sind möglich.

### Mittlere VTI-Punktzahl

**17-21:** Sie haben eine mittlere VTI-Punktzahl erreicht. In dieser Kategorie gibt es Positives und Negatives. Wenn die 8 Werte offen diskutiert wurden, wurden VTI-Punktereduzierungen um bis zu 30 % beobachtet. Wir schlagen vor, daß Sie das Gespräch suchen, um Konsens darüber zu erzielen, daß über einen bestimmten Zeitraum über Ideen gesprochen und diskutiert wird, mit denen nicht jeder einverstanden ist. Dies ist ein Schritt in die richtige Richtung.

**22-26:** Die Höhe der Punktzahl gibt zu denken. Sie rangiert im unteren Bereich der durchschnittlichen Punktzahl. Management-Guru Tom Peters sagt dazu, daß die meisten Unternehmen nicht das leisten, was sie eigentlich könnten. Er spricht an dieser Stelle sowohl vom Arbeitsumfeld als auch von der Produktivität. Nehmen Sie diese Punktzahl ernst! Punktzahlen in dieser Höhe lassen darauf schließen, daß die innovativen Kräfte zum Schweigen gebracht wurden und „Dienst nach Vorschrift“ an der Tagesordnung ist!

### Gefährlich hohe VTI-Punktzahl

**27-31:** Wenn ein Unternehmen bei dieser Punktzahl liegt, kann alles passieren. Auch wenn bereits über die Schwierigkeiten gesprochen wird, müssen Sie dennoch viel Zeit darauf verwenden, sich zu verteidigen und zu rechtfertigen. Die Fluktuation ist möglicherweise höher als Ihnen lieb ist. Gute Mitarbeiter zu halten, ist schwierig, und die Kunden werden schlecht bedient. Erstaunliche Möglichkeiten stehen Ihnen offen, wenn Sie es schaffen, die VTI-Punktzahl zu verringern. Wenn es ein Unternehmen gibt, das ein „Plus-Umfeld" nötig hat, dann ist es das Ihre. Geben Sie nicht auf! Es gibt viel zu tun und es lohnt sich!

**32-37:** Wenn Ihr Unternehmen diese Punktzahl aufweist, haben Sie sich möglicherweise bereits nach einem anderen Arbeitsplatz umgesehen. Mit dieser Punktzahl ist die Lage ernst. Drastische Maßnahmen müssen ergriffen werden. In Ihrem Arbeitsumfeld gibt es so viele Kritiker, Einzelkämpfer und exzellente Mitarbeiter, die aufgegeben haben, daß es sich lohnt, sich für positive Änderungen einzusetzen. Nehmen Sie das ernst.

Mit freundlicher Genehmigung von DISG. Weitere Informationen erhalten Sie bei: DISG-Training, Königsbacher Straße 21, D-75196 Remchingen, E-mail: kontakt@disg.de, www.disg.de

# Werte in Ihrem Unternehmen (Shared Values®)



## ■ Persönliche Werte

Wie wichtig sind die folgenden Werte für Sie persönlich. Bitte kennzeichnen Sie auf der Skala von 0 bis 10 Ihre Wahl (10=sehr wichtig).

| Nicht wichtig | | | wenig wichtig | | | | wichtig | | | Sehr wichtig |
|---|---|---|---|---|---|---|---|---|---|---|
| Ehrlichkeit: Ehrlichkeit der Mitarbeiter in Wort und Tat | | | | | | | | | | |
| 0 | 1 | 2 | 3 | 4 | 5 | 6 | 7 | 8 | 9 | 10 |
| Integrität: Im Unternehmen immer die Wahrheit aussprechen | | | | | | | | | | |
| 0 | 1 | 2 | 3 | 4 | 5 | 6 | 7 | 8 | 9 | 10 |
| Vertrauen: Den Mitarbeitern vertrauen | | | | | | | | | | |
| 0 | 1 | 2 | 3 | 4 | 5 | 6 | 7 | 8 | 9 | 10 |
| Offenheit: Bereitschaft zur Annahme neuer Ideen und Vorschläge | | | | | | | | | | |
| 0 | 1 | 2 | 3 | 4 | 5 | 6 | 7 | 8 | 9 | 10 |
| Risikobereitschaft: Mut, auch unpopuläre Entscheidungen zu treffen | | | | | | | | | | |
| 0 | 1 | 2 | 3 | 4 | 5 | 6 | 7 | 8 | 9 | 10 |
| Anerkennung: Anerkennung geben, wo sie angebracht ist | | | | | | | | | | |
| 0 | 1 | 2 | 3 | 4 | 5 | 6 | 7 | 8 | 9 | 10 |
| Selbstlosigkeit: Die Interessen der anderen an die erste Stelle setzen | | | | | | | | | | |
| 0 | 1 | 2 | 3 | 4 | 5 | 6 | 7 | 8 | 9 | 10 |
| Mentor sein: Sich ausreichend Zeit nehmen, um anderen zu helfen/sie anzuleiten | | | | | | | | | | |
| 0 | 1 | 2 | 3 | 4 | 5 | 6 | 7 | 8 | 9 | 10 |

## ■ Werte der Organisation

Inwiefern werden in Ihrem Unternehmen die folgenden Werte gelebt? Bitte kennzeichnen Sie auf der Skala von 0 bis 10 Ihre Wahl (10=sehr wichtig).

| Nicht wichtig | | | wenig wichtig | | | | wichtig | | | Sehr wichtig |
|---|---|---|---|---|---|---|---|---|---|---|
| Ehrlichkeit: Ehrlichkeit der Mitarbeiter in Wort und Tat | | | | | | | | | | |
| 0 | 1 | 2 | 3 | 4 | 5 | 6 | 7 | 8 | 9 | 10 |
| Integrität: Im Unternehmen immer die Wahrheit aussprechen | | | | | | | | | | |
| 0 | 1 | 2 | 3 | 4 | 5 | 6 | 7 | 8 | 9 | 10 |
| Vertrauen: Den Mitarbeitern vertrauen | | | | | | | | | | |
| 0 | 1 | 2 | 3 | 4 | 5 | 6 | 7 | 8 | 9 | 10 |
| Offenheit: Bereitschaft zur Annahme neuer Ideen und Vorschläge | | | | | | | | | | |
| 0 | 1 | 2 | 3 | 4 | 5 | 6 | 7 | 8 | 9 | 10 |
| Risikobereitschaft: Mut, auch unpopuläre Entscheidungen zu treffen | | | | | | | | | | |
| 0 | 1 | 2 | 3 | 4 | 5 | 6 | 7 | 8 | 9 | 10 |
| Anerkennung: Anerkennung geben, wo sie angebracht ist | | | | | | | | | | |
| 0 | 1 | 2 | 3 | 4 | 5 | 6 | 7 | 8 | 9 | 10 |
| Selbstlosigkeit: Die Interessen der anderen an die erste Stelle setzen | | | | | | | | | | |
| 0 | 1 | 2 | 3 | 4 | 5 | 6 | 7 | 8 | 9 | 10 |
| Mentor sein: Sich ausreichend Zeit nehmen, um anderen zu helfen/sie anzuleiten | | | | | | | | | | |
| 0 | 1 | 2 | 3 | 4 | 5 | 6 | 7 | 8 | 9 | 10 |

### Wer hat wann Anspruch auf ein Arbeitszeugnis

Grundsätzlich hat jeder Arbeitnehmer einen Rechtsanspruch auf die Erteilung eines Zeugnisses. Als Arbeitgeber müssen Sie jedoch nur dann ein Zeugnis ausstellen, wenn Ihr Mitarbeiter ein solches von Ihnen fordert. Dies gilt vor allem für das qualifizierte Zeugnis, das gemäß § 630 Satz 2 BGB nur auf Verlangen auszustellen ist. Von sich aus müssen Sie also nicht tätig werden. Nur beim Berufsausbildungsverhältnis gilt etwas anderes: Gemäß § 8 Abs. 1 BBiG hat der Ausbildende dem Auszubildenden auch ohne ein ausdrückliches Verlangen ein Zeugnis auszustellen.

Das Arbeitszeugnis ist nach dem Gesetzeswortlaut mit der tatsächlichen Beendigung des Arbeitsverhältnisses, also am letzten Arbeitstag, zu erteilen. Erst dann kann Ihr Mitarbeiter seinen Zeugnisanspruch geltend machen. In der Praxis ist jedoch allgemein anerkannt, daß ein Mitarbeiter die Erteilung eines Arbeitszeugnisses auch verlangen kann, sobald die Kündigung ausgesprochen ist. Ab diesem Zeitpunkt müssen Sie als Arbeitgeber einem Zeugnisverlangen Ihres Mitarbeiters unverzüglich, das heißt ohne schuldhaftes Zögern nachkommen.

Ein Anspruch auf Erteilung eines Zwischenzeugnisses hat Ihr Mitarbeiter nur bei triftigen Gründen wie beispielsweise bei einer Bewerbung um eine neue Stelle, einer Versetzung in eine andere Abteilung oder dem Wunsch, Weiterbildungsangebote zu nutzen, für die die Vorlage eines Zeugnisses Zulassungsvoraussetzung ist.

### So gehen Sie bei der Leistungsbeurteilung im Arbeitszeugnis vor

#### a. Die Aussage zur Leistungsbereitschaft

Sie betrifft das „Wollen" Ihres Mitarbeiters. Das sind
- die Arbeitsbereitschaft und der Arbeitswille,
- die Arbeitsmotivation,
- die Eigeninitiative bei der Lösung von Arbeitsaufgaben,
- das gezeigte Engagement und
- das persönliche Interesse für die Arbeitsaufgaben.

**1 Muster: Sehr gute Beurteilung – Leistung**
Er zeigte stets außerordentliche Initiative, großen Fleiß und Eifer.
Er war stets hochmotiviert und zeigte ein außergewöhnliches Engagement bei der Lösung von Arbeitsaufgaben.

**2 Muster: Gute Beurteilung - Leistung**
Er zeigte stets Initiative, Fleiß und Eifer.
Er erfüllte seine Aufgaben mit ausdauerndem Engagement und äußerster Konzentration.

**3 Muster: Befriedigende Beurteilung - Leistung**
Er zeigte Initiative, Fleiß und Eifer.
Er hat mit hohem Einsatz einen guten Beitrag zum gemeinsamen Firmenerfolg geleistet.

**4 Muster: Ausreichende Beurteilung - Leistung**
Er zeigte Eifer und Fleiß in ausreichendem Maß.
Er erfüllte seine Aufgaben erwartungsentsprechend.

**5 Muster: Mangelhafte Beurteilung - Leistung**
Er zeigte bei Anleitung Eifer und Fleiß.
Er erfüllte seine Aufgaben im allgemeinen erwartungsentsprechend.

#### b. Die Aussage zur Arbeitsbefähigung

Sie betrifft das „Können" Ihres Mitarbeiters. Das sind
- die Auffassungsgabe,
- die Belastbarkeit,
- die Berufserfahrung und Fachkenntnisse,
- die intellektuellen Fähigkeiten,
- die Problemlösungsfähigkeit und
- die Weiterbildungsmotivation.

**1 Muster: Sehr gute Beurteilung – Können**
Er bewältigte neue Arbeitssituationen stets sehr gut und sicher.
Er verfügt über hervorragende Fachkenntnisse und eine langjährige Berufserfahrung. Durch seine schnelle Auffassungsgabe und sein persönliches Engagement in verschiedenen Weiterbildungsmaßnahmen wurde er zu einem hochqualifizierten Spezialisten in unserer Abteilung Datenverarbeitung.

**2 Muster: Gute Beurteilung – Können**
Er bewältigte neue Arbeitssituationen stets gut.
Er hat eine umfassende Berufserfahrung und beherrscht seinen Arbeitsbereich überdurchschnittlich gut.

**3 Muster: Befriedigende Beurteilung – Können**
Er bewältigte neue Arbeitssituationen erfolgreich.
Er war ein belastbarer Mitarbeiter, der auch unter schwierigen Arbeitsbedingungen Aufgaben gut bewältigte.

**4 Muster: Ausreichende Beurteilung – Können**
Er paßte sich neuen Arbeitssituationen an.
Er verfügt über erforderliche Fähigkeiten und wurde den Anforderungen des Arbeitsplatzes gerecht.

**5 Muster: Mangelhafte Beurteilung - Können**
Er paßte sich den Arbeitssituationen meist ohne Schwierigkeiten an.
Er zeigte sich den verschiedenen Belastungen seiner Aufgaben gewachsen und hielt auch unter Termindruck durch.

#### c. Die Aussage zur Arbeitsweise

Sie betrifft den „Stil" Ihres Mitarbeiters. Das sind
- die Diskretion,
- die Loyalität,
- die Selbständigkeit und Kreativität,
- die Sorgfalt,
- die Vertrauenswürdigkeit und
- die Zuverlässigkeit.

**1 Muster: Sehr gute Beurteilung – Stil**
Er erledigte seine Aufgaben stets selbständig mit äußerster Sorgfalt und Genauigkeit.
Er war in höchstem Maße zuverlässig. Hervorzuheben ist seine uneingeschränkte Loyalität. Durch seine kreative und selbständige Arbeitsweise kann er sich auf jede Arbeitssituation einstellen und ist damit vielseitig einsetzbar.

**2 Muster: Gute Beurteilung – Stil**
Er erledigte seine Aufgaben stets selbständig mit großer Sorgfalt und Genauigkeit.
Er ist ein engagierter und fleißiger Mitarbeiter, der sich schnell in seine neuen Arbeitsaufgaben einarbeitete und dem Betrieb auf seinem Gebiet wichtige Impulse gegeben hat.

**3 Muster: Befriedigende Beurteilung – Stil**
Er erledigte seine Aufgaben stets sorgfältig und genau.
Er war verantwortungsbewußt, durchaus selbständig und führte die ihm zugeteilten Arbeiten systematisch aus.

**4 Muster: Ausreichende Beurteilung – Stil**
Er erledigte seine Arbeit mit Sorgfalt und Genauigkeit.
Er zeigte keinerlei Unsicherheiten bei der Ausführung seiner Arbeitsaufgaben.

**5 Muster: Mangelhafte Beurteilung – Stil**
Er erledigte die ihm übertragenen Arbeiten im allgemeinen sorgfältig und genau.
Er war stets um eine sorgfältige Arbeitsweise bemüht.

#### d. Die Aussage zum Arbeitsergebnis

Das Arbeitsergebnis betrifft den „Erfolg" Ihres Mitarbeiters. Im einzelnen geht es um
- die Arbeitsmenge,
- die Arbeitsqualität,
- das Arbeitstempo,
- die Überzeugungskraft und
- das Verhandlungsgeschick.

**1 Muster: Sehr gute Beurteilung – Erfolg**
Er beeindruckte uns stets durch eine sehr gute Arbeitsqualität, wobei er die selbst gesetzten und vereinbarten Ziele auch unter schwierigsten Bedingungen stets erreichte, meist sogar noch übertroffen hat.
Er hat sowohl in qualitativer als auch in quantitativer Hinsicht stets herausragende Arbeitsergebnisse erzielt.

**2 Muster: Gute Beurteilung – Erfolg**
Seine Arbeitsqualität war stets gut, wobei die vereinbarten Ziele von ihm auch unter schwierigen Bedingungen stets erreicht, oft auch übertroffen wurden.
Er zeigte stets eine überdurchschnittliche Arbeitsqualität.

**3 Muster: Befriedigende Beurteilung – Erfolg**
Seine Arbeitsqualität war gut, wobei er die vereinbarten Ziele erreichte.
Seine Arbeitsqualität war überdurchschnittlich.

**4 Muster: Ausreichende Beurteilung – Erfolg**
Seine Arbeitsqualität entsprach den Anforderungen, wobei vorgegebene Ziele in zufriedenstellendem Maße erreicht wurden.
Er arbeitete sorgfältig und genau.

**5 Muster: Mangelhafte Beurteilung – Erfolg**
Seine Arbeitsqualität entsprach im allgemeinen den Anforderungen, wobei er stets mit Nachdruck daran arbeitete, die vorgegebenen Ziele zu erreichen.
Er bemühte sich im allgemeinen um sorgfältige, genaue Arbeit.

#### e. Die Aussage zu besonderen Arbeitserfolgen

Besondere Arbeitserfolge sind zum Beispiel:
- Arbeitnehmererfindungen,
- Beförderungen,
- die Lösung besonders schwieriger Sonderfälle,
- die Übernahme oder der Aufbau einer Abteilung,
- Umsatz- und Gewinnsteigerungen oder
- Verbesserungsvorschläge.

**Beispiel: Umsatz– und Gewinnsteigerung**
Er erreichte trotz schwieriger Wirtschaftslage eine sehr hohe Umsatz- und Gewinnsteigerung. Damit gehörte er zu den besten Verkäufern unseres Hauses.

### f. Die Aussage zur Mitarbeiter-Führungskompetenz

Sie betrifft ausschließlich Beurteilungen über die Führungsleistung von Vorgesetzten. Wichtige Führungsgesichtspunkte sind dabei

- die Erfolge bei der Mitarbeiterauswahl,
- die Anzahl und Qualifikation der unterstellten Mitarbeiter,
- die Arbeitszufriedenheit,
- die Delegation von Verantwortung,
- die erzielten Gruppen- und Abteilungsergebnisse,
- das Klima und der Zusammenhalt der Gruppe,
- der Kompetenzumfang,
- die Motivation und Förderung von Untergebenen.

**1 Muster: Sehr gute Beurteilung – Führungskompetenz**
Er motivierte die ihm unterstellten Mitarbeiter durch seine fach- und personenbezogene Führung stets zu sehr guten Leistungen.
Er delegierte die Arbeit in seiner Arbeitsgruppe hervorragend und übertrug den einzelnen Mitarbeitern eigenverantwortliche Tätigkeiten. Das Klima in der Arbeitsgruppe war außergewöhnlich gut und führte zu hervorragenden Ergebnissen.

**2 Muster: Gute Beurteilung – Führungskompetenz**
Er motivierte die ihm unterstellten Mitarbeiter durch seine fach- und personenbezogene Führung stets zu guten Leistungen.
Unter seiner Leitung haben sich Leistung und Teamgeist in seinem Verantwortungsbereich innerhalb kurzer Zeit positiv entwickelt.

**3 Muster: Befriedigende Beurteilung – Führungskompetenz**
Er motivierte die ihm unterstellten Mitarbeiter durch eine fach- und personenbezogene Führung zu guten Leistungen.
Er führte seine Mitarbeiter zielbewußt und konsequent zu voll zufriedenstellenden Arbeitsergebnissen.

**4 Muster: Ausreichende Beurteilung – Führungskompetenz**
Er motivierte die ihm unterstellten Mitarbeiter zu zufriedenstellenden Leistungen.
Er leitete seine Mitarbeiter stets zu voll befriedigenden Leistungen an.

**5 Muster: Mangelhafte Beurteilung - Führungskompetenz**
Er motivierte die ihm unterstellten Mitarbeiter insgesamt zu zufriedenstellenden Leistungen.
Er bemühte sich, stets ein guter Vorgesetzter zu sein, der durch klare Anweisungen innerhalb seiner Gruppe vernünftige Arbeitsergebnisse erzielt.

### g. Die Aussage über die zusammenfassende Leistungsbeurteilung

Treffen Sie in jedem Fall eine Aussage über die zusammenfassende Leistungsbeurteilung. Hier können Sie eine allgemeingültige Notenskala verwenden, die selbst Nicht-Personalfachleuten bekannt ist.

**1 Muster: Sehr gute Leistungen – Zusammenfassung**
Er hat die ihm übertragenen Arbeiten stets zu unserer vollsten Zufriedenheit erledigt.
Wir waren mit seinen Leistungen außerordentlich zufrieden.
Seine Leistungen haben in jeder Hinsicht unsere volle Anerkennung gefunden.
Er hat unsere Erwartungen immer und in allerbester Weise erfüllt.
Seine Leistungen waren stets sehr gut.

**2 Muster: Gute Leistungen – Zusammenfassung**
Er hat die ihm übertragenen Arbeiten stets zu unserer vollen Zufriedenheit erledigt.
Wir waren mit seinen Leistungen voll und ganz zufrieden.
Seine Leistungen waren voll und ganz zufriedenstellend.
Er hat unseren Erwartungen in jeder Hinsicht und bester Weise entsprochen.
Seine Leistungen waren gut.

**3 Muster: Befriedigende Leistungen – Zusammenfassung**
Er hat die ihm übertragenen Arbeiten zu unserer vollen Zufriedenheit erledigt.
Er hat die ihm übertragenen Arbeiten stets zu unserer Zufriedenheit erledigt.
Seine Leistungen waren stets zufriedenstellend.
Er hat unseren Erwartungen in jeder Hinsicht entsprochen.

**4 Muster: Ausreichende Leistungen – Zusammenfassung**
Er hat die ihm übertragenen Arbeiten zu unserer Zufriedenheit erledigt.
Mit seinen Leistungen waren wir zufrieden.
Er hat unseren Erwartungen entsprochen.
Wir waren mit ihm zufrieden.
Er hat zufriedenstellend gearbeitet.

**5 Muster: Mangelhafte Leistungen – Zusammenfassung**
Er hat die ihm übertragenen Arbeiten im großen und ganzen zu unserer Zufriedenheit erledigt.
Er hat unsere Erwartungen größtenteils erfüllt.
Er führte die ihm übertragenen Arbeiten mit großem Fleiß und Interesse durch.
Er hat sich stets bemüht, die ihm übertragenen Arbeiten zu unserer Zufriedenheit zu erledigen.

**6 Muster: Ungenügende Leistungen – Zusammenfassung**
Er bemühte sich, die ihm übertragenen Aufgaben zufriedenstellend zu erledigen.
Er hatte Gelegenheit, die ihm übertragenen Arbeiten zu erledigen.
Er erfaßte das Wesentliche und bemühte sich um sinnvolle Lösungen.
Er zeigte für seine Arbeit Verständnis und Interesse.
Er betrachtete neue Arbeiten als Herausforderung, der er sich mutig stellte.
Er setzte sich im Rahmen seiner Möglichkeiten ein.

### Musterformulierungen für die Führungsbeurteilung

**1 Muster: Sehr gute Führung**
Sein Verhalten zu Vorgesetzten, Arbeitskollegen, Mitarbeitern und Kunden war stets vorbildlich.
Sein kollegiales Verhalten sicherte ihm stets ein sehr gutes Verhältnis zu Vorgesetzten und Mitarbeitern.
Er wurde von Vorgesetzten, Kollegen und Kunden als freundlicher und fleißiger Mitarbeiter geschätzt.
Sein Verhalten zu Vorgesetzten, Arbeitskollegen und Kunden war stets einwandfrei.

**2 Muster: Gute Führung**
Sein Verhalten zu Vorgesetzten, Arbeitskollegen, Mitarbeitern und Kunden war vorbildlich.
Sein kollegiales Verhalten sicherte ihm stets ein gutes Verhältnis zu Vorgesetzten und Mitarbeitern.
Sein Verhalten zu Vorgesetzten, Kollegen und Kunden war einwandfrei.

**3 Muster: Befriedigende Führung**
Sein Verhalten zu Mitarbeitern und Vorgesetzten war vorbildlich. (Weil der Vorgesetzte an zweiter Stelle genannt wird, handelt es sich um eine befriedigende Beurteilung).
Sein Verhalten zu Mitarbeitern und Vorgesetzten war einwandfrei. (Weil der Vorgesetzte an zweiter Stelle genannt wird, handelt es sich um eine befriedigende Beurteilung).
Sein Verhalten gegenüber Vorgesetzten und Kollegen gab zu Klagen keinen Anlaß.

**4 Muster: Ausreichende Führung**
Die ausreichende Führung kommt darin zum Ausdruck, daß nur der Vorgesetzte oder nur der Kollege genannt werden:
Sein Verhalten zu Vorgesetzten war vorbildlich.
Sein Verhalten zu Mitarbeitern war einwandfrei.
Sein Verhalten zu Arbeitskollegen war kameradschaftlich und hilfsbereit, das zu seinen Vorgesetzten korrekt.
Seine Führung gegenüber Vorgesetzten gab zu Beanstandungen keinen Anlaß.

**5 Muster: Mangelhafte Führung**
Die mangelhafte Beurteilung kommt auch hier durch Weglassen zum Ausdruck:
Sein persönliches Verhalten war insgesamt einwandfrei.
Er galt als kollegialer und freundlicher Mitarbeiter.
Er wurde im Mitarbeiterkreis als umgänglicher Kollege geschätzt.
Er machte sich mit großem Eifer an die ihm übertragenen Arbeiten.

**6 Muster: Ungenügende Führung**
Die ungenügende Beurteilung kommt auch hier durch Weglassen zum Ausdruck:
Sein persönliches Verhalten war insgesamt einwandfrei.
Sein persönliches Verhalten war insgesamt tadellos.
Er galt als kollegialer und freundlicher Mitarbeiter.
Er wurde im Mitarbeiterkreis als umgänglicher Kollege geschätzt.

### Musterformulierungen für die Aussage zur Beendigung des Arbeitsverhältnisses

**1 Muster: Kündigung durch den Mitarbeiter**
Er verläßt uns auf eigenen Wunsch, um sich beruflich zu verbessern.
Er scheidet auf eigenen Wunsch aus unserer Firma aus.
Er hat das Arbeitsverhältnis zum ......... gekündigt, weil er wegen eines Berufswechsels des Ehepartners den Wohnsitz verlegt.

**2 Muster: Kündigung durch den Arbeitgeber**
Das Arbeitsverhältnis endet fristgemäß zum ... ....
Das Arbeitsverhältnis mußte fristgemäß aus betriebsbedingten Gründen gekündigt werden.
Das Arbeitsverhältnis endete vorzeitig am .......
Das befristete Arbeitsverhältnis endet mit dem Ablauf der vereinbarten Befristung.
Das Arbeitsverhältnis endet am ...... in beiderseitigem guten Einvernehmen.

### Musterformulierungen für die Dankes-Bedauern-Zukunfts-Formel

**1 Muster: Sehr gute Dankes-Bedauern-Zukunfts-Formel**
Wir bedanken uns für die sehr gute Zusammenarbeit und bedauern sein Ausscheiden sehr. Wir wünschen diesem vorbildlichen Mitarbeiter beruflich und persönlich alles Gute, viel Glück und Erfolg.

**2 Muster: Gute Dankes-Bedauern-Zukunfts-Formel**
Wir bedanken uns für die stets gute Zusammenarbeit und bedauern, eine gute Fachkraft zu verlieren. Wir wünschen ihr für ihren weiteren Berufs- und Lebensweg alles Gute.

**3 Muster: Befriedigende Dankes-Bedauern-Zukunfts-Formel**
Wir bedanken uns für die gute Zusammenarbeit und bedauern, Frau Claudia S. zu verlieren. Für ihre weitere Tätigkeit wünschen wir ihr alles Gute.

**4 Muster: Ausreichende Dankes-Bedauern-Zukunfts-Formel:**
Wir bedanken uns für die gute Zusammenarbeit und wünschen Herrn Stefan W. alles Gute.

**5 Muster: Mangelhafte Dankes-Bedauern-Zukunfts-Formel:**
Wir bedauern, auf die weitere Zusammenarbeit verzichten zu müssen. Unsere besten Wünsche begleiten sie.

# Stichwortverzeichnis